Aphorismen der Weltliteratur

Was ist nach Friedrich Nietzsche ein Genie? Wovon gibt es nach Samuel Butler mehr – Narren oder Schurken? Und worin besteht nach Lou Andreas-Salomé echter Optimismus?

In großer historischer Breite und Internationalität versammelt diese Anthologie Aphorismen berühmter Autorinnen und Autoren. Die Auswahl enthält ausschließlich als solche verfasste Texte, keine Werkausschnitte, und bietet damit einen kurzweiligen wie faszinierenden Einblick in die Gedankenwelt großer Geister der Weltliteratur – von Francis Bacon und Baltasar Gracián über Marie von Ebner-Eschenbach und Rahel Varnhagen hin zu Elias Canetti und Peter Handke. In seinem Nachwort diskutiert der Herausgeber die Charakteristika dieser literarischen Gattung und zeichnet ihre geschichtliche Entwicklung nach.

Aphorismen
der Weltliteratur

Herausgegeben von Friedemann Spicker

RECLAM

Es ist ein großer Fehler, über die Dinge dieser Welt allgemein und absolut und sozusagen wie in Regeln zu sprechen: denn beinahe alle Dinge sind verschieden und weichen von der Regel ab angesichts der Mannigfaltigkeit der Umstände, die nicht über einen Leisten zu schlagen sind: Unterschiede und Abweichungen jedoch lehren uns nicht Bücher, sondern die Urteilskraft.

Francesco Guicciardini

Wer irgendeine von diesen Bemerkungen weder in seinem Leben noch die Antizipation in seiner Seele hat: findet sie bloß *leer* oder nichts. Etwas anderes ist, wenn einer eine *falsch* findet.

Jean Paul

Wo nichts mehr zu enträtseln bleibt, hört unser Anteil auf.

Ernst von Feuchtersleben

Die großen Aphoristiker lesen sich so, als ob sie alle einander gut gekannt hätten.

Elias Canetti

Francesco Guicciardini
(1483–1540)

Es ist ein großer Fehler, über die Dinge dieser Welt allgemein und absolut und sozusagen wie in Regeln zu sprechen: denn beinahe alle Dinge sind verschieden und weichen von der Regel ab angesichts der Mannigfaltigkeit der Umstände, die nicht über einen Leisten zu schlagen sind: Unterschiede und Abweichungen jedoch lehren uns nicht Bücher, sondern die Urteilskraft. 1

Die Vergangenheit erleuchtet die Zukunft, da die Welt im Grunde immer gleich blieb und alles, was ist und noch kommt, auch früher schon einmal – wenn auch unter anderem Namen und in anderer Form – war und immer wiederkehrt. Freilich sieht das nicht jeder, sondern nur der einsichtsvolle und aufmerksame Beobachter. 2

Vom Tun oder Nichttun eines scheinbar Nichtigen hängt oft das Gelingen des Wichtigsten ab, drum soll man auch im Kleinen behutsam und umsichtig sein. 3

Wer Gefahren wagt, ohne zu bedenken, wie groß sie sind, ist lediglich ein dummes Tier; tapfer ist nur, wer die Gefahr kennt und sie aus Not oder achtbarem Grund trotzdem auf sich nimmt. 4

Leicht ist ein schöner Zustand zerstört, während man ihn nur schwer erreicht. Wer sich wohlbefindet, tue drum alles, um dieses Glück nicht zu verlieren. 5

Alle in dieser Welt, wer sie auch sein mögen, begehen Fehler, aus denen dann größerer oder kleinerer Schaden entsteht, je nachdem, welche Umstände und Zufälle mitspielen. Glück ist, im Unbedeutenden zu irren oder dort, wo es wenig schadet. 6

Glück ist zuweilen des Menschen größter Feind: Es macht ihn oft böse, leichtfertig und rücksichtslos; deshalb ist ihm zu widerstehen eine härtere Probe als die Überwindung vieler Widerstände. 7

Hat die Volksherrschaft auch große Mängel und Nachteile, so halten doch treffliche Männer sie in unserer Stadt für das geringste Übel. 8

Das Volk liebt den Mann, der die Gerechtigkeit bringt, dem Weisen schenkt es eher Ehrfurcht denn Liebe. 9

Im Gespräch mit großen Herren soll man sich nie durch Freundlichkeiten und leere Gunsterweisungen auf den Arm nehmen lassen; denn so lieben sie, die Menschen springen zu lassen und in ihrer Gunst zu ertränken. Je schwerer man sich in einer solchen Lage verteidigen kann, desto stärker heißt es sich zurückhalten und fest bleiben, um nicht zu fallen. 10

Wer sich bei seinen Oberen beliebt machen will, zeige ihnen vor allem Achtung und Ehrerbietung und tue eher zu viel als zu wenig; denn nichts verletzt einen Vorgesetzten mehr als der Eindruck, es werde ihm nicht so viel Achtung und Ehre erwiesen, wie er für sich verlangt. 11

Nur ein nieder- oder übelgebildeter Geist begehrt Hab und Gut um ihres bloßen Besitzes willen. Doch in unserer so verrotteten Welt ist jeder, der nach Achtung und Rang strebt, genötigt, auch einen bunten Rock anzuziehen, da er nur dann beachtet und gewürdigt wird, während sonst keiner auf ihn schaut. [12]

Keinen größeren Feind hat der Mensch als sich selbst. Fast alle üblen Gefahren und Mühen, die nicht zu sein brauchten, schafft er sich selbst durch übergroße Begehrlichkeit. [13]

Kämpfe niemals gegen die Religion oder gegen anderes, was von Gott abzuhängen scheint, denn all dies hat zu viel Gewalt über die Geister von Toren. [14]

Francis Bacon
(1561–1626)

Der Mensch, der Diener und Ausleger der Natur, wirkt und weiß so viel, als er von der Ordnung der Natur durch Versuche oder durch Beobachtung bemerkt hat; weiter weiß und vermag er nichts. [1]

Unsinn und Widerspruch wäre es, zu wähnen, dass etwas, was bis jetzt nicht zu Stande gebracht ist, anders als durch eine bisher noch unversuchte Methode geschehen könne. [2]

Zwei Wege gibt es zur Untersuchung und Auffindung der Wahrheit – es kann nicht mehrere geben. – Der eine ist ein Sprung von der sinnlichen Wahrnehmung und von einzelnen zu höchst allgemeinen Grundsätzen; aus diesen höchsten Wahrheiten werden sodann die Mittelsätze aufgefunden; dieser Weg ist der jetzt gewöhnliche. Der andre leitet von der sinnlichen Wahrnehmung und vom Einzelnen ebenfalls Grundsätze her; aber er steigt dann allmählich und stufenweise höher, bis er erst ganz zuletzt zu den allgemeinsten, höchsten gelangt – das ist der wahre Weg, aber noch unbetreten. 3

Vorzugsweise wird der menschliche Geist von dem, was plötzlich das Gemüt ergreift und erschüttert, wovon die Phantasie erfüllt wird, angesprochen; alles Übrige dichtet und fabelt er auf eine, freilich unbegreifliche Weise hinzu, so wie es zu seinen wenigen Begriffen am besten passt. Allein zu jener Reise nach fernliegenden und fremden Instanzen, welche eine Feuerprobe für die Axiome sind, hat er nicht Lust und Geschick, wofern sie ihm nicht durch strenge Gesetze und harte Zucht auferlegt wird. 4

Jenes einfältige kindische Anstaunen der Gelehrsamkeit suchen die Lehrer und Vorsteher derselben auf alle Weise zu steigern. Mit ehrsüchtiger Affektation stellen sie dieselben dem Publikum als durchaus vollendet dar. Ihre systematischen Einteilungen scheinen alles zu umfassen, was nur im entferntesten in ihren Bereich gehört. Nun sind zwar diese Teile übel ausgefüllt, gleichsam leere Fächer; doch in den Augen des Haufens gilt das alles für höchste wissenschaftliche Vollständigkeit.

Weit redlicher verfuhren die älteren Forscher. Sie sammelten meistenteils ihre durch Naturstudien erworbnen Kenntnisse, die sie der Mühe wert hielten, in Aphorismen oder kurze nicht methodisch verkettete Sätze und maßten sich nicht trügerisch an, die ganze Kunst zu umfassen. Es ist also kein Wunder, dass bei dem jetzigen Verfahren die Menschen nicht weiter zu kommen streben, da ihnen alles als längst in jeder Rücksicht vollendet dargestellt wird. 5

Die bisherigen Philosophen waren entweder Empiriker oder Rationalisten. Die Empiriker begnügen sich damit, alles zum einstigen Gebrauche zusammenzutragen wie die Ameise. Die Rationalisten entwickeln ihre Gewebe aus sich selbst wie die Spinne. Zwischen beiden hält die Biene das Mittel; aus den Blumen der Felder und Gärten sammelt sie ihren Stoff, dann aber verarbeitet sie ihn durch eigne Kraft. Nicht ungleich diesem Bilde ist die wahre philosophische Tätigkeit. Sie lässt nicht alles bloß auf die Kräfte des Geistes ankommen, noch nimmt sie aus der Naturgeschichte und den mechanischen Versuchen den ihr dargebotenen Stoff – roh, wie er ist – ins Gedächtnis auf, sondern legt ihn erst verändert und umgearbeitet dem Verstande vor. *Aus solcher innigen Verbindung der Erfahrung mit der Vernunft, welche bisher noch nicht stattgefunden hat, ist nun alles zu erwarten!* 6

Baltasar Gracián
(1601–1658)

Wissenschaft und Tapferkeit bauen die Größe auf. Sie machen unsterblich; weil sie es sind. Jeder ist so viel, als er weiß, und der Weise vermag alles. Ein Mensch ohne Kenntnisse; eine Welt im

Finstern. Einsicht und Kraft; Augen und Hände. Ohne Mut ist das Wissen unfruchtbar. 1

Bald aus zweiter, bald aus erster Absicht handeln. Ein Krieg ist das Leben des Menschen gegen die Bosheit des Menschen. Die Klugheit führt ihn, indem sie sich der Kriegslisten hinsichtlich ihres Vorhabens bedient. Nie tut sie das, was sie vorgibt, sondern zielt nur, um zu täuschen. Mit Geschicklichkeit macht sie Luftstreiche; dann aber führt sie in der Wirklichkeit etwas Unerwartetes aus, stets darauf bedacht, ihr Spiel zu verbergen. Eine Absicht lässt sie erblicken, um die Aufmerksamkeit des Gegners dahin zu ziehn, kehrt ihr aber gleich wieder den Rücken und siegt durch das, woran keiner gedacht. Jedoch kommt ihr andererseits ein durchdringender Scharfsinn durch seine Aufmerksamkeit zuvor und belauert sie mit schlauer Überlegung: stets versteht er das Gegenteil von dem, was man ihm zu verstehn gibt, und erkennt sogleich jedes Falsche-Miene-Machen. Die erste Absicht lässt er immer vorübergehn, wartet auf die zweite, ja auf die dritte. Indem jetzt die Verstellung ihre Künste erkannt sieht, steigert sie sich noch höher und versucht nunmehr durch die Wahrheit selbst zu täuschen: sie ändert ihr Spiel, um ihre List zu ändern, und lässt das nicht Erkünstelte als erkünstelt erscheinen, indem sie so ihren Betrug auf die vollkommenste Aufrichtigkeit gründet. Aber die beobachtende Schlauheit ist auf ihrem Posten, strengt ihren Scharfblick an und entdeckt die in Licht gehüllte Finsternis: sie entziffert jenes Vorhaben, welches je aufrichtiger, desto trügerischer war. Auf solche Weise kämpft die Arglist des Python gegen den Glanz der durchdringenden Strahlen Apollos. 2

Die Daumschraube eines jeden finden. Dies ist die Kunst, den Willen anderer in Bewegung zu setzen. Es gehört mehr Geschick als Festigkeit dazu. Man muss wissen, wo einem jeden beizukommen sei. Es gibt keinen Willen, der nicht einen eigentümlichen Hang hätte, welcher, nach der Mannigfaltigkeit des Geschmacks, verschieden ist. Alle sind Götzendiener, einige der Ehre, andere des Interesses, die meisten des Vergnügens. Der Kunstgriff besteht darin, dass man diesen Götzen eines jeden kenne, um mittelst desselben ihn zu bestimmen. Weiß man, welches für jeden der wirksame Anstoß sei, so ist es, als hätte man den Schlüssel zu seinem Willen. Man muss nun auf die allererste Springfeder oder das primum mobile in ihm zurückgehn, welches aber nicht etwa das Höchste seiner Natur, sondern meistens das Niedrigste ist: denn es gibt mehr schlecht- als wohlgeordnete Gemüter in der Welt. Jetzt muss man zuvörderst sein Gemüt bearbeiten, dann ihm durch ein Wort den Anstoß geben, endlich mit seiner Lieblingsneigung den Hauptangriff machen; so wird unfehlbar sein freier Wille schachmatt. 3

Denken wie die wenigsten und reden wie die meisten. Gegen den Strom schwimmen wollen vermag keineswegs, den Irrtum zu zerstören, sehr wohl aber, in Gefahr zu bringen. Nur ein Sokrates konnte es unternehmen. Von anderer Meinung abweichen wird für Beleidigung gehalten; denn es ist ein Verdammen des fremden Urteils. Bald mehren sich die darob Verdrießlichen, teils wegen des getadelten Gegenstandes, teils wegen dessen, der ihn gelobt hatte. Die Wahrheit ist für wenige, der Trug so allgemein wie gemein. Den Weisen wird man nicht an dem erkennen, was er auf dem Marktplatz redet: denn dort spricht er nicht mit *seiner* Stimme, sondern mit der der allgemeinen Torheit, so sehr auch sein Inneres sie verleugnen mag. Der Kluge vermeidet ebenso sehr, dass man ihm als dass er andern widerspreche: so bereit er zum Tadel ist, so zurückhaltend in der Äußerung desselben. Das Denken ist frei, ihm kann und darf keine Gewalt geschehn. Daher zieht der Kluge sich zurück in das Heiligtum seines Schweigens; und lässt er ja sich bisweilen aus, so ist es im engen Kreise weniger und Verständiger. 4

Den glücklichen Ausgang im Auge behalten. Manche setzen sich mehr die strenge Richtigkeit der Maßregeln zum Ziel als das glückliche Erreichen des Zwecks: allein stets wird in der öffentlichen Meinung die Schmach des Misslingens die Anerkennung ihrer sorgfältigen Mühe überwiegen. Wer gesiegt hat, braucht keine Rechenschaft abzulegen. Die genaue Beschaffenheit der Umstände können die meisten nicht sehn, sondern bloß den guten oder schlechten Erfolg: daher wird man nie in der Meinung verlieren, wenn man seinen Zweck erreicht. Ein gutes Ende übergoldet alles, wie sehr auch immer das Unpassende der Mittel dagegen sprechen mag. Denn zuzeiten besteht die Kunst darin, dass man gegen die Regeln der Kunst verfährt, wenn ein glücklicher Ausgang anders nicht zu erreichen steht. 5

Kenntnis seiner selbst, an Sinnesart, an Geist, an Urteil, an Neigungen. Keiner kann Herr über sich sein, wenn er sich nicht zuvor begriffen hat. Spiegel gibt es für das Antlitz, aber keine für die Seele; daher sei ein solcher das verständige Nachdenken über sich: allenfalls vergesse man sein äußeres Bild, aber erhalte sich

das innere gegenwärtig, um es zu verbessern, zu vervollkomm-
nen: man lerne die Kräfte seines Verstandes und seine Feinheit
zu Unternehmungen kennen: man untersuche seine Tapferkeit,
zum Einlassen in Händel: man ergründe seine ganze Tiefe und
wäge seine sämtlichen Fähigkeiten, zu allem. 6

Tun und sehn lassen. Die Dinge gelten nicht für das, was sie sind,
sondern für das, was sie scheinen. Wert haben und ihn zu zeigen
verstehn, heißt zweimal Wert haben. Was nicht gesehn wird,
ist, als ob es nicht wäre. Das Recht selbst kann seine Achtung
nicht erhalten, wenn es nicht auch als Recht erscheint. Viel größer ist die Zahl der Getäuschten als die der Einsichtigen. Der Betrug herrscht vor, und man beurteilt die Dinge von außen: viele
aber sind weit verschieden von dem, was sie scheinen. Eine gute
Außenseite ist die beste Empfehlung der inneren Vollkommenheit. 7

Besser mit allen ein Narr als allein gescheit, sagen politische Köpfe. Denn wenn alle es sind, steht man hinter keinem zurück: und
ist der Gescheite allein, wird er für den Narren gehalten. So
wichtig ist es, dem Strom zu folgen. Bisweilen besteht das größte Wissen im Nichtwissen oder in der Affektation desselben.
Man muss mit den Übrigen leben, und die Unwissenden sind
die Mehrzahl. Um allein zu leben, muss man sehr einem Got-
te oder ganz einem Tier ähnlich sein. Doch möchte ich den
Aphorismus ummodeln und sagen: besser mit den Übrigen gescheit als allein ein Narr; denn einige suchen Originalität in
Schimären. 8

Seine Sachen herauszustreichen verstehn. Der innere Wert derselben reicht nicht aus: denn nicht alle dringen bis auf den Kern oder schauen ins Innere: vielmehr laufen die meisten dahin, wo schon ein Zusammenlauf ist, und gehn, weil sie andere gehn sehn. Ein großer Teil der Kunst besteht darin, seine Sache in Ansehn zu bringen, bald durch Anpreisen, denn Lob erregt Begierde; bald durch eine vortreffliche Benennung, welche einer hohen Meinung sehr förderlich ist; wobei jedoch alle Affektation zu vermeiden. Ferner ist ein allgemeines Anregungsmittel, sie bloß für die Einsichtigen zu bestimmen, da alle sich für solche halten, und wenn etwa nicht, dann der gefühlte Mangel den Wunsch erregen wird. Hingegen muss man nie seinen Gegenstand als leicht oder gewöhnlich empfehlen, wodurch er mehr herabgesetzt als erleichtert wird: nach dem Ungewöhnlichen haschen alle, weil es für den Geschmack wie für den Verstand anziehender ist. 9

Aufmerksamkeit auf sich im Reden: wenn mit Nebenbuhlern, aus Vorsicht; wenn mit andern, des Anstands halber. Ein Wort nachzuschicken ist immer Zeit, nie eins zurückzurufen. Man rede wie im Testament: je weniger Worte, desto weniger Streit. Beim Unwichtigen übe man sich für das Wichtige. Das Geheimnisvolle hat einen gewissen göttlichen Anstrich. Wer im Sprechen leichtfertig ist, wird bald überwunden oder überführt sein. 10

Ohne zu lügen nicht alle Wahrheiten sagen. Nichts erfordert mehr Behutsamkeit als die Wahrheit: sie ist ein Aderlass des Herzens. Es gehört gleich viel dazu, sie zu sagen und sie zu verschweigen zu verstehn. Man verliert durch eine einzige Lüge den ganzen Ruf seiner Unbescholtenheit. Der Betrug gilt für ein Vergehn und der Betrüger für falsch, welches noch schlimmer ist. Nicht alle Wahrheiten kann man sagen, die einen nicht unser selbst wegen, die andern nicht des andern wegen. 11

Etwas zu wünschen übrig haben, um nicht vor lauter Glück unglücklich zu sein. Der Leib will atmen und der Geist streben. Wer alles besäße, wäre über alles enttäuscht und missvergnügt. Sogar dem Verstande muss etwas zu wissen übrigbleiben, was die Neugier lockt und die Hoffnung belebt. Übersättigungen an Glück sind tödlich. Beim Belohnen ist es eine Geschicklichkeit, nie gänzlich zufriedenzustellen. Ist nichts mehr zu wünschen, so ist alles zu fürchten: unglückliches Glück! Wo der Wunsch aufhört, beginnt die Furcht. 12

Sein Leben verständig einzuteilen verstehn; nicht wie es die Gelegenheit bringt, sondern mit Vorhersicht und Auswahl. Ohne Erholungen ist es mühselig wie eine lange Reise ohne Gasthöfe: mannigfaltige Kenntnisse machen es genussreich. Die erste Tagereise des schönen Lebens verwende man zur Unterhaltung mit den Toten: wir leben, um zu erkennen und um uns selbst zu erkennen; also machen wahrhafte Bücher uns zu Menschen. Die zweite Tagereise bringe man mit den Lebenden zu, indem man alles Gute auf der Welt sieht und anmerkt; in *einem* Lande ist nicht alles zu finden: der Vater der Welt hat seine Gaben verteilt und bisweilen gerade die Hässliche am reichsten ausgestattet. Die dritte Tagereise hindurch gehöre man ganz sich selber an: das letzte Glück ist, zu philosophieren. 13

Etwas mehr wissen und etwas weniger leben. Andere sagen es umgekehrt. Gute Muße ist besser als Geschäfte. Nichts gehört unser als nur die Zeit, in welcher selbst der lebt, der keine Wohnung hat. Es ist gleich unglücklich, das kostbare Leben mit mechanischen Arbeiten oder mit einem Übermaß erhabener Beschäftigungen hinzubringen. Man überhäufe sich nicht mit Geschäften und mit Neid; sonst stürzt man sein Leben hinunter und erstickt den Geist. Einige wollen dies auch auf das Wissen ausdehnen: aber wer nichts weiß, der lebt auch nicht. 14

Samuel Butler
(1612–1680)

Die meisten Menschen verdanken ihr Unglück weniger ihrem Mangel an Unehrlichkeit als ihrem Witz. 1

Es gibt mehr Narren als Schurken in der Welt. Anders würden die Schurken nicht genug haben, um davon zu leben. 2

Es erfordert größere Meisterschaft in der Malkunst, ein Glied richtig zu verkürzen, als drei in ihrer vollen Länge zu zeichnen; und so ist es beim Schreiben, wenn man etwas kurz und natürlich ausdrückt statt umständlich und weitschweifig. 3

Das Ziel alles Wissens besteht darin, dass man versteht, was zu tun angemessen ist; denn zu wissen, was gewesen ist und was ist und was sein mag, das führt nur in diese Richtung. 4

Wenn man ein Urteil wünscht, kann man mit Wahrheit nicht weniger getäuscht und betrogen werden als mit Falschheit; so kann man auch, wenn man unaufmerksam ist und stolpert, dabei in die richtige wie in die falsche Richtung fallen. 5

Die Phantasie ist (wie bei Caligula) ein hervorragender Diener der Vernunft und der Urteilskraft, aber höchst ungeeignet, die Welt zu regieren. 6

Es werden mehr Weise von Narren als Narren von Weisen regiert. 7

Ehrliche Ratschläge sind, wie ehrliche Menschen, gewöhnlich die unglücklichsten und werden schlechter aufgenommen als die schädlichsten. 8

Das Recht ist nur eine Regel, und Gleichheit ist die Ausnahme von ihr. 9

Der kürzeste Weg zur Ehre ist es, überhaupt keine zu besitzen. 10

Die Menschen verstehen die Welt und die Vorzüge des Lebens immer erst, wenn ihnen dieses Wissen nicht mehr nützt. 11

Derjenige, der nichts von Philosophie in sich hat, ist immer noch weniger Narr als der, der nichts als Philosophie in sich hat. 12

François de La Rochefoucauld
(1613–1680)

Es bedarf größerer Tugenden, das Glück zu ertragen als das Unglück. [1]

Der Eigennutz spricht jede Sprache und spielt jede Rolle, selbst die der Uneigennützigkeit. [2]

Der Mensch glaubt oft, selbst zu führen, wenn er geführt wird, und während sein Geist auf ein Ziel zustrebt, zieht ihn sein Herz unvermerkt nach einem anderen hin. [3]

Die Menschen würden nicht lange in Gemeinschaft leben, wenn nicht einer vom andern betrogen würde. [4]

Die Greise geben gern gute Lehren, um sich darüber zu trösten, dass sie nicht mehr imstande sind, schlechte Beispiele zu geben. [5]

Der Verstand wird stets vom Herzen getäuscht. [6]

Die Fehler des Geistes nehmen mit dem Alter zu wie die Falten des Gesichts. [7]

Wir sind so gewohnt, uns vor anderen zu verstellen, dass wir uns am Ende vor uns selbst verstellen. [8]

Die Tugenden verlieren sich im Eigennutz, wie die Ströme sich im Meer verlieren. [9]

Der Wunsch, klug zu erscheinen, hindert uns oft, es zu werden. 10

Mit dem Alter nimmt man an Torheit und Weisheit zu. 11

Niemand verdient das Lob der Güte, wenn er nicht die Kraft hat, böse zu sein; jede andere Güte ist zumeist nur Trägheit oder Willensschwäche. 12

Es beweist große Klugheit, seine Klugheit zu verbergen. 13

Höflichkeit ist der Wunsch, höflich behandelt zu werden und als gesittet zu gelten. 14

Es gibt verschleierte Unwahrheiten, die der Wahrheit so ähnlich sehen, dass sich von ihnen nicht täuschen zu lassen, einem Mangel an Urteil gleichkäme. 15

Man weiß durchaus nicht alles, was man will. 16

Schwache Menschen können nicht aufrichtig sein. 17

Man verzeiht, solange man liebt. 18

Wir würden uns oft unserer schönsten Handlungen schämen, wenn die Welt alle ihre Beweggründe kennte. 19

Es ist leichter, den Menschen im Allgemeinen als einen Menschen im Besonderen zu kennen. 20

Man wünscht nie brennend, was man nur aus Vernunft wünscht. [21]

Wer große Leidenschaften gefühlt hat, ist sein ganzes Leben lang glücklich und unglücklich, von ihnen geheilt zu sein. [22]

Wir plagen uns weniger, glücklich zu werden, als glauben zu machen, dass wir es seien. [23]

Es ist notwendiger, die Menschen zu studieren als die Bücher. [24]

Es ist niemals so schwer, treffend zu sprechen, als wenn man sich schämt zu schweigen. [25]

Höchste Narrheit ist aus der höchsten Weisheit gewebt. [26]

Blaise Pascal
(1623–1662)

Die zwei entgegengesetzten Begründungen: Man muss damit anfangen, sonst versteht man nichts und alles ist häretisch; und sogar am Ende einer jeden Wahrheit muss man hinzufügen, dass man sich an die entgegengesetzte Wahrheit erinnert. [1]

Unterwerfung. – Man muss zu zweifeln verstehen, wo es notwendig ist, bejahen, wo es nötig ist, indem man sich unterwirft, wo es nötig ist. Wer nicht so handelt, versteht nicht die Macht der Vernunft. Es gibt aber Menschen, die sich gegen diese drei Prinzipien verfehlen, indem sie entweder alles als beweiskräftig hinstellen, weil sie sich in der Kunst des Beweises nicht auskennen, oder indem sie an allem zweifeln, weil sie nicht wissen, dass man sich unterwerfen muss, oder indem sie sich in allem unterwerfen, weil sie nicht wissen, wann man urteilen muss. 2

Man muss sich selber kennen: wenn das auch nicht dazu diente, die Wahrheit zu finden, so dient es doch wenigstens dazu, sein Leben zu ordnen; und es gibt nichts, das richtiger wäre. 3

Zwei Dinge belehren den Menschen über seine Natur; der Instinkt und die Erfahrung. 4

Die Größe des Menschen ist groß darin, dass er sein Elend erkennt. Ein Baum erkennt sein Elend nicht.
Es heißt also unglücklich sein, wenn man sich als unglücklich erkennt. Aber es heißt groß sein, wenn man erkennt, dass man unglücklich ist. 5

Der Gedanke macht die Größe des Menschen. 6

Während ich meinen Gedanken niederschreibe, entgleitet er mir zuweilen; aber das erinnert mich an meine Schwäche, die ich alle Augenblicke vergesse; das belehrt mich ebenso sehr wie mein vergessener Gedanke, denn ich strebe nur danach, mein Nichts zu erkennen. 7

Wir rennen unbekümmert in den Abgrund, nachdem wir irgendetwas vor uns hingestellt haben, das uns hindern soll, ihn zu sehen. 8

Der Mensch ist weder Engel noch Tier, und das Unglück will es, dass wer einen Engel aus ihm machen will, ein Tier aus ihm macht. [9]

Widersprüche. – Der Mensch ist von Natur gläubig, ungläubig, furchtsam, verwegen. [10]

Das ewige Schweigen dieser unendlichen Räume erschreckt mich. [11]

Zu unserer Natur gehört die Bewegung; die vollkommene Ruhe ist der Tod. [12]

Die gewohnt sind, mit dem Gefühl zu urteilen, begreifen nichts von dem, was nur der Verstand erkennt; denn sie wollen gleich mit einem Blick alles durchdringen, und sind nicht daran gewöhnt, die Prinzipien zu suchen. Die anderen dagegen, die daran gewöhnt sind, nach Prinzipien zu denken, begreifen nichts von dem, was nur das Gefühl erfasst, denn sie suchen Prinzipien darin und sind nicht imstande, etwas mit einem Blick zu erfassen. [13]

Das Letzte, was man findet, wenn man ein Werk schafft, ist die Erkenntnis, was man an seinen Anfang zu stellen hat. [14]

Jean de La Bruyère
(1645–1696)

Wir lieben nur einmal wahrhaft: das erste Mal; später lieben wir nicht mehr so willenlos. ₁

Beginn und Ende der Liebe künden sich an in der Verlegenheit, mit dem andern allein zu sein. ₂

Es gibt Leute, die eine Sache so brennend und so entschieden wünschen, dass sie aus Furcht, sie zu verfehlen, nichts zu tun vergessen, was den Erfolg verhindern muss. ₃

Was man am meisten ersehnt, erfüllt sich nicht, und wenn es eintrifft, dann nicht zu der Zeit noch unter den Umständen, wo es die größte Freude bereitet hätte. ₄

Man muss lachen, auch ehe man glücklich ist, sonst stirbt man, ohne gelacht zu haben. ₅

Man muss schon jeglichen Geistes bar sein, wenn Liebe, Bosheit und Not ihn nicht wecken. ₆

Es ist ein großes Unglück, wenn man nicht Geist genug besitzt, um gut zu sprechen, noch Urteilskraft genug, um zu schweigen: darin liegt der Grund jeder Ungehörigkeit. ₇

Wenn du genau darauf achtest, welche Leute nicht zu loben vermögen, nur immer tadeln, mit niemandem zufrieden sind, so wirst du bemerken, dass es stets die sind, mit denen niemand zufrieden ist. 8

Nur tiefe Unwissenheit verleitet zum lehrhaften Ton. Wer nichts weiß, glaubt andern das, was er eben erst gelernt hat, beibringen zu müssen; wer viel weiß, denkt kaum daran, dass man das, was er sagt, nicht wissen könne, und spricht deshalb mit einer gewissen Gleichgültigkeit. 9

Der Weise meidet zuweilen die Menschen, aus Furcht, sich zu langweilen. 10

Nach einem ausgedehnten Mittagsmahl unterzeichnet *Champagne* mit wohlgefülltem Magen und umnebelt vom lieblichen Dunst köstlicher Weine eine Order, die eine ganze Provinz des Brotes berauben würde, wenn man nicht dagegen einschritte. Er ist entschuldbar: wie sollte er in der ersten Stunde der Verdauung begreifen, dass man irgendwo Hungers sterben kann? 11

Man sieht Männer die höchste Gunst durch dieselben Fehler verlieren, die ihnen dazu verholfen hatten. 12

Es gibt Fälle im Leben, wo Wahrheit und Offenheit die beste List von der Welt sind. 13

Die Großen dürften die Zeit der ersten Menschen nicht sonderlich lieben: sie spricht nicht für sie; sie müssen mit Betrübnis feststellen, dass wir alle Brüder und Schwestern sind. Die Menschen bilden eine einzige Familie: es gibt nur ein Mehr oder Weniger im Grade der Verwandtschaft. 14

Das Leben ist kurz und voll Verdruss: es vergeht unter lauter Wünschen; man verspart sich Ruhe und Freuden für die Zukunft, für ein Alter, wo die besten Güter dahin sind, Gesundheit und Jugend. Und wenn diese Zeit naht, findet sie uns noch in Wünschen: wir sind nicht weitergekommen, wenn das Fieber uns ergreift und unserem Leben ein Ende macht; wären wir genesen, hätten wir nur immer weiter gewünscht. 15

Es gibt Güter, die wir leidenschaftlich begehren und deren bloße Vorstellung uns schon hinreißt und entzückt; haben wir das Glück, sie zu erlangen, so nehmen wir sie gelassener auf, als wir gedacht hätten; wir erfreuen uns kaum an ihnen und verlangen sogleich nach größeren. 16

Die Fehler der Toren sind oft so plump und so schwer vorauszusehen, dass sie die Klugen irreleiten und nur denen Vorteil bringen, die sie begehen. 17

Man empfindet Scham über sein eigenes Glück, wenn man andere im Elend sieht. 18

Alles Übel des Menschen kommt davon, dass er nicht allein sein kann: daher der Hang zu Spiel, Luxus, Zerstreuung, Wein und Frauen, daher Unwissenheit, Lästersucht, Missgunst, Selbstvergessen und Lauheit gegen Gott. 19

Die meisten Menschen verwenden den einen Teil ihres Lebens dazu, sich für den andern unglücklich zu machen. 20

Hass ist so zäh und hartnäckig, dass der Wunsch eines Kranken nach Versöhnung als das untrüglichste Vorzeichen des Todes gelten kann. 21

Es gibt eine Art scheue Tiere, von männlichem und weiblichem Geschlecht, die man da und dort auf den Feldern sieht, dunkel, fahl und von der Sonne verbrannt, über die Erde gebeugt, die sie mit zäher Beharrlichkeit durchwühlen und umgraben; sie scheinen so etwas wie eine Sprache zu besitzen, und wenn sie sich aufrichten, zeigen sie ein Menschenantlitz, und es sind in der Tat Menschen; nachts ziehen sie sich in ihre Höhlen zurück, wo sie sich von schwarzem Brot, Wasser und Wurzeln nähren. Sie ersparen den andern Menschen die Mühe, zu pflügen, zu säen und zu ernten, damit sie leben können, und haben wohl verdient, dass ihnen nicht das Brot mangle, das sie gesät haben. 22

Ich weiß nicht, was auf der Welt zu billigen und zu loben schwerer fällt als gerade das, was der Billigung und des Lobes besonders würdig ist, und ob Tugend, Verdienst, Schönheit, gute Taten und schöne Werke ursprünglicher und sicherer wirken als Neid, Eifersucht und Widerwillen. Ein Frömmler wird einem andern Frömmler Gutes sagen, aber nie von einem Heiligen; wenn eine Frau die Schönheit einer andern anerkennt, so darf man daraus schließen, dass sie sich selber für schöner hält; wenn ein Dichter die Verse eines andern Poeten lobt, so kann man wetten, dass sie schlecht und wertlos sind. 23

Der Stumpfsinnige ist ein Dummkopf, der nicht spricht; das macht ihn erträglicher als den Dummen, der nicht schweigen kann. 24

Ein Merkmal geistiger Mittelmäßigkeit ist die Sucht, immer etwas zu erzählen. 25

Es gibt eine Lebensweisheit, die uns über Ehrgeiz und Glückszufälle erhebt, die uns den Reichen, Großen und Mächtigen gleichstellt, nein, über sie erhaben macht; die uns gleichgültig sein lässt gegen Stellung und Gönner; die uns davon befreit, zu wünschen, zu verlangen, zu bitten, zu ersuchen, beschwerlich zu fallen, und uns sogar die Erregung und übermäßige Freude, erhört worden zu sein, erspart. Es gibt eine andere Lebensweisheit, die uns lehrt, all diese Dinge auf uns zu nehmen und sie um unserer Nächsten oder Freunde willen zu ertragen: das ist die bessere. 26

Es ist eine übertriebene Zuversicht der Eltern, alles von der guten Erziehung ihrer Kinder zu erhoffen, und ein großer Irrtum, gar nichts davon zu erwarten und sie deshalb zu vernachlässigen. 27

Gebt Posten, wo man fallen könnte und doch nicht fällt: die Menschen lieben Ehre und Leben. 28

Ehe man sich als Freigeist oder Wüstling bekennt, sollte man sich ernstlich prüfen und erforschen, damit man wenigstens, den gewählten Grundsätzen gemäß, so stirbt, wie man gelebt hat; fühlt man aber nicht die Kraft in sich, diese Folgerung zu ziehen, so sollte man sich entschließen, so zu leben, wie man zu sterben wünscht. 29

Wer anders denkt als die Allgemeinheit und sich gegen die aner-
kannten Ordnungen auflehnt, müsste tiefere Kenntnisse haben
als die andern, klare Einsichten besitzen und über Beweise verfü-
gen, die jeden Zweifel ausschlössen. 30

Ich fühle, dass es einen Gott gibt, und ich fühle nicht, dass es keinen gebe; das genügt mir, alles Vernünfteln ist dabei wertlos: ich
folgere also, dass Gott existiert. Dieser Schluss ist in meinem
Wesen gegeben: ich habe die Grundlagen dafür in meiner Kindheit zu leicht in mich aufgenommen und in späteren Jahren zu
selbstverständlich bewahrt, als dass ich sie der Falschheit ver-
dächtigen könnte. – Aber es gibt Menschen, die diese Prinzipien
ableugnen. – Es ist noch sehr die Frage, ob sich wirklich solche
Leute finden; und wenn es wahr wäre, so beweist es nur, dass es
Ungeheuer gibt. 31

Wenn man an diesem Buch keinen Geschmack findet, wundere
ich mich; und findet man Geschmack daran, wundere ich mich
ebenso. 32

Jonathan Swift
(1667–1745)

Wir haben gerade genug Religion in uns, einander zu hassen,
aber nicht genug, einander zu lieben. 1

Wenn wir eine Sache haben wollen oder begehren, ist unser ganzes Denken nur mit ihren guten Seiten oder Umständen beschäf-

tigt; haben wir sie dann, ist unser ganzes Denken nur mit den schlechten beschäftigt. 2

Die zweite Hälfte seines Lebens verbringt der Weise damit, sich von den Torheiten, Vorurteilen und irrigen Ansichten zu befreien, die er sich in der ersten zu eigen gemacht hat. 3

Würde jemand all seine Ansichten über Liebe, Politik, Religion, Gelehrsamkeit usw. aufzeichnen, von der Jugend an bis ins hohe Alter hinein, was ergäbe das am Ende für eine lange Liste von Inkonsequenzen und Widersprüchen! 4

Kein kluger Mensch hat je gewünscht, jünger zu sein. 5

Jeder möchte lange leben, aber keiner will alt werden. 6

Wenn sich Bücher und Gesetze weiter so vermehren wie während der letzten fünfzig Jahre, mache ich mir Sorgen, wie in Zukunft jemand noch Gelehrter oder Jurist werden soll. 7

Prüde Leute haben eine schmutzige Phantasie. 8

Wenn mich jemand zwingt, Abstand zu wahren, habe ich den Trost, dass er ihn gleichfalls wahrt. 9

Genau genommen, *leben* nur wenige Menschen wirklich in der Gegenwart, die meisten haben nur vor, einmal richtig zu *leben*. 10

Ich wundere mich nie darüber, wenn ich sehe, dass Menschen schlecht sind, doch wundere ich mich oft darüber, dass sie sich nicht schämen. [11]

Alle Loblieder enthalten eine Beimischung Opium. [12]

Vision ist die Kunst, Unsichtbares zu sehen. [13]

Laut Hippokrates, Aph. 32,6, neigen Stotterer stets zu Durchfall. Ich wollte, es stände im Vermögen der Ärzte, den Wortreichtum so mancher Leute in die inneren Teile zu befördern. [14]

Luc de Clapiers, Marquis de Vauvenargues
(1715–1747)

Ist ein Gedanke zu schwach, um einen schlichten Ausdruck zu tragen, so soll er verworfen werden. [1]

Gewohnheit macht alles, selbst in der Liebe. [2]

Das Gefühl, nicht die Achtung eines Menschen erwerben zu können, treibt leicht dazu, ihn zu hassen. [3]

Handel mit Ehre bereichert nicht. [4]

Nützliche Verschwendung des Überflusses ist edle und große Sparsamkeit. [5]

Das Gefühl unserer Kräfte steigert sie. [6]

Von der Zeit und von den Menschen muss man alles erwarten und alles befürchten. ₇

Wenige Maximen sind wahr in jeder Hinsicht. ₈

Die Vernunft begreift nicht die Interessen des Herzens. ₉

Große Gedanken entspringen im Herzen. ₁₀

Guter Instinkt bedarf der Vernunft nicht; er verleiht sie. ₁₁

Das Gewissen der Sterbenden verleumdet ihr Leben. ₁₂

Um Großes zu vollbringen, muss man leben, als müsste man niemals sterben. ₁₃

Der Gedanke an den Tod betrügt uns, denn er lässt uns vergessen zu leben. ₁₄

Wir danken den Leidenschaften vielleicht die größten Vorzüge des Verstandes. ₁₅

Die jungen Leute leiden weniger unter ihren Fehlern als unter der Weisheit der Alten. ₁₆

Wir sparen unsere Nachsicht für die Vollkommenen. ₁₇

Es ist falsch, dass Gleichheit ein Naturgesetz sei. Die Natur hat nichts Gleiches erschaffen. Ihr oberstes Gesetz ist Unterordnung und Abhängigkeit. ₁₈

Die lächerlichsten und kühnsten Hoffnungen sind manchmal die Ursache außerordentlicher Erfolge gewesen. [19]

Über große Demütigungen trösten wir uns selten – wir vergessen sie. [20]

Was wir einen glänzenden Gedanken nennen, ist meist nur ein verfänglicher Ausdruck, der uns mit Hilfe von ein wenig Wahrheit einen verblüffenden Irrtum aufzwingt. [21]

Es gibt keinen Widerspruch in der Natur. [22]

Wenn der berühmte Autor der Maximen so gewesen wäre, wie er alle Menschen zu schildern versucht hat, verdiente er dann unsere Achtung und den abgöttischen Kult seiner Anhänger? [23]

Geistige Mittelmäßigkeit und Bequemlichkeit machen mehr Menschen zu Philosophen als das Denken. [24]

Wir haben weder die Kraft noch die Gelegenheit, all das Gute und Böse zu tun, das wir planen. [25]

Der Glaube ist der Unglücklichen Trost und der Glücklichen Schrecken. [26]

Man schwingt sich nicht zu großen Wahrheiten auf ohne Enthusiasmus: kalten Blutes diskutiert man, aber man erfindet nichts. Vielleicht machen erst Leidenschaft und Verstandesschärfe zusammen den echten Philosophen. [27]

Großes erreicht der Geist nur sprungweise. 28

Das Gefühl verdächtige ich nicht, falsch zu sein. 29

Eine große Wahrheit, von der man durchdrungen ist und die man lebhaft fühlt, kann man ruhig aussprechen, auch wenn andre sie schon ausgesprochen haben. Jeder Gedanke ist neu, der das Siegel der Eigenart eines Schriftstellers trägt. 30

Bedeutende Geister lassen sich durch bedeutende Ämter schnell belehren. 31

Eine Maxime, die erst bewiesen werden muss, ist schlecht formuliert. 32

Sind die Leidenschaften Ausdruck der Kraft oder des Unvermögens und der Schwäche? Verrät es Größe oder Mittelmäßigkeit, frei von Leidenschaften zu sein? Oder ist alles ein Ineinander von Stärke und Schwäche, Größe und Kleinheit? 33

Klarheit ist die Ehrlichkeit der Philosophen. 34

Die Dummköpfe nutzen die Klugen, so wie kleine Menschen hohe Absätze tragen. 35

Die Verachtung unsrer Natur ist ein Irrtum unsrer Vernunft. 36

Aphorismen sind die Einfälle der Philosophen. 37

Nicolas-Sébastien Roch Chamfort
(1741–1794)

Maximen, Axiome sind wie Kompendien das Werk geistreicher Leute, die, so scheint es, für die mittelmäßigen und trägen Geister gearbeitet haben. Der Träge nimmt eine Maxime an, um sich die Beobachtungen zu ersparen, die deren Verfasser zu seinem Resultat geführt haben. Der träge und der mittelmäßige Mensch getrauen sich nicht darüber hinauszugehen, und sie geben der Maxime eine Allgemeinheit, die der Verfasser, wenn er nicht selber mittelmäßig war, ihr gar nicht geben wollte. Ein überlegener Geist erfasst mit einem Schlage die Ähnlichkeiten, die Unterschiede, die eine Maxime mehr oder minder oder überhaupt nicht auf diesen oder jenen Fall anwendbar machen. Es verhält sich hier so wie in der Naturgeschichte, deren Klassen und Unterabteilungen dem Wunsch nach Vereinfachung entstammen. Eine solche Einteilung hat Kombinations- und Beobachtungsgabe erfordert. Aber der große Naturforscher, der Genius, sieht, dass die Natur individuell verschiedene Wesen erschaffen hat, er sieht das Unzulängliche aller Klassen und Unterabteilungen, die den mittelmäßigen oder trägen Geistern so nützlich sind. Zwischen beiden besteht ein Assoziationszusammenhang; sie verhalten sich oft zueinander wie Ursache und Wirkung. [1]

Man muss zugeben, dass es unmöglich ist, in der Welt zu leben, ohne von Zeit zu Zeit Komödie zu spielen. Es nur im Notfall zu tun, und um der Gefahr zu entgehen, unterscheidet den Mann von Rang vom Spitzbuben, der den Gelegenheiten zuvorkommt. [2]

Das Denken bietet Trost und Heilung für alles. Hat es einem wehgetan, so verlange man von ihm das geeignete Gegenmittel, und man bekommt es. 3

Will man der Vernunft all das Böse verzeihen, das sie den Menschen angetan hat, so muss man überlegen, was der Mensch ohne Vernunft wäre. Es war ein notwendiges Übel. 4

Sieht man, wie Bacon zu Beginn des 16. Jahrhunderts dem menschlichen Geist den Weg wies zum Wiederaufbau des Gebäudes der Wissenschaften, so bewundert man fast nicht mehr die großen Männer, die auf ihn folgten: Bayle, Locke u.a. Er weist ihnen im Voraus das Gebiet zu, das sie urbar machen oder erobern sollen. Er ist Cäsar nach dem Sieg von Pharsalus: Herr der Welt, Königreiche und Provinzen seinen Anhängern und Günstlingen spendend. 5

Unsre Vernunft macht uns oft unglücklicher als unsre Leidenschaften, und man kann sagen, dass der Mensch dem Kranken gleicht, den sein Arzt vergiftet hat. 6

In großen Dingen zeigen sich die Menschen so, wie man es von ihnen erwartet, in kleinen geben sie sich so, wie sie sind. 7

Von niemandem abhängen, der Mann seines Herzens, seiner Grundsätze, seiner Gefühle sein: nichts habe ich seltener gesehen. 8

Man muss verstehen, die Dummheiten zu begehen, die unser Charakter von uns verlangt. 9

Die physischen Geißeln und Drangsale der menschlichen Natur haben die Gesellschaft notwendig gemacht. Die Gesellschaft hat die Leiden der Natur noch gesteigert. Die Nachteile der Gesellschaft haben die Regierung notwendig gemacht, und die Regierung steigert noch die Leiden der Gesellschaft. Das ist die Geschichte der menschlichen Natur. 10

Die Natur hat Illusionen den Weisen wie den Narren mitgegeben, damit die Weisen nicht zu unglücklich würden durch ihre Weisheit. 11

Die öffentliche Meinung ist eine Gerichtsbarkeit, die ein rechter Mann nie ganz anerkennt und die er nie ablehnen soll. 12

Es gibt wenige Laster, durch die man sich seine Freunde so verscherzen kann wie durch große Vorzüge. 13

Leben ist eine Krankheit, von der der Schlaf alle sechzehn Stunden einmal befreit. Es ist nur ein Palliativ, der Tod ist das Heilmittel. 14

Manche Dinge lassen sich leichter legalisieren als legitimieren. 15

Berühmtheit: der Vorteil, denen bekannt zu sein, die einen nicht kennen. 16

Die Maximen bedeuten für die Lebensführung so viel wie die Meisterregeln für die Kunst. 17

Man ist glücklich oder unglücklich durch eine Menge von Dingen, die nicht ans Tageslicht kommen, über die man nicht spricht und nicht sprechen kann. [18]

Es scheint, dass bei gleichen geistigen Gaben der Reiche niemals die Natur, den Menschen, die Gesellschaft so gut kennen kann wie der Arme. Denn in dem Augenblick, wo der Reiche im Genuss aufgeht, muss der Arme sich mit dem Denken trösten. [19]

Man ist in der Einsamkeit glücklicher als in der Welt. Kommt es nicht daher, dass man in der Einsamkeit an die Dinge denkt, in der Gesellschaft aber an die Menschen denken muss? [20]

Fast alle Menschen sind Sklaven aus demselben Grund, den die Spartaner für die Sklaverei der Perser angaben: dass sie nicht nein sagen konnten. Dies Wort auszusprechen wissen und allein leben können – das sind die einzigen Mittel, Freiheit und Charakter zu bewahren. [21]

Will das Glück sich mit mir einlassen, so muss es die Bedingungen annehmen, die mein Charakter ihm stellt. [22]

Als ich der Welt und dem Vermögen entsagte, fand ich Glück, Stille, Gesundheit, ja Reichtum und merkte, dem Sprichwort zum Trotz, dass, wer das Spiel aufgibt, es gewinnt. [23]

Mein ganzes Leben ist ein Gewebe von augenfälligen Kontrasten zu meinen Prinzipien. Ich liebe die Fürsten nicht und bin befreundet mit einer Fürstin und einem Fürsten. Man kennt meine republikanischen Grundsätze, und mehrere meiner Freunde haben monarchische Orden. Ich liebe die freiwillige Armut und verkehre mit reichen Leuten. Ich weiche allen Ehrenbezeigungen aus, und doch sind einige zu mir gekommen. Die Literatur ist fast mein einziger Trost, und ich verkehre nicht mit Schöngeistern und gehe nicht zur Akademie. Man nehme hinzu, dass mir Illusionen für die Menschen unentbehrlich zu sein scheinen, und ich lebe ohne Illusionen; ich halte die Leidenschaften für wertvoller als die Vernunft und weiß gar nicht mehr, was Leidenschaften sind usw. 24

Das kontemplative Leben ist oft elend. Man muss mehr handeln, weniger denken und sich nicht leben sehen. 25

Empfinden macht denken. Das gibt man zu, nicht, dass das Denken sich in Empfindungen umsetzt. Es ist nicht weniger wahr. 26

In der Liebe ist alles wahr, alles falsch. Sie ist das einzige Ding, über das man nichts Absurdes sagen kann. 27

Die meisten Bücher von heute scheinen in einem Tag aus der Lektüre von gestern entstanden zu sein. 28

Der Erfolg vieler Werke erklärt sich aus der Beziehung, die zwischen der Mittelmäßigkeit der Ideen des Autors und der Mittelmäßigkeit der Ideen des Publikums besteht. 29

In den schönen Künsten und selbst in vielen andern Dingen weiß man nur, was man nicht gelernt hat. 30

Es werden Bücher über die Interessen der Fürsten geschrieben, die besonders studiert werden sollen – war jemals die Rede vom Studium der Interessen der Völker? [31]

Es ist unbestreitbar, dass es in Frankreich sieben Millionen Menschen gibt, die Almosen verlangen, und zwölf, die außerstande sind, sie ihnen zu geben. [32]

Der Adel, sagen die Adligen, sei eine Zwischenstufe zwischen König und Volk. Ja, so wie der Jagdhund eine Zwischenstufe ist zwischen dem Jäger und dem Hasen. [33]

Die Natur häufte endlose Leiden auf uns und gab uns gleichzeitig einen unüberwindlichen Willen zum Leben. Sie scheint es mit den Menschen gemacht zu haben wie mit einem Brandstifter, der unser Haus ansteckt, nachdem er eine Wache vor die Tür gestellt hat. Die Gefahr muss sehr groß geworden sein, wenn wir den Sprung zum Fenster hinaus wagen. [34]

In jedes Lebensalter tritt der Mensch als Novize ein. [35]

Es gibt eine Melancholie, die an Seelengröße grenzt. [36]

Georg Christoph Lichtenberg
(1742–1799)

Die größten Dinge in der Welt werden durch andere zuwege gebracht, die wir nichts achten, kleine Ursachen, die wir übersehen, und die sich endlich häufen. [1]

Wenn er seinen Verstand gebrauchen sollte, so war es ihm, als wenn jemand, der beständig seine rechte Hand gebraucht hat, etwas mit der linken tun soll. 2

Er pflegte seine obern und untern Seelenkräfte das Ober- und Unterhaus zu nennen, und sehr oft ließ das erstere eine Bill passieren, die das letztere verwarf. 3

Jeder Mensch hat auch seine moralische backside, die er nicht ohne Not zeigt, und die er so lange als möglich mit den Hosen des guten Anstandes zudeckt. 4

Der Mensch kommt unter allen Tieren in der Welt dem Affen am nächsten. 5

Ihr Unterrock war rot und blau sehr breit gestreift und sah aus, als wenn er aus einem Theater-Vorhang gemacht wäre. Ich hätte für den ersten Platz viel gegeben, aber es wurde nicht gespielt. 6

Wie hat es Ihnen in dieser Gesellschaft gefallen? Antwort: Sehr wohl, beinah so sehr als auf meiner Kammer. 7

Vernunft und Einbildungskraft haben bei ihm in einer sehr unglücklichen Ehe gelebt. 8

Es tun mir viele Sachen weh, die andern nur leid tun. 9

Wer hört Entschuldigungen, wenn er Handlungen hören kann? 10

Es war ihm unmöglich, die Wörter nicht in dem Besitz ihrer Bedeutungen zu stören. [11]

Zeit urbar machen. [12]

Man ist nur gar zu sehr geneigt zu glauben, wenn man etwas Talent besitzt, Arbeiten müsste einem leicht werden. Greife dich immer an, Mensch, wenn du etwas Großes tun willst. [13]

Einen Gedanken zu finden, wobei sich allemal jeder Mensch, der ihn hört, totlacht. [14]

Eine halb neue Erfindung mit einem ganz neuen Namen. [15]

Dass der Mensch das edelste Geschöpf sei, lässt sich auch schon daraus abnehmen, dass es ihm noch kein anderes Geschöpf widersprochen hat. [16]

Es lässt sich ohne sonderlich viel Witz so schreiben, dass ein anderer sehr vielen haben muss, es zu verstehen. [17]

Was ist denn das? Kaum kann ich unterscheiden, ob es etwas oder nichts ist. Das sind keine Argumente, auf die man sich einlässt. Aber dass ihr seht, dass ich es ehrlich meine, so will ich euch helfen, ich will euern Beweisen alle die Stärke geben, die ihr ihnen nicht zu geben im Stande seid, die Stärke, die ihr würdet gegeben haben, wenn ihr vernünftige Leute wäret, kurz alle die Stärke, deren sie fähig sind, und dann will ich zurücktreten und sie umblasen. [18]

Der Menschenkenner, der, wenn er wollte, jedermanns Heimlichkeiten sagen könnte. 19

Der Mann hatte so viel Verstand, dass er fast zu nichts mehr in der Welt zu gebrauchen war. 20

Bemühe dich, nicht unter deiner Zeit zu sein. 21

Der Mann hat recht, sollte man sagen, aber nicht nach den Gesetzen, die man sich in der Welt einstimmig auferlegt hat. 22

Es muss ein Spiritus rector in einem Buch sein oder es ist keinen Heller wert. 23

Es ist ein großer Unterschied zwischen etwas *noch* glauben und es *wieder* glauben. *Noch* glauben, dass der Mond auf die Pflanzen wirke, verrät Dummheit und Aberglaube, aber es *wieder* glauben zeugt von Philosophie und Nachdenken. 24

Mut, Geschwätzigkeit und Menge ist auf unserer Seite. Was wollen wir weiter? 25

Die Wahrheit hat tausend Hindernisse zu überwinden, um unbeschädigt zu Papier zu kommen, und von Papier wieder zu Kopf. Die Lügner sind ihre schwächsten Feinde. Der enthusiastische Schriftsteller, der von allen Dingen spricht und alle Dinge ansieht wie andere ehrliche Leute, wenn sie einen Hieb haben, ferner der superfeine, erkünstelte Menschenkenner, der in jeder Handlung eines Mannes, wie Engel in einer Monade, sein ganzes

Leben sich abspiegeln sieht und sehen will, der gute fromme Mann, der überall aus Respekt glaubt, nichts untersucht, was er vor seinem 15. Jahr gelernt hat, und sein bisschen Untersuchtes auf ununtersuchten Grund baut, dieses sind Feinde der Wahrheit. 26

Der Mensch ist nicht so schwer zu kennen, als mancher Stubensitzer glaubt, der sich in seinem Schlafrock freut, wenn er eine von Rochefoucaulds Bemerkungen wahr findet. Ja ich behaupte, die meisten kennen den Menschen besser, als sie selbst wissen, sie machen auch Gebrauch davon im Handel und Wandel, allein sobald sie schrieben, da wäre der Teufel los, da wäre alles so feiertagsmäßig schön, dass man sie gar nicht kenne, und da sie sonst ganz natürlich aussähen, so machten sie jetzt Gesichter wie eine alte Jungfer, wenn sie sich malen lässt. 27

Es gibt Leute, die glauben, alles wäre vernünftig, was man mit einem ernsthaften Gesicht tut. 28

Sagt, ist noch ein Land außer Deutschland, wo man die Nase eher rümpfen lernt als putzen? 29

Lesen heißt borgen, daraus erfinden abtragen. 30

Die unterhaltendste Fläche auf der Erde für uns ist die vom menschlichen Gesicht. 31

Ein Buch ist ein Spiegel, wenn ein Affe hineinsieht, so kann kein Apostel herausgucken. 32

Die Metapher ist weit klüger als ihr Verfasser und so sind es viele Dinge. Alles hat seine Tiefen. Wer Augen hat, der sieht alles in allem. 33

Ein kluges Kind, das mit einem närrischen erzogen wird, kann närrisch werden. Der Mensch ist so perfektibel und korruptibel, dass er aus Vernunft ein Narr werden kann. 34

In einer so zusammengesetzten Maschine als diese Welt spielen wir, dünkt mich, aller unsrer kleinen Mitwirkung ungeachtet, was die Hauptsache betrifft, immer in einer Lotterie. 35

Bei manchem Werk eines berühmten Mannes möchte ich lieber lesen, was er weggestrichen hat, als was er hat stehen lassen. 36

Der Trieb, unser Geschlecht fortzupflanzen, hat noch eine Menge anderes Zeug fortgepflanzt. 37

Ich gehe oft, wenn ein Bekannter vorbeigeht, vom Fenster weg, nicht sowohl um ihm die Mühe einer Verbeugung als vielmehr mir die Verlegenheit zu ersparen zu sehen, dass er mir keine macht. 38

Schmierbuch-Methode bestens zu empfehlen. Keine Wendung, keinen Ausdruck unaufgeschrieben zu lassen. Reichtum erwirbt man sich auch durch Ersparung der Pfennigs-Wahrheiten. 39

Eine Regel beim Lesen ist, die Absicht des Verfassers und den Hauptgedanken sich auf wenig Worte zu bringen und sich unter dieser Gestalt eigen zu machen. Wer so liest, ist beschäftigt und gewinnt, es gibt eine Art von Lektüre, wobei der Geist gar nichts gewinnt und vielmehr verliert, es ist das Lesen ohne Vergleichung mit seinem eigenen Vorrat und ohne Vereinigung mit seinem Meinungs-System. 40

Die Schwachheiten großer Leute bekannt zu machen, ist eine Art von Pflicht; man richtet damit Tausende auf, ohne jenen zu schaden. Der Brief von d'Alembert über Rousseau im Mercure de France, Sept. 1779 verdient bekannter zu sein. 41

Es ist fast unmöglich, die Fackel der Wahrheit durch ein Gedränge zu tragen, ohne jemandem den Bart zu sengen. 42

Wer sich selbst recht kennt, kann sehr bald alle anderen Menschen kennen lernen. Es ist alles Zurückstrahlung. 43

Ich sagte bei mir selbst: das kann ich unmöglich glauben, und während dem Sagen merkte ich, dass ichs schon zum zweitenmal geglaubt hatte. 44

Es ist schade, dass man bei Schriftstellern die gelehrten Eingeweide nicht sehen kann, um zu erforschen, was sie gegessen haben. 45

Wo Mäßigung ein Fehler ist, da ist Gleichgültigkeit ein Verbrechen. 46

Es gibt Leute, die können alles glauben, was sie wollen; das sind glückliche Geschöpfe! 47

Es gibt wirklich sehr viele Menschen, die bloß lesen, damit sie nicht denken dürfen. 48

Ich mag immer den Mann mehr lieben, der so schreibt, wie es Mode werden kann, als den, der so schreibt, wie es Mode ist. 49

Harlequin will sich selbst ermorden, und nachdem er gegen jede Todesart etwas einzuwenden findet, entschließt er sich endlich, sich totzukitzeln. 50

Der Amerikaner, der den Kolumbus zuerst entdeckte, machte eine böse Entdeckung. 51

Er hatte gar keinen Charakter, sondern wenn er einen haben wollte, so musste er immer erst einen annehmen. 52

Wenn eine Geschichte eines Königs nicht verbrannt worden ist, so mag ich sie nicht lesen. 53

Die Neigung der Menschen, kleine Dinge für wichtig zu halten, hat sehr viel Großes hervorgebracht. 54

Die gefährlichsten Unwahrheiten sind Wahrheiten mäßig entstellt. 55

Wer in sich selbst verliebt ist, hat wenigstens bei seiner Liebe den Vorteil, dass er nicht viele Nebenbuhler erhalten wird. 56

Er hatte ein paar Augen, aus denen man, selbst wenn sie still standen, seinen Geist und Witz so erkennen konnte wie bei einem stillstehenden Windhunde die Fertigkeit im Laufen. 57

So wie das höchste Recht das höchste Unrecht ist, so ist auch umgekehrt nicht selten das höchste Unrecht das höchste Recht. 58

Ich habe mich nach dem Strom der Gesinnungen gerichtet und zweierlei gesucht, entweder reich oder ein Betbruder zu werden, es ist mir aber keines geglückt. 59

Was man so sehr prächtig Sonnenstäubchen nennt, sind doch eigentlich Dreckstäubchen. 60

Alles, was der Mann sagte, hatte sein ganz eignes Gewicht. Er wusste sich nicht immer zur Fassungskraft gemeiner Menschen herabzulassen, und selbst dem Geübten waren oft seine Maximen anfangs so schwer zu fassen als nachher, wenn sie sie gefasst hatten, zu vergessen. 61

Es gibt in Rücksicht auf den Körper gewiss, wo nicht mehr, doch ebenso viele Kranke in der Einbildung als wirklich Kranke, in Rücksicht auf den Verstand ebenso viel, wo nicht sehr viel mehr Gesunde in der Einbildung als wirklich Gesunde. 62

Wenn auch das Gehen auf zwei Beinen dem Menschen nicht natürlich ist, so ist es doch gewiss eine Erfindung, die ihm Ehre macht. 63

Die Mythen der Physiker. 64

Aufklärung in allen Ständen besteht eigentlich in *richtigen Begriffen von unsern wesentlichen Bedürfnissen.* 65

Wie sind wohl die Menschen zu dem Begriff von *Freiheit* gelangt? Es ist ein großer Gedanke gewesen. 66

Hinlänglicher Stoff zum Stillschweigen. 67

Das Wahrheits-Gefühl. 68

Er hatte ein paar Stückchen auf der Metaphysik spielen gelernt. 69

Als ich dieses gesehen hatte und den Anblick nun so ganz für mein künftiges Leben gesichert sah, ging ich weg mit einem Gefühl, als wäre ich reicher geworden. 70

Es gibt sehr viele Menschen, die unglücklicher sind als du, gewährt zwar kein Dach darunter zu wohnen, allein sich bei einem Schauer darunter zu retirieren ist das Sätzchen gut genug. 71

Da gnade Gott denen von Gottes Gnaden. 72

Rousseau hat, glaube ich, gesagt: ein Kind, das bloß seine Eltern kennt, kennt auch die nicht recht. Dieser Gedanke lässt sich auf viele andere Kenntnisse, ja auf alle anwenden, die nicht ganz *reiner* Natur sind: Wer nichts als Chemie versteht, versteht auch die nicht recht. 73

Es geht freilich sonderbar zu unter uns Erdreichern. 74

Die Allmacht Gottes im Donnerwetter wird nur bewundert entweder zur Zeit, da keines ist, oder hintendrein beim Abzuge. 75

Es gibt auch ein Wort Gottes zum bessern Denken und sicherer Erforschung der Natur. Baco's Novum Organum ist einer der besten Kommentatoren darüber. 76

No popery, kein Papst! Es sei, wo es wolle. Es gibt Päpste überall. 77

An jeder Sache etwas zu sehen suchen, was noch niemand gesehen und woran noch niemand gedacht hat. 78

Ein Meisterstück der Schöpfung ist der Mensch auch schon deswegen, dass er bei allem Determinismus glaubt, er agiere als freies Wesen. 79

Das Wort Schwierigkeit muss gar nicht für einen Menschen von Geist als existent gedacht werden. Weg damit! 80

Sich allen Abend ernstlich zu befragen, was man an dem Tage Neues gelernt hat. 81

Einen Finder zu erfinden für alle Dinge. 82

Man muss etwas Neues machen, um etwas Neues zu sehen. 83

Wenn auch meine Philosophie nicht hinreicht, etwas Neues auszufinden, so hat sie doch Herz genug, das längst Geglaubte für unausgemacht zu halten. 84

Mit dem Fortschreiten der Menschheit zu größerer Vollkommenheit sieht es traurig aus, wenn man die Analogie alles dessen, was lebt, zu Rate zieht. 85

Um vergnügt oder vielmehr lustig in der Welt zu sein, wird nur erfordert, dass man alles nur flüchtig ansieht; so wie man nachdenkender wird, wird man auch ernsthafter. 86

Der Mensch liebt die Gesellschaft, und sollte es auch nur die von einem brennenden Rauchkerzchen sein. 87

Erst *müssen* wir glauben, und dann glauben wir. 88

Es kommt nicht darauf an, ob die Sonne in eines Monarchen Staaten nicht untergeht, wie sich Spanien ehedem rühmte, sondern was sie während ihres Laufes in diesen Staaten zu sehen bekommt. 89

Während man über geheime Sünden öffentlich schreibt, habe ich mir vorgenommen, über öffentliche Sünden heimlich zu schreiben. 90

Wir fressen einander nicht, wir schlachten uns bloß. 91

Ängstlich zu sinnen und zu denken, was man hätte tun können, ist das Übelste, was man tun *kann*. 92

Ich möchte was darum geben, genau zu wissen, für wen eigentlich die Taten getan worden sind, von denen man öffentlich sagt, sie wären *für das Vaterland* getan worden. 93

Ich kann freilich nicht sagen, ob es besser werden wird, wenn es anders wird; aber so viel kann ich sagen, es muss anders werden, wenn es gut werden soll. 94

Zweifle an allem wenigstens einmal, und wäre es auch der Satz: zweimal zwei ist vier. 95

Dass in den Kirchen gepredigt wird, macht deswegen die Blitzableiter auf ihnen nicht unnötig. 96

Wie herrlich würde es nicht um die Welt stehen, wenn die großen Herrn den Frieden wie eine Maitresse liebten, sie haben für ihre Person zu wenig vom Kriege zu fürchten. 97

Was die wahre Freiheit und den wahren Gebrauch derselben am deutlichsten charakterisiert, ist der Missbrauch derselben. 98

Ich kann nicht sagen, dass ich das Glück hätte, daran zu zweifeln. 99

Frage: Was ist leicht und was ist schwer? Antwort: Solche Fragen zu tun ist *leicht*; sie zu beantworten ist schwer. 100

Neue Irrtümer zu erfinden. [101]

Natürlich der plausible Irrtum findet weniger Widerstand in der Welt als die Wahrheit. [102]

Johann Wolfgang Goethe
(1749–1832)

Die Weisheit ist nur in der Wahrheit. [1]

Was man nicht versteht, besitzt man nicht. [2]

Wer sich vor der Idee scheut, hat auch zuletzt den Begriff nicht mehr. [3]

Wir alle leben vom Vergangnen und gehen am Vergangenen zu Grunde. [4]

Wo der Anteil sich verliert, verliert sich auch das Gedächtnis. [5]

Der Mensch begreift niemals, wie anthropomorphisch er ist. [6]

Der Handelnde ist immer gewissenlos, es hat niemand Gewissen als der Betrachtende. [7]

Die Irrtümer des Menschen machen ihn eigentlich liebenswürdig. [8]

Den Stoff sieht jedermann vor sich, den Gehalt findet nur der, der etwas dazu zu tun hat, und die Form ist ein Geheimnis den meisten. [9]

Es ist immer dieselbe Welt, die der Betrachtung offen steht, die immerfort angeschaut oder geahnet wird, und es sind immer dieselben Menschen, die im Wahren oder Falschen leben, im letzten bequemer als im ersten. [10]

Das ist die wahre Symbolik, wo das Besondere das Allgemeine repräsentiert, nicht als Traum und Schatten, sondern als lebendig augenblickliche Offenbarung des Unerforschlichen. [11]

Es ist nichts schrecklicher als eine tätige Unwissenheit. [12]

Sage mir, mit wem du umgehst, so sage ich dir, wer du bist; weiß ich, womit du dich beschäftigst, so weiß ich, was aus dir werden kann. [13]

Kannst du lesen, so sollst du verstehen; kannst du schreiben, so musst du etwas wissen; kannst du glauben, so sollst du begreifen; wenn du begehrst, wirst du sollen; wenn du forderst, wirst du nicht erlangen, und wenn du erfahren bist, sollst du nutzen. [14]

Man sagt, zwischen zwei entgegengesetzten Meinungen liege die Wahrheit mitten inne. Keineswegs! Das Problem liegt dazwischen, das Unschaubare, das ewig tätige Leben, in Ruhe gedacht. [15]

Was einem angehört, wird man nicht los, und wenn man es weg-würfe. 16

Es ist nicht genug zu wissen, man muss auch anwenden; es ist nicht genug zu wollen, man muss auch tun. 17

Einer neuen Wahrheit ist nichts schädlicher als ein alter Irr-tum. 18

Die größten Schwierigkeiten liegen da, wo wir sie nicht su-chen. 19

Die Natur wirkt nach Gesetzen, die sie sich in Eintracht mit dem Schöpfer vorschrieb, die Kunst nach Regeln, über die sie mit dem Genie einverstanden ist. 20

Was man erfindet, tut man mit Liebe, was man gelernt hat, mit Sicherheit. 21

Man kennt nur diejenigen, von denen man leidet. 22

Derjenige, der sich mit Einsicht für beschränkt erklärt, ist der Vollkommenheit am nächsten. 23

Dass man gerade nur denkt, wenn man das, worüber man denkt, nicht ausdenken kann! 24

Wer klare Begriffe hat, kann befehlen. 25

Eigentlich lernen wir nur von Büchern, die wir nicht beurteilen können. Der Autor eines Buchs, das wir beurteilen könnten, müsste von uns lernen. [26]

Ein großer Fehler: dass man sich mehr dünkt, als man ist, und sich weniger schätzt, als man wert ist. [27]

Die Allegorie verwandelt die Erscheinung in einen Begriff, den Begriff in ein Bild, doch so, dass der Begriff im Bilde immer noch begrenzt und vollständig zu halten und zu haben und an demselben auszusprechen sei. [28]

Die Symbolik verwandelt die Erscheinung in Idee, die Idee in ein Bild, und so, dass die Idee im Bild immer unendlich wirksam und unerreichbar bleibt und, selbst in allen Sprachen ausgesprochen, doch unaussprechlich bliebe. [29]

Gar selten tun wir uns selbst genug, desto tröstender ist es, andern genug getan zu haben. [30]

Jedes ausgesprochene Wort erregt den Gegensinn. [31]

Der Verständige findet fast alles lächerlich, der Vernünftige fast nichts. [32]

Freiwillige Abhängigkeit ist der schönste Zustand, und wie wäre der möglich ohne Liebe! [33]

Gegen große Vorzüge eines andern gibt es kein Rettungsmittel als die Liebe. 34

Man weicht der Welt nicht sicherer aus als durch die Kunst, und man verknüpft sich nicht sicherer mit ihr als durch die Kunst. 35

Joseph Joubert
(1754–1824)

Alle Sprachen setzen Gold in Umlauf. 1

Wörter verdunkeln wie Gläser, was sie nicht besser sehen machen. 2

Es ist eine große Kunst, den Stil mit Unbestimmtheiten zu erfüllen, die gefallen. 3

Es waren immer die besten Zeiten der Literatur, wenn die Schriftsteller die Wörter selbst gewogen und gezählt haben. 4

»Der Stil«, sagt Dussault, »ist eine Gewohnheit des Geistes.« Glücklich diejenigen, denen er zur Gewohnheit der Seele geworden ist! 5

Es gibt Gedanken, die keines Körpers, keiner Form, keines Ausdrucks bedürfen. Es genügt, sie unbestimmt zu bezeichnen und rauschen zu lassen: beim ersten Wort hört und sieht man sie. 6

Hat man einmal den Saft der Wörter gekostet, so kann ihn der Geist nicht mehr entbehren; er trinkt den Gedanken. 7

Jeder Klang in der Musik soll ein Echo haben, jede Figur in der Malerei einen Himmel; und wir, die wir mit Gedanken singen und mit Worten malen, auch wir sollten in unsern Schriften jedem Wort und jedem Satz Horizont und Echo schaffen. 8

Man achte beim Schreiben darauf, die Pflugschar nicht so tief einzusenken, dass man sie nicht mehr aus den Furchen herausziehen kann, um sie in eine andere zu senken; dies ist ein wichtiges Prinzip, das sich aber, sofern man kräftig schreibt, schwer beobachten lässt. 9

Es gibt Arten des Stils, die dem Blick angenehm, dem Ohr wohlklingend, weich dem Fühlen, aber unnütz dem Geruch und ohne Würze für den Geschmack sind. 10

Mit den Ausdrücken in der Literatur steht es wie mit den Farben, oft muss die Zeit sie gemildert haben, damit sie allgemein gefallen. 11

Will man sehr feine Dinge sichtbar machen, so muss man sie färben. 12

Schreibt man mit Leichtigkeit, so glaubt man immer mehr Talent zu haben, als man hat. Um gut zu schreiben, bedarf man einer natürlichen Leichtigkeit und einer erworbenen Schwierigkeit. 13

Eigentlich weiß man, was es auch sei, erst lange nachdem man es gelernt hat. [14]

Der Geschmack ist das literarische Gewissen der Seele. [15]

Schöne epische, dramatische, lyrische Dichtungen sind nur die Träume eines wachgewordenen Weisen. [16]

Die Welt sehen, heißt über Richter richten. [17]

Besser eine Frage zu untersuchen, ohne sie zu entscheiden, als sie zu entscheiden, ohne sie zu untersuchen. [18]

Der eine sagt gerne, was er weiß, der andre, was er denkt. [19]

Der Mensch bewohnt im Grunde nur seinen Kopf und sein Herz. Alle Räume, die dort nicht sind – und mögen sie auch vor seinen Augen, an seiner Seite, zu seinen Füßen sein – gibt es für ihn nicht. [20]

Einbildungskraft ist das Auge des Geistes. [21]

Man begreift die Erde erst, wenn man den Himmel erkannt hat. Ohne die religiöse Welt bleibt die sinnliche ein trostloses Rätsel. [22]

Der Himmel ist für die, welche an ihn denken. [23]

Religion ist die Poesie des Herzens, eine nützliche Verzauberung der Sitten, sie gibt uns Glück und Tugend. [24]

Der Verstand passt sich der Welt an; Weisheit sucht Einklang im Himmel. [25]

Maximen sind für den Verstand, was Gesetze für das Handeln sind, sie erleuchten nicht, aber sie leiten, lenken und retten blindlings. Sie sind der Faden im Labyrinth, der Kompass in der Nacht. [26]

Was wahr ist beim Licht der Lampe, ist nicht immer wahr beim Licht der Sonne. [27]

Die Zeit und die Wahrheit sind Freunde, obgleich es viele Augenblicke gibt, die der Wahrheit widersprechen. [28]

Klopft man vergebens an der Tür mancher Wahrheiten, so muss man versuchen, durchs Fenster einzudringen. [29]

Der Geistreiche ist der Wahrheit sehr nahe. [30]

Illusion ist ein integrierender Bestandteil der Wirklichkeit, sie gehört wesensmäßig zu ihr wie die Wirkung zur Ursache. [31]

Täuschungen kommen vom Himmel, Irrtümer von uns selbst. [32]

Man irrt aus Überlegenheit und aus Mittelmäßigkeit. [33]

Es gibt Geister, die durch alle Wahrheiten zum Irrtum gelangen. Es gibt glücklichere, die zu den Hauptwahrheiten durch alle Irrtümer gelangen. 34

Es steckt oft mehr Geist und Scharfsinn in einem Irrtum als in einer Entdeckung. 35

Oft ist ein System nur ein neuer Irrtum, den man nicht widerlegen kann, weil er noch nicht bestanden hat und weil man nicht die Zeit hatte, sich darauf vorzubereiten, ihn zu bekämpfen. 36

Man ist meistens nur durch Nachdenken unglücklich. 37

Die Jüngeren entsprechen ihrer Pflicht nicht, wenn sie keine Achtung vor den Älteren haben, und diese nicht, wenn sie keine Forderungen an die Jüngeren stellen. 38

Das Beste im Menschen sind seine jungen Gefühle und seine alten Gedanken. 39

Unser Leben ist aus Luft gewebt. 40

Lehren heißt zweimal lernen. 41

Ahmt die Zeit nach: sie zerstört alles langsam, sie untergräbt, verbraucht, entwurzelt, löst ab, aber sie reißt nicht gewaltsam aus. 42

Schwäche, die bewahrt, ist besser als die Stärke, die zerstört. 43

Die Staatsmänner berauschen sich am Dunst des Weins, den sie einschenken, und ihre eigene Lüge täuscht sie. 44

Es gibt wohl ein Recht des Weiseren, nicht aber ein Recht des Stärkeren. 45

Man muss Kiesel im Strome sein, seine Adern behalten und fortrollen, ohne aufgelöst zu werden noch aufzulösen. 46

Wenige Menschen sind der Erfahrung würdig. Die meisten lassen sich von ihr korrumpieren. 47

»Ich denke wie meine Erde«, sagte ein Gutsbesitzer. Ein sinnvolles Wort, das wir täglich anwenden können. In der Tat denken die einen wie ihre Erde, die andern wie ihre Laden, einige wie ihr Hammer, andre wieder wie ihr leerer Beutel, der gefüllt werden möchte. 48

Jeder Schrei und jede Klage haucht gleichsam einen Dunst aus. Aus diesem bildet sich eine Wolke, aus der Wolke kommen Blitze und Stürme. 49

Wir leben in einem Zeitalter, in dem die überflüssigen Ideen überhandnehmen und die notwendigen Gedanken ausbleiben. 50

Wir leben in einer so sonderbaren Lage, dass die Greise nicht mehr Erfahrung haben als die Jünglinge. Wir alle sind Neulinge, weil alles neu ist. 51

Man muss gegen die liberalen Ideen der Zeit die moralischen aller Zeiten halten. 52

Nichts macht die Geister in der Literatur so unvorsichtig und verwegen wie die Unkenntnis der Vergangenheit und die Verachtung der alten Bücher. 53

Wir schreiben unsre Bücher nicht, wenn sie in uns fertig sind, sondern wir verfertigen sie beim Schreiben. Ihr Bestes ist daher von lauter Zurüstung verdeckt. Sie sind voll dessen, was man hätte nehmen, was man hätte weglassen sollen. 54

Geist arbeitet mit Zustimmung und Ablehnung; er urteilt, aber sieht nicht. 55

Wir haben keine Dichter mehr, weil wir keine brauchen. Für unsern Geschmack sind sie nicht notwendig, weil sie es weder für unsre Sitten noch für unsre Gesetze, weder für unsre politischen Feste noch für unsre häuslichen Freuden sind. 56

Jeder Geist hat seinen Bodensatz. 57

Der Geist bleibt so lange stark, als man die Kraft hat, über seine Schwäche zu klagen. 58

Man verrenkt sich Geist wie Körper. 59

Ich gehe dahin, wo man mich wünscht, mindestens ebenso gern wie wo es mir gefällt. 60

Meine Seele bewohnt einen Ort, durch den Leidenschaften gegangen sind: ich habe sie alle gekannt. 61

Ich kann nur aussäen, nicht aber aufbauen und begründen, Strahlen aussenden, nicht aber sie in mir sammeln. 62

Wie Dädalus schmiede ich mir Flügel; ich setze sie allmählich zusammen, indem ich täglich eine neue Feder hinzufüge. 63

Leuchte ich, so verzehre ich mich. 64

Gibt es einen Menschen, den der unselige Ehrgeiz quält, ein Buch auf einer Seite zu bieten, eine ganze Seite in einem Satz und diesen Satz in einem Wort – so bin ich es. 65

Ich sehe gern zwei Wahrheiten auf einmal. Jeder gute Vergleich gewährt dem Geist diesen Vorteil. Ich muss immer ein Bild wiedergeben, ein Bild und einen Gedanken, zweierlei und zweifache Arbeit für mich. 66

Nicht meine Worte sollen geschliffen sein, sondern meine Gedanken. Ich halte inne, bis der Tropfen des Lichts, dessen ich bedarf, sich gebildet hat und aus meiner Feder fließt. 67

Jean Paul
(1763–1825)

Der Mensch ist gut und will nicht, dass man vor einem andern als ihm selber krieche. ₁

Es gehört schon zu den Widersprüchen des Menschen, dass er welche zu haben glaubt. ₂

Nichts macht die Menschen vertrauter und gegeneinander gutgesinnter als gemeinschaftliche Verleumdung eines dritten. ₃

Man wird am leichtesten verschwiegen unter Leuten, die es nicht sind. ₄

Wenn ein Buch nicht wert ist, zweimal gelesen zu werden, so ist's auch nicht wert, einmal gelesen zu werden. ₅

Eine gewisse Seelengröße macht zur Menschenkenntnis unfähig. ₆

Manche geben allen großen Wahrheiten Kleinheit, wenn sie sie nur sagen. ₇

Ein Mädchen wird trübe, wenn man bemerkt, dass sie es sei. ₈

Nicht was viele Menschen, sondern was einer tut, ist groß. ₉

Je älter man wird, desto toleranter gegen das Herz und intoleranter gegen den Kopf. ₁₀

In Vorzügen, worüber man zweifelhaft ist, glaubt man ein Lob am leichtesten. [11]

Man muss sich *oft so stellen* (nicht *ver-* und *an*stellen), wie man ist, um nicht anders zu scheinen, als man ist. [12]

Das Beste in einem Menschen ist das, was er selber nicht kennt. [13]

Je älter, desto mehr entschuldigt, desto weniger achtet man die Menschen. [14]

So oft ich auf der Brücke vor dem Mann mit zwei Stöcken vorbeiging, dacht ich, ich wollt es aufschreiben und vergaß es, bloß weil ich alle Tage vorbeiging – jetzt hab ich den Nutzen, auch noch diese Bemerkung dazu zu machen. [15]

Die bloße nackte Wahrheit wird für die meisten Unwahrheit; durch ihr Kleid wird sie wahrer. [16]

Zerstreuete Gedanken lieset man wieder zerstreuet und blättert in ihnen herum. [17]

Eine lange Zeit lernt man darum die Menschen nicht kennen, weil man sie überall für besser hält als sich. [18]

Nichts zeigt die Menschen falscher und schöner als die Leiden; im Glück werfen sie die Schleier weg. [19]

Wer wahr sein *will*, ist's schon nicht ganz mehr, er muss es gar nicht wissen. 20

Ein Staatsmann ist alles leichter als wahr, – sogar keusch. 21

Wer nicht sucht, wird bald nicht mehr gesucht. 22

Der Mensch wird wie der Stahl hart – durch öfteres Abkühlen nach Erhitzung. 23

Wer irgendeine von diesen Bemerkungen weder in seinem Leben noch die Antizipation in seiner Seele hat: findet sie bloß *leer* oder nichts. Etwas anderes ist, wenn einer eine *falsch* findet. 24

Mangel an Verschwiegenheit entsteht meistens aus Mangel an Redestoff. 25

Man wird nicht eher reich, als wenn man bloß aufs Reichwerden ausgeht; so wie mit Tugend, Kunst, Wissenschaft. Es gibt Dinge und Zwecke, die keinen Nebenbuhler vertragen; auf den man doch immer beim Zufall rechnet. Hier ist nur Entschiedenheit entscheidend. 26

Die wenigsten Menschen verdienen, dass man etwas von ihnen annimmt. 27

Bloß bei den Tieren kann ich rein rechnen, dass sie je besser gegen mich sind, je besser ich gegen sie; bei den Menschen nicht, ja oft umgekehrt. 28

Nicht die Freuden, sondern die Leiden verbergen die Leere des Lebens. 29

Alles ist uns am andern leichter zu erraten als dies, wie er uns errät; das Erraten des Erratens. Daher können zwei auf einmal sich wechselseitig überlisten und täuschen. 30

Die Erinnerungen früherer Zeiten nehmen von Jahrzehnt zu Jahrzehnt eine andere Gestalt und Wirkung für uns an. 31

Der Mensch ist nie allein – das Selbstbewusstsein macht, dass immer zwei Ichs in einer Stube sind. 32

Das einzige moralische Verdienst eines Autors ist nicht sein moralisches Schreiben, sondern dass er es durch sein Leben besiegelt. 33

Man muss einen Gott haben, um nur zu denken. 34

Dem Vogel kommt des Menschen Besitztum klein vor. 35

Selbstbiographie. – Ich könnte wohl auf meine Brust zeigen und sagen: »Da ist ein Gottesacker.« Aber nicht von Menschen, sondern Gedanken und Systemen. 36

Wir sind Tiere in einem Glase, wir halten die durchsichtige Schranke für keine und stoßen immer daran. 37

Wenn ihr das Leben für klein haltet: warum seid ihr denn nicht wenigstens im Kleinen kühn? 38

Die meisten würden für das Weggelassne in Goethes Briefen das Gedruckte hingeben. 39

»Er hatte Fassung.« Ja, aber das Glas der Fassung fehlte. 40

Die Menschen sind so dumm, dass sie Gott selber kaum kann begreifen. 41

Nach einem bösen Traum sieht man, welchen Stoff zu einer Hölle ein bloßes Gehirn in sich aufbewahrt. 42

Niemand hat weniger Ehrgefühl als eine Regierung; z. B. England gegen China; Europa gegen Algier und die Türkei. 43

Wahrheiten. – Das sind die gewissesten, die man nicht sucht, sondern die uns suchen und verfolgen, z. B. meine von dem Tod. 44

Kleine Leiden machen schlimmer, großes besser. 45

Gedächtnis. – Sonderbar, dass man sich erinnert, man habe sich eine Sache erinnern wollen, aber diese doch nicht mehr sich erinnert. 46

Ich sehe nicht ab, warum ein Buch schon beim ersten Lesen gefallen oder ein Gedanke das erste Mal deutlich sein soll. 47

Für den Verstand kann man nicht zu lakonisch sein, aber wohl für die Phantasie. 48

Man muss nicht die Sachen nach der Regel schaffen, sondern diese nach jenen. 49

Wer in den dunklen Begriffen nichts hat, findet in den deutlichen auch nichts. 50

Der Höhere weiß, ohne zu glauben; der Niedere glaubt, ohne zu wissen. 51

Wie nah ist der Mensch seinem Himmel und seiner Hölle und kommt nicht hinein. 52

Wenn Versagen den Genuss würzt: so muss man sich sogar das Versagen zuweilen versagen, weil es sonst nicht mehr wirkt. 53

Die Poesie ist die Aussicht aus dem Krankenzimmer des Lebens. 54

Die Geschichte ist ein Pestwagen. 55

Einer klagt, warum nur ein Einziger wäre Gott geworden und warum ihn nicht dieses Glück getroffen. 56

Oft hat weder die Majorität noch Minorität Recht, sondern eine dritte Partei, gegen welche die Minorität eine Majorität ist. 57

Bis an mein Ende trag ich mich mit der Idee, dass ich es bald haben werde. 58

Bei, unter Menschen gibt's keine andere Freiheit als dass man nichts, gar nichts von ihnen haben will. 59

Der Unglückliche muss das Gewöhnen so segnen, als es der Glückliche verwünscht. 60

Schon durch das Spalten des Holzes wird man warm. 61

Der Mensch kann nur *en gros* moralisch sein. 62

Sonderbar, dass bei uns der Bauer zugleich einen Käfig bedeutet und den darein gesperrten. 63

Unten im Loche des Blumentopfes sieht man das Schlängeln der gepressten Wurzeln. 64

Ich wollte, man könnte die Menschen so zahm machen wie die Tiger. 65

Die Schuld der Natur ist die einzige, die ordentlich bezahlt wird. 66

Ich möchte lieber das bezahlt haben, was ich ausstreiche, als was ich gebe. 67

Er denkt, er denke. 68

Ironiker schlagen das Hufeisen verkehrt auf. [69]

Der Satz: Zuwachs an Kenntnis ist Zuwachs an Schmerz, ist nur umgekehrt wahr: Zuwachs an Schmerz ist Zuwachs an Kenntnis. [70]

Ich habe nichts als mich von meinen Eltern geerbt. [71]

Krankheiten nützen nicht bloß dem Doktor, sondern auch der Seele. [72]

Körper Findelhaus der Seele. [73]

In das System, das er sich gebauet, hat er sich nicht einquartiert, sondern eingemauert. [74]

Bei der Erfahrung in die Schule gehen kostet zu viel Schulgeld. [75]

Fremde Ideen sind die Insekten, die den Samenstaub von einem Gedanken in uns zum andern tragen und dadurch befruchten. [76]

Rahel Varnhagen von Ense
(1771–1833)

Man lernt spät lügen und spät die Wahrheit sagen. [1]

In der geringsten Stube ist ein Roman, wenn man nur die Herzen kennt. [2]

Gibt es Wunder, so sind es die in unsrer eigenen Brust. Was wir nicht kennen, nennen wir so. Wie überrascht, wenn auch nicht beschämt, wenn uns die Begeisterung wird, sie zu gewahren! 3

Von Menschen kommt kein Glück. Da erwartet man es nur. 4

Negerhandel, Krieg, Ehe! – und sie wundern sich und flicken. 5

Denken ist Graben und mit einem Senkblei messen. Viele Menschen haben keine Kräfte zum Graben, auch andere keinen Mut und Gewohnheit, das Blei ins Tiefe sinken zu lassen. 6

Man kann auf nichts rechnen als auf das, was man in der Tasche hat, und das, worauf man nicht rechnet. 7

Das Beste, was gesagt werden kann, ist doch nur das, welches am besten ausdrückt, was nicht gesagt werden kann. 8

Es ist ganz einerlei, wie man ist, sobald man nicht sein kann, wie man will. 9

Weißt du, warum wir hoffen? Wir können nicht ohne Bild leben. Ohne Hoffen haben wir kein Bild in der Seele, da ist nichts. 10

Wir machen keine neue Erfahrungen. Aber es sind immer neue Menschen, die alte Erfahrungen machen. 11

Gute Dichter haben ein Bild in der Seele und sind getrieben, es darzustellen. Andere treiben sich, Bilder zu machen. [12]

Es ist nicht allein sehr schwer, die Wahrheit hier in der Welt zu finden; sondern man muss sie auch noch verleugnen! [13]

Es kann nichts helfen, ein großes Schicksal zu haben, wenn man nicht weiß, dass man eines hat. Es hat ein jeder ein großes Schicksal, der da weiß, was er für eines hat. [14]

Wir sprechen nur so viel, weil wir uns nicht ausdrücken können; könnten wir das, so würden wir nur Eins sagen. [15]

Wir sind eigentlich, wie wir sein möchten, und nicht so, wie wir sind. [16]

Immer Gerechtigkeit für Andre: Mut für uns selbst. Das sind die zwei Tugenden, worin alle andern bestehn. [17]

Unterscheidungssinn und Untersuchungsgeist, nicht Verstand macht den Unterschied zwischen Menschen. [18]

Friedrich Schlegel
(1772–1829)

Auch in der Poesie mag wohl alles Ganze halb, und alles Halbe doch eigentlich ganz sein. [1]

Ironie ist die Form des Paradoxen. Paradox ist alles, was zugleich gut und groß ist. [2]

Jeder rechtliche Autor schreibt für niemand, oder für alle. Wer schreibt, damit ihn diese und jene lesen mögen, verdient, dass er nicht gelesen werde. [3]

Witz ist eine Explosion von gebundnem Geist. [4]

Die ganze Geschichte der modernen Poesie ist ein fortlaufender Kommentar zu dem kurzen Text der Philosophie: Alle Kunst soll Wissenschaft, und alle Wissenschaft soll Kunst werden; Poesie und Philosophie sollen vereinigt sein. [5]

Witzige Einfälle sind die Sprüchwörter der gebildeten Menschen. [6]

Der *Zyniker* dürfte eigentlich gar keine Sachen haben: denn alle Sachen, die ein Mensch hat, haben ihn doch in gewissem Sinne wieder. [7]

Manche witzige Einfälle sind wie das überraschende Wiedersehen zwei befreundeter Gedanken nach einer langen Trennung. [8]

Es ist gleich tödlich für den Geist, ein System zu haben, und keins zu haben. Er wird sich also wohl entschließen müssen, beides zu verbinden. [9]

Das Druckenlassen verhält sich zum Denken, wie eine Wochenstube zum ersten Kuss. [10]

Ein Fragment muss gleich einem kleinen Kunstwerke von der umgebenden Welt ganz abgesondert und in sich selbst vollendet sein wie ein Igel. [11]

Je mehr man schon weiß, je mehr hat man noch zu lernen. Mit dem Wissen nimmt das Nichtwissen in gleichem Grade zu, oder vielmehr das Wissen des Nichtwissens. [12]

Ideen sind unendliche, selbständige, immer in sich bewegliche, göttliche Gedanken. [13]

Nur derjenige kann ein Künstler sein, welcher eine eigne Religion, eine originelle Ansicht des Unendlichen hat. [14]

Wer Religion hat, wird Poesie reden. Aber um sie zu suchen und zu entdecken, ist Philosophie das Werkzeug. [15]

Man hat nur so viel Moral, als man Philosophie und Poesie hat. [16]

Ironie ist klares Bewusstsein der ewigen Agilität, des unendlich vollen Chaos. [17]

Wo Politik ist oder Ökonomie, da ist keine Moral. [18]

Der Künstler, der nicht sein ganzes Selbst preisgibt, ist ein unnützer Knecht. [19]

Novalis
(1772–1801)

Wir suchen überall das Unbedingte und finden immer nur Dinge. ₁

Ganz begreifen werden wir uns nie, aber wir werden und können uns weit mehr als begreifen. ₂

Wir sind auf einer Mission: zur Bildung der Erde sind wir berufen. ₃

Der Geist erscheint immer nur in fremder, luftiger Gestalt. ₄

Jeder geliebte Gegenstand ist der Mittelpunkt eines Paradieses. ₅

Macht nur die Berge gleich, das Meer wird es euch Dank wissen. Das Meer ist das Element von Freiheit und Gleichheit. Indes warnt es, auf Lager von Schwefelkies zu treten; sonst ist der Vulkan da und mit ihm der Keim eines neuen Kontinents. ₆

Nichts ist erquickender als von unsern Wünschen zu reden, wenn sie schon in Erfüllung gehn. ₇

Die vollendete Form der Wissenschaften muss poetisch sein. Jeder Satz muss einen selbständigen Charakter haben – ein selbstverständliches Individuum, Hülle eines witzigen Einfalls sein. ₈

Abstraktion schwächt – Reflexion stärkt. ₉

Noten an den Rand des Lebens. 10

Menschenlehre. – Ein Kind ist eine sichtbar gewordne Liebe.
Wir selbst sind ein sichtbar gewordner Keim der *Liebe* zwischen
Natur und Geist oder Kunst. 11

Zukunftslehre des Lebens. – Unser Leben *ist* kein Traum – aber es
soll und wird vielleicht einer werden. 12

Enzyklopädistik. – Halbe Theorie führt von der *Praxis ab* – Ganze
zu ihr *zurück*. 13

Der Witz ist schöpferisch – er *macht* Ähnlichkeiten. 14

Die Philosophie ist eigentlich Heimweh – *Trieb überall zu Hause
zu sein.* 15

Den Satz des Widerspruchs zu vernichten ist vielleicht die
höchste Aufgabe der höhern Logik. 16

Die Sprache ist für die Philosophie, was sie für Musik und Malerei ist, nicht das rechte Medium der Darstellung. 17

Vermehrung der Kraft durch weichenden Widerstand. 18

William Hazlitt
(1778–1830)

Die sich selbst am meisten misstrauen, sind andern gegenüber am neidischsten; denn die Schwächsten und Feigsten sind die Rachsüchtigsten. 1

Es ist unterschieden worden zwischen der Genauigkeit und der Feinheit des Verstehens. Das mag dadurch erläutert werden, dass man sagt: Die Genauigkeit besteht darin, die kleinsten Einzelheiten wahrzunehmen, die Feinheit darin, die *Atmosphäre* der Wahrheit zu erspüren. 2

Wir sind lächerlich genug, uns selber als Muster der Perfektion zu begreifen, ohne es von anderen bestätigt zu bekommen. Das Beste ist, unsere Absurditäten zu Hause einzusperren. 3

Die Einfachheit des Charakters ist das natürliche Ergebnis gründlichen Nachdenkens. 4

Die Natur ist stärker als die Vernunft; denn die Natur ist letzten Endes der Text, die Vernunft nur der Kommentar. Wer nicht fühlt, dass es eine größere Wahrheit gibt als die, die er weiß oder andern zufriedenstellend erklären kann, der ist eine armselige Kreatur. 5

Vortäuschung ist für den Geist so notwendig wie Kleidung für den Körper. 6

Wir reden wenig, wenn wir nicht über uns reden. [7]

Jedermann ist zu bedauern, der gerade genug Verstand hat, seine Mängel wahrzunehmen. [8]

Die Menschheit ist eine Herde von Schurken und Narren. Man muss sich ihr anschließen oder ihr aus dem Weg gehen, um nicht von ihr zu Tode getrampelt zu werden. [9]

Das Schlechteste von andern anzunehmen und das Beste zu tun, das wir selbst können, ist eine sichere Regel, aber sie ist schwer zu befolgen. [10]

Schlecht von der Menschheit zu denken und ihr nichts Schlechtes zu wünschen, ist vielleicht die höchste Weisheit und Tugend. [11]

Wir rächen uns mit Eile und Leidenschaft; wir bereuen mit Weile und Überlegung. [12]

Das einzige Laster, das unverzeihlich ist, ist Heuchelei. Die Reue eines Heuchlers ist selbst Heuchelei. [13]

Die Leidenschaften bringen Gegensätze und subtilste Unterscheidungen feiner und genauer als jeder Stift hervor. [14]

Wenn die Welt denn für nichts anderes geeignet wäre, dann ist sie ein guter Gegenstand der Spekulation. [15]

Jeder bildet seiner Meinung nach eine Ausnahme von den gewöhnlichen Regeln der Moral. [16]

Wenn das Gute nur eine Theorie wäre, wäre es schade, wenn sie der Welt verloren ginge. [17]

Die gelehrtesten Menschen sind oft die engstirnigsten. [18]

Der wahre Barbar ist derjenige, der alles außer seinem eigenen Geschmack und seinen eigenen Vorurteilen für barbarisch hält. [19]

Ein ehrlicher Mensch spricht die Wahrheit, auch wenn sie kränkt; ein eingebildeter Mensch, *damit* sie kränkt. [20]

Niemals wird wahre Freunde haben, wer es fürchtet, sich Feinde zu machen. [21]

Wer sich selbst beherrschen kann, beherrscht andere. [22]

Das letzte Vergnügen im Leben ist das Bewusstsein, aus der Pflicht entlassen zu sein. [23]

Geniale Menschen ragen nicht deshalb in irgendeinem Tätigkeitsfeld heraus, weil sie sich darin abmühen, sondern sie mühen sich darin ab, weil sie darin herausragen. [24]

Das Laster ist die Natur des Menschen; die Tugend ist Gewohnheit oder Maske. [25]

Wir können den Verlust von allem ertragen, außer den unserer Selbsttäuschung. 26

Die Lebenskunst besteht darin zu wissen, wie man sich an wenigem erfreut und vieles erträgt. 27

Genau so viel, wie wir in anderen erblicken, tragen wir in uns selbst. 28

Die Absicht der Bücher ist, uns Unwissenheit zu lehren; das bedeutet, einen Schleier über die Natur zu werfen und uns zu überreden, dass die Dinge nicht so sind, wie sie sind, sondern so, wie sie der Autor sich vorstellt und wünscht. 29

Das größte Verbrechen in den Augen der Welt ist es, wenn man sich darum bemüht, sie zu belehren oder zu verbessern. 30

Die weitreichenden Folgerungen im Geiste abzuwägen heißt Luft auf Waagschalen wiegen. 31

Ein Heuchler scheint der einzig vollkommene Charakter zu sein – denn er umfasst die Extreme dessen, was die menschliche Natur *ist* und wie sie *gedacht* wäre. 32

Ein großer Geist ist jemand, der vergessen oder über sich hinaussehen kann. 33

Ludwig Börne
(1786–1836)

Die Deutschen bilden sich so viel auf ihre Bescheidenheit ein; das kömmt mir vor, als wollte ein Hase mit seiner Furchtsamkeit prahlen. 1

Wir haben wohl manches vor den Tieren voraus; aber es ist nichts im Tiere, das nicht auch in uns wäre. 2

Schmerz ist der Vater und Liebe die Mutter der Weisheit. 3

Liebe zur Wahrheit ist *auch* Eigenliebe. 4

Wenn man das Leben einen Traum nennt, dann freilich träumt man vom Leben. 5

Erziehung ist Erziehung zur Freiheit. 6

Man kann immerhin ehrlich sein, es ist nur dumm, sich's merken zu lassen. 7

Ich sende täglich meine heißen Gebete zu den Manen des Hippokrates, dass sie mich bewahren mögen vor drei Krankheiten: vor dem Wahne, frei zu *sein*, vor dem rasenden Bestreben, frei zu *werden*, und vor der Verzweiflung, nicht frei werden zu *können*. 8

Das *Wahre* lässt sich nicht beweisen, und was sich beweisen lässt, ist nicht *wahr*. 9

Man muss niemand fürchten als sich selbst. 10

Nicht wer den Bogen geschnitzt, der ihn spannt, wird Sieger. 11

Die Erfahrung gleicht einer unerbittlichen Schönen. Jahre gehen vorüber, bis du sie gewinnst, und ergibt sie sich endlich, seid ihr beide alt geworden, und ihr könnt euch nicht mehr brauchen. 12

Das Geheimnis jeder Macht besteht darin zu wissen, dass andere noch feiger sind als wir. 13

Der gefährlichste Mensch ist ein furchtsamer; er ist am meisten zu fürchten. 14

Um zu erproben, welch ein lästiges Geschenk des Himmels der Verstand sei, muss man täglich mit einem Schirme ausgehen und am Ende des Jahres die unvorhergesehenen Regentage zählen. 15

Minister fallen wie Butterbrote: gewöhnlich auf die *gute* Seite. 16

Reichtum macht das Herz schneller hart als kochendes Wasser ein Ei. 17

Die öffentliche Meinung ist eine See, und man behandelt sie wie eine Suppe. Verrückte Köche stehen vor ihr – der eine wirft Salz hinein, der andere Zucker; ein dritter kommt mit dem Schaumlöffel, die Blasen abzuheben, ein vierter bläst, dass ihm die Backen schmerzen; ein fünfter will sie aufessen; ein sechster sie dem Haushunde vorsetzen; ein siebenter sie in das Spülfass schütten. Wahrhaftig, die Kinder auf der Gasse werden euch noch auslachen! [18]

Leidenschaften der Regierungen zeugen von Schwäche, Leidenschaften des Volkes aber zeugen von Stärke. [19]

Wer glaubt, er könne die öffentliche Meinung benützen, ohne ihr wieder zu nützen, der betrügt nicht, der wird betrogen. Diese Wirtin lässt den reichen und lustigen Studenten auf Borg zehren und fortzechen – am Ende kommt die Rechnung. [20]

Die Fürsten hätten sich und ihren Völkern viel Unglück ersparen können, wenn sie die Hofnarren nicht abgeschafft hätten. Seit die Wahrheit nicht mehr sprechen darf, handelt sie. [21]

Es gibt immer noch wohltätige Menschen, und wer einmal so glücklich ist, unglücklich zu werden, dem wird geholfen. Früher freilich nicht! [22]

Man heilt Leidenschaften nicht durch Verstand, sondern nur durch andere Leidenschaften. [23]

In der bürgerlichen Gesellschaft gibt das Volk seine natürliche Freiheit der Regierung als ein Darlehen gegen bedungene Zinsen hin. Werden ihm Letztere vorenthalten oder geschmälert, dann zieht es sein Kapital mit Recht zurück und sucht sich einen sicherern Schuldner. [24]

Man kann verhindern, dass Völker *lernen*, aber *verlernen* machen kann man sie nichts. ₂₅

Den Füchsen hat man die Freiheit in engen Flaschen, den Störchen in flachen Schüsseln vorgesetzt. Die schlauen Füchse werden sich zu helfen wissen, sie werden der Flasche den Hals brechen; aber welche Hoffnung bleibt den dummen Störchen? Sie ließen sich wohl gar weismachen, es käme nur darauf an, sich den Schnabel putzen zu lassen! ... *Aufgabe zur Übung des Verstandes:* Wo sind die Füchse, und wo sind die Störche? ₂₆

In Meinungskämpfen sei man dann am vorsichtigsten, wenn die Gegner sich uns nähern und uns beistimmen. Die Wahrheit dient oft nur als Leiter zur Lüge, der man verächtlich den Rücken kehrt, sobald die Höhe erreicht ist. ₂₇

Die Geschichte lehrt uns die Tugend, aber die Natur predigt unaufhörlich das Laster. ₂₈

Das Unglück ist der Ballast, der uns auf dem Ozean des Lebens im Gleichgewichte erhält, wenn wir keine Glücksgüter mehr zu tragen haben. ₂₉

Ein Mann von Geist wird nicht allein nie etwas Dummes *sagen*, er wird auch nie etwas Dummes *hören*. ₃₀

»Der Mensch denkt's, Gott lenkt's« ... Das ist nun wieder nicht wahr. Wenn Gott lenken will, macht er, dass die Menschen *nicht* denken, er lässt sie den Kopf verlieren. ₃₁

Die Deutschen erreichen später als andere Völker ein Ziel, es sei in Kunst, Wissenschaft oder im bürgerlichen Leben. Nicht etwa, dass sie den kürzesten Weg nicht kennten oder zu träge fortwanderten – sie haben nur darum einen längern Weg zum Ziele, weil sie weiter herkommen. Sie gehen überall von Grundsätzen aus, und ist ein Fettflecken vom Rockärmel wegzubringen, studieren sie die Chemie vorher und studieren so lange und so gründlich, bis der Rock darüber in Lumpen zerfällt. Aber das gerade ist ihnen recht, aus Lumpen machen sie Schreibpapier. Sie machen aus allem Papier. [32]

Nicht die Jahre, die Erfahrungen machen alt; darum wäre der Mensch das unglücklichste aller Geschöpfe, wenn er ein fleißiger Schüler der Erfahrung wäre. Dass jedes neue Geschlecht und jede neue Zeit von der Wiege ausgehe – das ist es, was die Menschheit in ewiger Jugend hält. [33]

Soll man die Menschheit beweinen oder über die Menschen lachen? Jeder, wie er will: es ist eines wie das andere. Ob wir spotten oder ernst sind, kriechen oder hüpfen, zaudern oder fortstürmen, hoffen oder fürchten, glauben oder zweifeln – am Grabe begegnen wir uns alle. Doch eins ist, was nützt: die Klarheit. Eins ist, was besteht: das Recht. Eins ist, was besänftigt: die Liebe. [34]

Alle Narrheit erschöpfen – so gelangt man zum Boden der Weisheit. [35]

Arthur Schopenhauer
(1788–1860)

Ein wichtiger Punkt der Lebensweisheit besteht in dem richtigen
Verhältnis, in welchem wir unsere Aufmerksamkeit teils der
Gegenwart, teils der Zukunft widmen, damit nicht die eine uns
die andre verderbe. Viele leben zu sehr in der Gegenwart: die
Leichtsinnigen; – andere zu sehr in der Zukunft: die Ängstli-
chen und Besorglichen. Selten wird einer genau das rechte Maß
halten. [...] 1

Alle Beschränkung beglückt. Je enger unser Gesichts-, Wirkungs-
und Berührungskreis, desto glücklicher sind wir: je weiter, desto
öfter fühlen wir uns gequält oder geängstigt. Denn mit ihm vermehren und vergrößern sich die Sorgen, Wünsche und Schreck-
nisse. [...] 2

In allem, was unser Wohl und Wehe betrifft, sollen wir *die
Phantasie im Zügel halten*: also zuvörderst keine Luftschlösser
bauen; weil diese zu kostspielig sind, indem wir, gleich darauf,
sie, unter Seufzern, wieder einzureißen haben. Aber noch mehr
sollen wir uns hüten, durch das Ausmalen bloß möglicher Un-
glücksfälle unser Herz zu ängstigen. [...] 3

Unsern Wünschen ein Ziel stecken, unsere Begierden im Zaume
halten, unsern Zorn bändigen, stets eingedenk, dass dem Einzelnen nur ein unendlich kleiner Teil alles Wünschenswerten erreichbar ist, hingegen viele Übel jeden treffen müssen, also, mit
einem Worte, ... abstinere et sustinere, – ist eine Regel, ohne

deren Beobachtung weder Reichtum noch Macht verhindern können, dass wir uns armselig fühlen. [...] 4

Für sein Tun und Lassen darf man keinen andern zum Muster nehmen; weil Lage, Umstände, Verhältnisse nie die gleichen sind, und weil die Verschiedenheit des Charakters auch der Handlung einen verschiedenen Anstrich gibt, daher duo cum faciunt idem, non est idem. Man muss, nach reiflicher Überlegung und scharfem Nachdenken, seinem eigenen Charakter gemäß handeln. Also auch im Praktischen ist Originalität unerlässlich: sonst passt, was man tut, nicht zu dem, was man ist. 5

Wer da will, dass sein Urteil Glauben finde, spreche es kalt und ohne Leidenschaftlichkeit aus. Denn alle Heftigkeit entspringt aus dem Willen: daher wird man *diesem* und nicht der Erkenntnis, die ihrer Natur nach kalt ist, das Urteil zuschreiben. Weil nämlich das Radikale im Menschen der Wille, die Erkenntnis aber bloß sekundär und hinzugekommen ist, so wird man eher glauben, dass das Urteil aus dem erregten Willen als dass die Erregung des Willens bloß aus dem Urteil entsprungen sei. 6

Wenn man argwöhnt, dass einer lüge, stelle man sich gläubig: da wird er dreist, lügt stärker und ist entlarvt. Merkt man hingegen, dass eine Wahrheit, die er verhehlen möchte, ihm zum Teil entschlüpft; so stelle man sich darüber ungläubig, damit er, durch den Widerspruch provoziert, die Arriergarde der ganzen Wahrheit nachrücken lasse. 7

Kein Geld ist vorteilhafter angewandt als das, um welches wir uns haben prellen lassen: denn wir haben dafür unmittelbar Klugheit eingehandelt. 8

Ernst von Feuchtersleben
(1806–1849)

Wir glauben etwas zu begreifen, wenn wir uns gewöhnt haben, dem Unbegreiflichen gewisse Denkformen zu substituieren. 1

Dass Gründe wenig, Stimmungen alles vermögen, sieht man daraus, dass die Nichtigkeit des Lebens der gleiche Grundgedanke aller Heitern wie aller Traurigen ist. 2

Das Halbwahre ist verderblicher als das Falsche. 3

Je tiefer man in ein lebendig Ganzes, sei es nun Mensch, Kunstwerk oder Buch, einzugehen das Glück hat, desto tiefer fühlt man die Unzulänglichkeit des Redens. Die Worte geben nicht den Sinn, sie umgeben ihn nur. 4

Es kommt weniger darauf an, *was* als *wie* man weiß. 5

Ursache und Wirkung der Kunst geht über alle Begriffe. 6

Was ist Glück? Übereinstimmung eines Charakters mit seinem Schicksale. So kann es von der Natur gegeben, vom Geiste geschaffen werden. 7

»Aus unsern Begriffen – sagt ein fühlender Denker – entspringen unsere Wünsche.« – Wahr! Allein man kann sehr wahr, und, wenn ich nicht irre, tiefer sagen: aus unsern Wünschen entspringen unsere Begriffe. Denn die Neigung ist das Ursprüngliche im Menschen! Der Verstand kommt hinzu und schmeichelt oder gebietet ihr. 8

Wer sich nicht oft gern täuscht, der hat die rechte Weisheit noch nicht. 9

Unsere Zeit, rasch und weitaussehend, verschmäht die Übergänge; die Übergangspunkte aber sind die Lebenspunkte. 10

Aphorismen können nur, insoweit sie Resultate sind, auf Mitteilbarkeit Anspruch machen. Einfälle, als solche, mitzuteilen, setzt entweder große Anmaßung voraus, indem man sie für wichtig hält, oder Selbstgeringschätzung, indem man sich zur Belustigung des Augenblickes hergibt. Resultate aber nenne ich nicht nur das Abschließliche, sondern auch das aus der Betrachtung von Problemen sich ergebende Anregende. 11

Nur *eine Ansicht* ist unwahr, die, dass nur eine Ansicht wahr sei. 12

In gewissen, für systematisch geltenden Köpfen herrscht jene Ordnung, welche einer meiner Freunde seiner Frau vorwarf, die auf seinem Schreibtische aufräumte, ohne zu wissen, was zusammengehörte. Da ist – sagte er – alles hübsch zusammensepariert und auseinandergesammelt. 13

Jeder wahre Gedanke trägt das Universum in sich, und *keiner* spricht es aus. 14

Man muss gut unterscheiden: den Missmut des Vernünftigen über die herrschende Schalheit, – und den des Narren über die wachsende Vernünftigkeit in der Welt. 15

Seine Zeit verstehen und ihr Bedürfnis erkennen, heißt nicht bloß mit dem Strome schwimmen, sondern auch: wissen, wo sie zu weit geht, wo es ihr gebricht. Der Lauf der Zeit beschreibt eine Spirale; es gibt immer einen Kern ernster, denkender Beobachter, und diese bilden die Achse, um welche sie sich bewegt. Auch die Achse ist eine fortschreitende Linie –, aber eine gerade. 16

Das Gleichnis von der Spirallinie im menschlichen Fortschreiten ist das befriedigendste, das ich kenne. Es gibt hier Rückbewegungen, die aber doch zugleich vorwärts führen. Man sieht auch, zwar nicht das Gewesene, aber doch die Sphäre seines Wesens wiederkehren; man kommt in dieselbe Gegend wieder zurück, wo man schon war, – nur auf einem höhern Standpunkte, von welchem aus man sie übersieht. 17

Wer *sich* nicht beherrschen kann – der will frei sein? und wer es kann, – *ist* er es nicht? 18

Man kann nicht alles aphoristisch, nicht alles systematisch sagen. 19

Die Theorie ist nicht die Wurzel, sondern die Blüte der Praxis. [20]

Es ist wahr, man kann sich keine andere Empfindung geben; aber man kann sich durch einen kühnen Entschluss in eine Situation bringen; da gibt sich dann das Empfinden von selbst. Erst will man, dann muss man, und dem wird die Palme, der müssen will. [21]

Jeder lernt nur, was er im Tiefsten schon weiß; so dass man, im unmutigen Momente, alles Schreiben für eitel erklären möchte: Denn wer Dich versteht, braucht Dich nicht, und wer Dich brauchte, versteht Dich nicht. [22]

Der Glaube gibt durch sich selbst, was er verheißt. [23]

Man fürchtet, was man nicht versteht. [24]

Wo nichts mehr zu enträtseln bleibt, hört unser Anteil auf. [25]

Friedrich Hebbel
(1813–1863)

Sehr oft ist das Wiedersehen erst die rechte Trennung. Wir sehen, dass der andere uns entbehren konnte, er betrachtet uns, wie ein Buch, dessen letzte Kapitel er nicht gelesen hat, er will uns studieren und wir haben ihn ausstudiert! [1]

Wenn man die Menschen am Abend ihr Butterbrot essen sieht, so kann die Bemühung, das Leben zu erklären, sehr lächerlich erscheinen. Butter und Brot erklären alles. ₂

Humor ist Erkenntnis der Anomalien. ₃

Der Mensch *ist*, was er *denkt*. ₄

Furcht ist kein Gefühl, es ist der einzige Zustand, der den Menschen aufhebt. ₅

Der Schmerz ist ein *Eigentum*, wie das Glück und die Freude. ₆

Wir begehen manche Sünden bloß, um sie bereuen zu können. ₇

Zwei Menschen sind immer zwei Extreme. ₈

Wir Menschen haben darum *so oft* recht, weil wir so selten *ganz* recht haben. ₉

Im größten Schmerz ist es noch Wonne, seiner *fähig* zu sein! ₁₀

Die dümmsten Schafe sind immer zugleich die reißendsten Wölfe. ₁₁

Es gehört schon viel Zeit dazu, nur einzusehen, wo das Rätselhafte in manchen Dingen denn eigentlich sitzt. ₁₂

Das Urteilen der meisten Menschen ist ein vergleichendes Anatomieren. 13

Für uns Menschen muss überall der Punkt, bis zu dem wir vordringen können, anstatt der Wahrheit gelten. 14

Niemand spricht eine Wahrheit aus, die er nicht mit einem Irrtum verzollen müsste. 15

Du musst bedenken, dass eine Lüge dich nicht bloß eine Wahrheit kostet, sondern die Wahrheit überhaupt. 16

Es gibt Menschen, die nur das anbeten, was sie vernichten können. 17

Dass die Schmerzen miteinander abwechseln, macht das Leben erträglich. 18

Nichts kann bewiesen werden, als – was zu beweisen sich nicht verlohnt. 19

Wirb um das Leben, es ist dir ebenso wenig geschenkt wie ein anderes Gut. 20

Das Leben borgt seinen höchsten Reiz vom Tode; es ist nur schön, weil es vergänglich ist. 21

Der Gedanke tritt zwischen den Menschen und das Leben; er verbrennt die Früchte, die es bietet. 22

Was soll die Schranke? Sie soll verhüten, dass ein Ding nicht sein Gegenteil werde. Wenn sie mehr will, so frevelt sie. [23]

Wahrheit ist der Punkt, wo Glaube und Wissen einander neutralisieren. [24]

Die Ausübung der Gerechtigkeit in ihrer jetzt schon seit Jahrtausenden bestehenden Gestalt ist die stete Anhäufung von Blutschuld auf unserm Geschlecht. [25]

In der Freude ist es ihre Grenze, die uns quält. [26]

»Der Wolf und das Lamm, wer ist besser?« Der Wolf fraß das Lamm und sprach: nun bin ich Wolf und Lamm zugleich! [27]

Wenn ein Mensch ganz Wunde ist, so heißt ihn heilen – ihn töten! [28]

Das übrig bleibende Gute im Schlechten ist der Punkt, an den die Strafe sich festhäkelt. [29]

Unser *Leben* ist der aufzuckende Schmerz einer Wunde. [30]

Es gibt auch Spiegel, in denen man sehen kann, was einem fehlt. [31]

Gerade das kann die Welt entbehren, um dessen willen sie allein zu existieren verdient. [32]

Zerstoß dir im Finstern an einem Pfahl den Kopf und sieh zu, ob das Feuer, das dir aus den Augen fährt, hinreicht, ihn zu beleuchten. 33

Man soll über die Brücke gehen und baut sich ein Haus darauf. 34

Der unglücklichste Mensch: der nie Verlangen einflößt. 35

Wo sich zwei Menschen umarmen, da bilden sie einen Kreis. 36

Die Natur hat mit dem Menschen in die Lotterie gesetzt und wird ihren Einsatz verlieren. 37

Sich das Blut abzapfen, um sich rote Wangen zu malen. 38

Der Krieg ist die Freiheit gewisser Barbaren, darum ist es kein Wunder, dass sie ihn lieben. 39

Die Mücke, die dem zur Hinrichtung Geführten Blut entsaugt. 40

Am Regenbogen muss man nicht Wäsche aufhängen wollen. 41

Die Natur ist dem Menschen dafür eine Entschädigung schuldig, dass sie ihn mit dem Gedanken des Todes beladen hat. 42

Die Eitelkeit ist im höheren Menschen das erhaltende, im niederen das zerstörende Prinzip. 43

Der wahre Schmerz ist schamhaft. 44

Multatuli
(1820–1887)

Es ist Schmerz im geistigen Schaffen. Hast du wohl einmal daran gedacht, Leser, dass ein Denker mit derselben Sorgfalt gepflegt werden müsste wie eine Wöchnerin? 1

Jeder Irrtum hat seinen Existenzgrund. 2

Arbeit ist der durchschlagendste Beweis von Moralität. 3

Es ist kein geringes Verbrechen, die Wahrheit langweilig zu machen. Dies ist eine meiner vielen Klagen gegen Christen und gegen die meisten Moralisten. 4

Prinzipien sind Dinge, die man braucht, um etwas Unangenehmes unterlassen zu können, niederträchtige Vorwände für Pflichtsäumige. 5

Meine »Ideen« sind die »Times« meiner Seele. 6

Die Ausdrucksweise ist ein Gradmesser der Moralität. 7

Marie von Ebner-Eschenbach
(1830–1916)

Ein Aphorismus ist der letzte Ring einer langen Gedankenkette. 1

Die glücklichen Pessimisten! Welche Freude empfinden sie, sooft sie bewiesen haben, dass es keine Freude gibt. 2

Die größte Nachsicht mit einem Menschen entspringt aus der Verzweiflung an ihm. 3

Wer an die Freiheit des menschlichen Willens glaubt, hat nie geliebt und nie gehasst. 4

Was du zu müssen glaubst, ist das, was du willst. 5

Es gibt Fälle, in denen vernünftig sein feig sein heißt. 6

Die Menschen, denen wir eine Stütze sind, die geben uns den Halt im Leben. 7

Du kannst so rasch sinken, dass du zu fliegen meinst. 8

Ein Gedanke kann nicht erwachen, ohne andere zu wecken. 9

Ausnahmen sind nicht immer Bestätigung der alten Regel; sie können auch die Vorboten einer neuen Regel sein. 10

So manche Wahrheit ging von einem Irrtum aus. 11

Das Tüttelchen Wahrheit, das in mancher Lüge enthalten ist, das macht sie furchtbar. 12

Wenn die Zeit kommt, in der man könnte, ist die vorüber, in der man kann. 13

Vieles erfahren haben, heißt noch nicht Erfahrung besitzen. 14

Nicht was wir erleben, sondern wie wir empfinden, was wir erleben, macht unser Schicksal aus. 15

Wenn mein Herz nicht spricht, dann schweigt auch mein Verstand, sagt die Frau.
Schweige, Herz, damit der Verstand zu Worte komme, sagt der Mann. 16

Alberne Leute sagen Dummheiten, gescheite Leute machen sie. 17

Wir sind leicht bereit, uns selbst zu tadeln, unter der Bedingung – dass niemand einstimmt. 18

Es ist schwer, den, der uns bewundert, für einen Dummkopf zu halten. 19

Alle historischen Rechte veralten. 20

Die Summe unserer Erkenntnisse besteht aus dem, was wir gelernt, und aus dem, was wir vergessen haben. 21

Am Ziele deiner Wünsche wirst du jedenfalls eines vermissen: dein Wandern zum Ziel. 22

Lieber von einer Hand, die wir nicht drücken möchten, geschlagen, als von ihr gestreichelt werden. 23

In der Fähigkeit, einen edlen Wunsch intensiv und heiß zu nähren, liegt etwas wie Erfüllung. 24

Wir suchen die Wahrheit, finden wollen wir sie aber nur dort, wo es uns beliebt. 25

Wenn wir die ersehnte Ruhe endlich haben werden, werden wir nichts mehr von ihr haben. 26

Es schreibt keiner wie ein Gott, der nicht gelitten hat wie ein Hund. 27

Die Fehler, vor denen wir auf der Hut sind, sind unsere ärgsten nicht. 28

Samuel Butler
(1835–1902)

Leben ist wie Lieben: alle Vernunft spricht dagegen, aller Instinkt dafür. 1

Das Leben ist nicht so sehr ein Rätsel, das gelöst werden muss, als ein Gordischer Knoten, der früher oder später durchschlagen wird. 2

Es gibt zwei große Lebensregeln, eine allgemeine und eine besondere. Die erste besagt, dass jeder schließlich erreichen kann, was er will, wenn er es nur versucht. Das ist die allgemeine Regel. Die besondere Regel ist, dass jeder Einzelne mehr oder weniger eine Ausnahme von der allgemeinen Regel ist. 3

Wenn sich alles nach der Tugend richten würde, wäre sie so unerträglich, wie es herrschende Gruppen gewöhnlich sind. Die Aufgabe des Lasters ist es, die Tugend in vernünftigen Grenzen zu halten. 4

Man kann die Sünde ebenso wie einen Berg auf zwei Weisen betrachten, je nachdem, ob man ihn vor oder nach dem Aufstieg ansieht. Beide Ansichten entsprechen aber der Wirklichkeit. 5

Worte behindern oder töten sogar den vollkommenen Gedanken, oder sie werden von ihm getötet; aber sie sind, wie ein Gerüst, nützlich, wenn nicht gar unverzichtbar, um ein unvollkommenes Gedankengebäude zu errichten und zu seiner Vervollkommnung beizutragen. 6

Ideen. – Sie sind wie Schatten – gegenständlich genug, bis wir sie zu fassen versuchen. 7

Die Zeit ist das einzig wahre Fegefeuer. 8

So wie die Liebe für junge Menschen bedeutet, zu erfahren, was Gewissen ist, so bedeuten Wahrheit und Genie für die Alten, zu erkennen, was eine Definition ist. [9]

Eine Art des Scheiterns. – Von einem weltlichen Standpunkt aus ist kein Fehler so groß wie der, allezeit recht zu haben. [10]

Leiden im Leid. – Er war in Wirklichkeit verdammt froh; er sagte den Leuten, es tue ihm leid, dass er nicht *mehr* leide, und hier begann erst das wahre Leid, denn es tat ihm wirklich leid, dass ihm die Leute nicht glauben wollten, es tue ihm leid, dass er nicht *mehr* leide. [11]

Man kann mit Glauben wenig ausrichten, aber nichts ohne ihn. [12]

Mark Twain
(1835–1910)

Weine vor Freude und Trauer in derselben Lautstärke. [1]

Man erreicht die schwindelerregende Höhe der Weisheit niemals, wenn man sich nicht mehr an der Nase herumführen lässt. [2]

Es gibt Leute, die können die besten und mutigsten Taten vollbringen außer der, sich damit zurückzuhalten, dass sie den Unglücklichen ihr Glück mitteilen. [3]

Etwas lang Erwartetes nimmt die Form des Unerwarteten an, wenn es schließlich eintrifft. [4]

O Tod, wo ist dein Stachel! Er hat keinen. Das Leben wohl. [5]

Es bedeutet mehr Mühe, eine Maxime zu formulieren, als das Richtige zu tun. [6]

Der Sinn für Moral befähigt den Menschen dazu, das Moralische zu erkennen – und es zu vermeiden. Der Sinn für Unmoral befähigt den Menschen dazu, das Unmoralische zu erkennen und es zu genießen. [7]

Wenn Christus heute hier wäre, eines wäre er gewiss nicht – ein Christ. [8]

Die Unmenschlichkeit Gottes gegenüber den Menschen lässt unzählige Tausende trauern. [9]

Die Wahrheit ist eher ein Fremder als die Fiktion. [10]

Es gibt keine Abstufungen von Nichtigkeit, es gibt nur Abstufungen in der Fähigkeit, sie zu verbergen. [11]

Wenn wir uns vergegenwärtigen, dass wir alle verrückt sind, verschwinden alle Geheimnisse und das Leben ist vollkommen erklärt. [12]

Die Erziehung besteht hauptsächlich aus dem, was wir uns abgewöhnt haben. [13]

Es ist leichter, draußen zu bleiben als hinauszugehen. [14]

Weis jedem Ding seinen Platz zu und bewahre es anderswo auf. Das ist kein Rat, es ist bloß Gewohnheit. [15]

Es gibt mehrere Arten, sich gegen Versuchungen zu schützen, aber die sicherste ist Feigheit. [16]

Wenn du den Berg des Glücks erklimmst, wirst du kaum einen Freund treffen. [17]

Die Verhältnisse machen den Menschen, nicht der Mensch die Verhältnisse. [18]

Es gibt keinen traurigeren Anblick als einen jungen Pessimisten, ausgenommen einen alten Optimisten. [19]

Wenn der Mensch den Menschen erschaffen hätte, würde er sich angesichts dieser Leistung schämen. [20]

Die Mehrheit hat immer unrecht.
Immer wenn du dich auf der Seite der Mehrheit findest, ist es Zeit, etwas zu ändern (oder innezuhalten und nachzudenken). [21]

Ambrose Bierce
(1842–1914)

Alter, das – Jene Periode, in der wir die Laster, die wir noch schätzen, damit gutmachen, dass wir jene verteufeln, die zu begehen wir nicht länger wagen. [1]

Aphorismus, der – Weisheit, vorverdaut und wiedergekäut. [2]

Arbeit, die – Eines der Verfahren, durch die A Eigentum für B erwirbt. [3]

Besorgt, adj. – In umgänglicher Weise der Meinung, die Dinge sollten anders werden. [4]

Bewunderung, die – Höfliche Anerkennung der Tatsache, dass ein anderer uns gleicht. [5]

Dankbarkeit, die – Gefühl; auf halbem Weg zwischen einer empfangenen und einer erwarteten Wohltat. [6]

Emanzipation, die – Übergang eines Leibeigenen aus fremder Tyrannei in eigene Despotie. [7]

Falschheit, die – Wahrheit, der die Tatsachen nur unvollkommen angepasst sind. [8]

Gefühl, das – Kränkelnder Halbbruder des Gedankens. [9]

Hoffnung, die – Fusion von Gier und Erwartung. 10

Nachdenken, v. – Geistestätigkeit, durch die wir eine klarere Sicht auf unser Verhältnis zu den gestrigen Dingen gewinnen und also befähigt werden, die Gefahren zu vermeiden, die wir hinter uns haben. 11

Nutzen, der – Vater aller Tugenden. 12

Patriot, der – Einer, dem die Interessen eines Teils wichtiger sind als die des Ganzen. Narr des Politikers und Werkzeug des Eroberers. 13

Selbstsüchtig, adj. – Ohne Rücksicht auf die Selbstsucht anderer. 14

Verbannte(r), der – Einer, der seinem Lande dient, indem er im Ausland residiert, ohne jedoch Botschafter zu sein. 15

Ziel, das – Die Aufgabe, der wir unsere Wünsche anpassen. 16

Friedrich Nietzsche
(1844–1900)

Das Über-Tier. – Die Bestie in uns will belogen werden; Moral ist Notlüge, damit wir von ihr nicht zerrissen werden. Ohne die Irrtümer, welche in den Annahmen der Moral liegen, wäre der Mensch Tier geblieben. So aber hat er sich als etwas Höheres genommen und sich strengere Gesetze auferlegt. Er hat deshalb einen Hass gegen die der Tierheit näher gebliebenen Stufen: woraus die ehemalige Missachtung des Sklaven als eines Nicht-Menschen, als einer Sache, zu erklären ist. 1

Alltags-Maßstab. – Man wird selten irren, wenn man extreme Handlungen auf Eitelkeit, mittelmäßige auf Gewöhnung und kleinliche auf Furcht zurückführt. 2

Lukas 18,14 verbessert. – Wer sich selbst erniedrigt, will erhöhet werden. 3

Personenwechsel. – Sobald eine Religion herrscht, hat sie alle die zu ihren Gegnern, welche ihre ersten Jünger gewesen wären. 4

Abbruch der Kirchen. – Es ist nicht genug an Religion in der Welt, um die Religionen auch nur zu vernichten. 5

Verbotene Freigebigkeit. – Es ist nicht genug Liebe und Güte in der Welt, um noch davon an eingebildete Wesen wegschenken zu dürfen. 6

Paradoxien des Autors. – Die sogenannten Paradoxien des Autors, an welchen ein Leser Anstoß nimmt, stehen häufig gar nicht im Buche des Autors, sondern im Kopfe des Lesers. 7

Die Antithese. – Die Antithese ist die enge Pforte, durch welche sich am liebsten der Irrtum zur Wahrheit schleicht. 8

Der beste Autor. – Der beste Autor wird der sein, welcher sich schämt, Schriftsteller zu werden. 9

Dank. – Eine feine Seele bedrückt es, sich jemanden zum Dank verpflichtet zu wissen; eine grobe, sich jemandem. 10

Verrechnung in der Gesellschaft. – Dieser wünscht interessant zu sein durch seine Urteile, jener durch seine Neigungen und Abneigungen, der Dritte durch seine Bekanntschaften, ein Vierter durch seine Vereinsamung – und sie verrechnen sich alle. Denn der, vor dem das Schauspiel aufgeführt wird, meint selber dabei das einzig in Betracht kommende Schauspiel zu sein. 11

Die Natur korrigieren. – Wenn man keinen guten Vater hat, so soll man sich einen anschaffen. 12

Maß. – Die volle Entschiedenheit des Denkens und Forschens, also die Freigeisterei zur Eigenschaft des Charakters geworden, macht im Handeln mäßig: denn sie schwächt die Begehrlichkeit, zieht viel von der vorhandenen Energie an sich, zur Förderung geistiger Zwecke, und zeigt das Halbnützliche oder Unnütze und Gefährliche aller plötzlichen Veränderungen. 13

Auferstehung des Geistes. – Auf dem politischen Krankenbette verjüngt ein Volk gewöhnlich sich selbst und findet seinen Geist wieder, den es im Suchen und Behaupten der Macht allmählich verlor. Die Kultur verdankt das Allerhöchste den politisch geschwächten Zeiten. 14

Feinde der Wahrheit. – Überzeugungen sind gefährlichere Feinde der Wahrheit als Lügen. [15]

Verkehrte Welt. – Man kritisiert einen Denker schärfer, wenn er einen uns unangenehmen Satz hinstellt; und doch wäre es vernünftiger, dies zu tun, wenn sein Satz uns angenehm ist. [16]

Wahrheit. – Niemand stirbt jetzt an tödlichen Wahrheiten: es gibt zu viele Gegengifte. [17]

Menschenlos. – Wer tiefer denkt, weiß, dass er immer unrecht hat, er mag handeln und urteilen, wie er will. [18]

Gefahr unserer Kultur. – Wir gehören einer Zeit an, deren Kultur in Gefahr ist, an den Mitteln der Kultur zugrunde zu gehen. [19]

In Gefahr. – Man ist am meisten in Gefahr, überfahren zu werden, wenn man eben einem Wagen ausgewichen ist. [20]

Liebe und Hass. – Liebe und Hass sind nicht blind, aber geblendet vom Feuer, das sie selber mit sich tragen. [21]

Wahrheit will keine Götter neben sich. – Der Glaube an die Wahrheit beginnt mit dem Zweifel an allen bis dahin geglaubten »Wahrheiten«. [22]

Weshalb die Dummen so oft boshaft werden. – Auf Einwände des Gegners, gegen welche sich unser Kopf zu schwach fühlt, antwortet unser Herz durch Verdächtigung der Motive seiner Einwände. [23]

Das gute Gedächtnis. – Mancher wird nur deshalb kein Denker, weil sein Gedächtnis zu gut ist. 24

Gegen die Kurzsichtigen. – Meint ihr denn, es müsse Stückwerk sein, weil man es euch in Stücken gibt (und geben muss)? 25

Mittel und Zweck. – In der Kunst heiligt der Zweck die Mittel nicht: aber heilige Mittel können hier den Zweck heiligen. 26

Mund halten. – Der Autor hat den Mund zu halten, wenn sein Werk den Mund auftut. 27

Schärfste Kritik. – Man kritisiert einen Menschen, ein Buch am schärfsten, wenn man das Ideal desselben hinzeichnet. 28

Lob der Sentenz. – Eine gute Sentenz ist zu hart für den Zahn der Zeit und wird von allen Jahrtausenden nicht aufgezehrt, obwohl sie jeder Zeit zur Nahrung dient: dadurch ist sie das große Paradoxon in der Literatur, das Unvergängliche inmitten des Wechselnden, die Speise, welche immer geschätzt bleibt, wie das Salz, und niemals, wie selbst dieses, dumm wird. 29

Witz. – Der Witz ist das Epigramm auf den Tod eines Gefühls. 30

Im Scheiden. – Nicht darin, wie eine Seele sich der andern nähert, sondern wie sie sich von ihr entfernt, erkenne ich ihre Verwandtschaft und Zusammengehörigkeit mit der andern. 31

Tiefe und Trübe. – Das Publikum verwechselt leicht den, welcher im Trüben fischt, mit dem, welcher aus der Tiefe schöpft. 32

Wenn die Gefahr am größten ist. – Man bricht das Bein selten, so lange man im Leben mühsam aufwärts steigt, aber wenn man anfängt, es sich leicht zu machen und die bequemen Wege zu wählen. ₃₃

An einen Gelobten. – So lange man dich lobt, glaube nur immer, dass du noch nicht auf deiner eignen Bahn, sondern auf der eines andern bist. ₃₄

Die Gefahr in der Bewunderung. – Die Bewunderung einer Eigenschaft oder Kunst kann so stark sein, dass sie uns abhält, nach ihrem Besitz zu streben. ₃₅

Was ist Genie? – Ein hohes Ziel *und* die Mittel dazu wollen. ₃₆

Nicht gewachsen. – Das Gute missfällt uns, wenn wir ihm nicht gewachsen sind. ₃₇

Das Große und sein Betrachter. – Die beste Wirkung des Großen ist, dass es dem Betrachter ein vergrößerndes und abrundendes Auge einsetzt. ₃₈

Der große Stil. – Der große Stil entsteht, wenn das Schöne den Sieg über das Ungeheure davonträgt. ₃₉

Seltene Feste. – Körnige Gedrängtheit, Ruhe und Reife – wo du diese Eigenschaften bei einem Autor findest, da mache Halt und feiere ein langes Fest mitten in der Wüste: es wird dir lange nicht wieder so wohl werden. ₄₀

Gelöbnis. – Ich will keinen Autor mehr lesen, dem man anmerkt, er wollte ein Buch machen: sondern nur jene, deren Gedanken unversehens ein Buch wurden. 41

Den Gedanken verbessern. – Den Stil verbessern – das heißt den Gedanken verbessern, und gar nichts weiter! – Wer dies nicht sofort zugibt, ist auch nie davon zu überzeugen. 42

Die Worte liegen uns im Wege! – Überall, wo die Uralten ein Wort hinstellten, da glaubten sie eine Entdeckung gemacht zu haben. Wie anders stand es in Wahrheit! – sie hatten an ein Problem gerührt, und indem sie wähnten, es *gelöst* zu haben, hatten sie ein Hemmnis der Lösung geschaffen. – Jetzt muss man bei jeder Erkenntnis über steinharte verewigte Worte stolpern und wird dabei eher ein Bein brechen als ein Wort. 43

»Erkenne dich selbst« ist die ganze Wissenschaft. – Erst am Ende der Erkenntnis aller Dinge wird der Mensch sich selber erkannt haben. Denn die Dinge sind nur die Grenzen des Menschen. 44

Worin wir alle unvernünftig sind. – Wir ziehen immer noch die Folgerungen von Urteilen, die wir für falsch halten, von Lehren, an die wir nicht mehr glauben, – durch unsere Gefühle. 45

Zur Beruhigung des Skeptikers. – »Ich weiß durchaus nicht, was ich *tue*! Ich weiß durchaus nicht, was ich *tun soll*!« – Du hast recht, aber zweifle nicht daran: *du wirst getan!* In jedem Augenblicke! Die Menschheit hat zu allen Zeiten das Aktivum und das Passivum verwechselt, es ist ihr ewiger grammatikalischer Schnitzer. 46

Vernunft. – Wie die Vernunft in die Welt gekommen ist? Wie billig, auf eine unvernünftige Weise, durch einen Zufall. Man wird ihn erraten müssen, wie ein Rätsel. 47

Gewissensfrage. – »Und in *summa*: was wollt ihr eigentlich Neues?« – Wir wollen nicht mehr die Ursachen zu Sündern und die Folgen zu Henkern machen. 48

Die zwei Richtungen. – Versuchen wir den Spiegel an sich zu betrachten, so entdecken wir endlich nichts als Dinge auf ihm. Wollen wir die Dinge fassen, so kommen wir zuletzt wieder auf nichts als auf den Spiegel. – Dies ist die allgemeinste Geschichte der Erkenntnis. 49

Worte in uns gegenwärtig. – Wir drücken unsere Gedanken immer mit den Worten aus, die uns zur Hand sind. Oder um meinen ganzen Verdacht auszudrücken: wir haben in jedem Momente eben nur den Gedanken, für welchen uns die Worte zur Hand sind, die ihn ungefähr auszudrücken vermögen. 50

Wirkung des Glückes. – Die erste Wirkung des Glückes ist das *Gefühl der Macht*: diese will *sich äußern*, sei es gegen uns selber oder gegen andere Menschen oder gegen Vorstellungen oder gegen eingebildete Wesen. Die gewöhnlichsten Arten, sich zu äußern, sind: Beschenken, Verspotten, Vernichten – alle drei mit einem gemeinsamen Grundtriebe. 51

Inwiefern der Denker seinen Feind liebt. – Nie etwas zurückhalten oder dir verschweigen, was gegen deinen Gedanken gedacht werden kann! Gelobe es dir! Es gehört zur ersten Redlichkeit des Denkens. Du musst jeden Tag auch deinen Feldzug gegen dich selber führen. Ein Sieg und eine eroberte Schanze sind nicht mehr deine Angelegenheit, sondern die der Wahrheit, – aber auch deine Niederlage ist nicht mehr deine Angelegenheit! 52

Mensch und Dinge. – Warum sieht der Mensch die Dinge nicht? Er steht selber im Wege: er verdeckt die Dinge. 53

Die Regel. – »Die Regel ist mir immer interessanter als die Ausnahme« – Wer so empfindet, der ist in der Erkenntnis weit voraus und gehört zu den Eingeweihten. 54

Meister und Schüler. – Zur Humanität eines Meisters gehört, seine Schüler vor sich zu warnen. 55

Zur Liebe verführen. – Wer sich selber hasst, den haben wir zu fürchten, denn wir werden die Opfer seines Grolls und seiner Rache sein. Sehen wir also zu, wie wir ihn zur Liebe zu sich selber verführen! 56

Betrogen werden. – Sobald ihr handeln wollt, müsst ihr die Tür zum Zweifel verschließen, – sagte ein Handelnder. – Und du fürchtest dich nicht, auf diese Weise der *Betrogene* zu werden? – antwortete ein Beschaulicher. 57

Sich häuten. – Die Schlange, welche sich nicht häuten kann, geht zugrunde. Ebenso die Geister, welche man verhindert, ihre Meinungen zu wechseln; sie hören auf, Geist zu sein. 58

Die geglaubten Motive. – So wichtig es sein mag, die Motive zu wissen, nach denen wirklich die Menschheit bisher gehandelt hat: vielleicht ist der *Glaube* an diese oder jene Motive, also das, was die Menschheit sich selber als die eigentlichen Hebel ihres Tuns bisher untergeschoben und eingebildet hat, etwas noch Wesentlicheres für den Erkennenden. Das innere Glück und Elend der Menschen ist ihnen nämlich je nach ihrem Glauben an diese oder jene Motive zuteil geworden – *nicht* aber durch das, was wirklich Motiv war! Alles dies Letztere hat ein Interesse zweiten Ranges. 59

Wo das Gute beginnt. – Wo die geringe Sehkraft des Auges den bösen Trieb wegen seiner Verfeinerung nicht mehr als solchen zu sehen vermag, da setzt der Mensch das Reich des Guten an, und die Empfindung, nunmehr ins Reich des Guten übergetreten zu sein, bringt alle die Triebe in Miterregung, welche durch die bösen Triebe bedroht und eingeschränkt waren, wie das Gefühl der Sicherheit, des Behagens, des Wohlwollens. Also: je stumpfer das Auge, desto weiter reicht das Gute! Daher die ewige Heiterkeit des Volkes und der Kinder! Daher die Düsterkeit und der dem schlechten Gewissen verwandte Gram der großen Denker! 60

Neue Kämpfe. – Nachdem Buddha tot war, zeigte man noch jahrhundertelang seinen Schatten in einer Höhle – einen ungeheuren schauerlichen Schatten. Gott ist tot: aber so wie die Art der Menschen ist, wird es vielleicht noch jahrtausendelang Höhlen geben, in denen man seinen Schatten zeigt. – Und wir – wir müssen auch noch seinen Schatten besiegen! 61

Das Leben kein Argument. – Wir haben uns eine Welt zurechtgemacht, in der wir leben können – mit der Annahme von Körpern, Linien, Flächen, Ursachen und Wirkungen, Bewegung und Ruhe, Gestalt und Inhalt: ohne diese Glaubensartikel hielte es jetzt keiner aus zu leben! Aber damit sind sie noch nichts Bewiesenes. Das Leben ist kein Argument; unter den Bedingungen des Lebens könnte der Irrtum sein. 62

Unbequeme Eigenschaft. – Alle Dinge tief finden – das ist eine unbequeme Eigenschaft: sie macht, dass man beständig seine Augen anstrengt und am Ende immer mehr findet, als man gewünscht hat. 63

Egoismus. – Egoismus ist das *perspektivische* Gesetz der Empfindung, nach dem das Nächste groß und schwer erscheint: während nach der Ferne zu alle Dinge an Größe und Gewicht abnehmen. 64

Tief sein und tief scheinen. – Wer sich tief weiß, bemüht sich um Klarheit; wer der Menge tief scheinen möchte, bemüht sich um Dunkelheit. Denn die Menge hält alles für tief, dessen Grund sie nicht sehen kann: sie ist so furchtsam und geht so ungern ins Wasser. 65

Gedanken. – Gedanken sind die Schatten unserer Empfindungen – immer dunkler, leerer, einfacher als diese. 66

Der Denker. – Er ist ein Denker: das heißt, er versteht sich darauf, die Dinge einfacher zu nehmen, als sie sind. 67

Gegen manche Verteidigung. – Die perfideste Art einer Sache zu schaden, ist, sie absichtlich mit fehlerhaften Gründen verteidigen. 68

Grenze unseres Hörsinns. – Man hört nur die Fragen, auf welche man imstande ist, eine Antwort zu finden. 69

Bedürfnis. – Das Bedürfnis gilt als die Ursache der Entstehung: in Wahrheit ist es oft nur eine Wirkung des Entstandenen. 70

Ursache und Wirkung. – Vor der Wirkung glaubt man an andere Ursachen als nach der Wirkung. 71

Opfer. – Über Opfer und Aufopferung denken die Opfertiere anders als die Zuschauer: aber man hat sie von jeher nicht zu Worte kommen lassen. 72

Kritik der Tiere. – Ich fürchte, die Tiere betrachten den Menschen als ein Wesen ihresgleichen, das in höchst gefährlicher Weise den gesunden Tierverstand verloren hat, – als das wahnwitzige Tier, als das lachende Tier, als das weinende Tier, als das unglückselige Tier. 73

Trotz und Treue. – Er hält aus Trotz an einer Sache fest, die ihm durchsichtig geworden ist – er nennt es aber »Treue«. 74

Die Leugner des Zufalls. – Kein Sieger glaubt an den Zufall. 75

Ein mal eins. – Einer hat immer unrecht: aber mit zweien beginnt die Wahrheit. – Einer kann sich nicht beweisen: aber zweie kann man bereits nicht widerlegen. 76

Letzte Skepsis. – Was sind denn zuletzt die Wahrheiten des Menschen? – Es sind die *unwiderlegbaren* Irrtümer des Menschen. 77

Wo Grausamkeit nottut. – Wer Größe hat, ist grausam gegen seine Tugenden und Erwägungen zweiten Ranges. 78

Was macht heroisch? – Zugleich seinem höchsten Leide und seiner höchsten Hoffnung entgegengehn. 79

Woran glaubst du? – Daran: dass die Gewichte aller Dinge neu bestimmt werden müssen. 80

Was ist das Siegel der erreichten Freiheit? – Sich nicht mehr vor sich selber schämen. 81

Lust an der Blindheit. – »Meine Gedanken«, sagte der Wanderer zu seinem Schatten, »sollen mir anzeigen, wo ich stehe: aber sie sollen mir nicht verraten, *wohin ich gehe.* Ich liebe die Unwissenheit um die Zukunft und will nicht an der Ungeduld und dem Vorwegkosten verheißener Dinge zugrunde gehen.« 82

Gleichnis. – Jene Denker, in denen alle Sterne sich in kyklischen Bahnen bewegen, sind nicht die tiefsten; wer in sich wie in einen ungeheuren Weltraum hineinsieht und Milchstraßen in sich trägt, der weiß auch, wie unregelmäßig alle Milchstraßen sind; sie führen bis ins Chaos und Labyrinth des Daseins hinein. 83

»Die Erkenntnis um ihrer selbst willen« – Das ist der letzte Fall-strick, den die Moral legt: damit verwickelt man sich noch ein-mal völlig in sie. 84

Der Reiz der Erkenntnis wäre gering, wenn nicht auf dem Wege zu ihr so viel Scham zu überwinden wäre. 85

Wer sein Ideal erreicht, kommt eben damit über dasselbe hin-aus. 86

Wer sich selbst verachtet, achtet sich doch immer noch dabei als Verächter. 87

Fürchterliche Erlebnisse geben zu raten, ob der, welcher sie er-lebt, nicht etwas Fürchterliches ist. 88

Reife des Mannes: das heißt den Ernst wiedergefunden haben, den man als Kind hatte, beim Spiel. 89

Wie? Ein großer Mann? Ich sehe immer nur den Schauspieler seines eignen Ideals. 90

Es gibt gar keine moralischen Phänomene, sondern nur eine mo-ralische Ausdeutung von Phänomenen ... 91

Die großen Epochen unsres Lebens liegen dort, wo wir den Mut gewinnen, unser Böses als unser Bestes umzutaufen. 92

Wenn wir über jemanden umlernen müssen, so rechnen wir ihm die Unbequemlichkeit hart an, die er uns damit macht. 93

Je abstrakter die Wahrheit ist, die du lehren willst, umso mehr musst du noch die Sinne zu ihr verführen. 94

Was aus Liebe getan wird, geschieht immer jenseits von Gut und Böse. 95

Über das, was »Wahrhaftigkeit« ist, war vielleicht noch niemand wahrhaftig genug. 96

Jeder tiefe Denker fürchtet mehr das Verstandenwerden als das Missverstanden-werden. Am Letzteren leidet vielleicht seine Eitelkeit; am Ersteren aber sein Herz, sein Mitgefühl, welches immer spricht: »Ach, warum wollt *ihr* es auch so schwer haben wie ich?« 97

Auch der Mutigste von uns hat nur selten den Mut zu dem, was er eigentlich *weiß* ... 98

»Alle Wahrheit ist einfach.« – Ist das nicht zwiefach eine Lüge? – 99

Aus der Kriegsschule des Lebens. – Was mich nicht umbringt, macht mich stärker. 100

Ich misstraue allen Systematikern und gehe ihnen aus dem Weg. Der Wille zum System ist ein Mangel an Rechtschaffenheit. 101

Oscar Wilde
(1854–1900)

Kunst offenbaren und den Künstler verheimlichen ist das Ziel der Kunst. 1

Wir können einem Menschen verzeihen, dass er etwas Nützliches schafft, solange er es nicht bewundert. Die einzige Entschuldigung dafür, etwas Nutzloses zu schaffen, besteht darin, dass man es über jedes Maß bewundert. 2

Wohlerzogene widersprechen anderen Leuten, Weise widersprechen sich selbst. 3

Wenn man die Wahrheit sagt, kann man sicher sein, früher oder später ertappt zu werden. 4

Nur die Oberflächlichen kennen sich selbst. 5

Eine Wahrheit hört auf, wahr zu sein, wenn sie von mehr als einer Person geglaubt wird. 6

Die Alten glauben alles, die Menschen im mittleren Alter misstrauen allem, die Jungen wissen alles. 7

Muße ist die Vorbedingung der Vollkommenheit. Das Ziel der Vollkommenheit ist die Jugend. 8

Es gelingt nur den großen Meistern des Stils, dunkel zu sein. 9

Bildung ist etwas Wunderbares. Doch sollte man sich von Zeit zu Zeit daran erinnern, dass wirklich Wissenswertes nicht gelehrt werden kann. 10

Eine öffentliche Meinung gibt es nur dort, wo Ideen fehlen. 11

Die Kunst ist das einzig Ernsthafte auf der Welt. Und der Künstler ist der einzige Mensch, der nie ernsthaft ist. 12

Wen die Götter lieben, den lassen sie jung werden. 13

George Bernard Shaw
(1856–1950)

Widerstehe niemals der Versuchung: prüfe alles und behalte das Gute. 1

Nichts kann bedingungslos sein: folglich kann nichts frei sein. 2

Der einzige Weg, der zum Wissen führt, ist Tätigkeit. 3

Der ängstlichste Mann in einem Gefängnis ist sein Direktor. 4

Hüte dich vor dem Menschen, dessen Gott im Himmel ist. 5

Wenn wir einen großen Mann begreifen könnten, dann würden wir ihn hängen. 6

Je mehr man über seinen Bedarf besitzt, desto mehr Sorgen hat man. [7]

Der vernünftige Mensch passt sich der Welt an; der unvernünftige besteht auf dem Versuch, die Welt sich anzupassen. Deshalb hängt aller Fortschritt vom unvernünftigen Menschen ab. [8]

Wer das Böse versteht, verzeiht es; wer es empfindet, zerstört es. [9]

Es ist gefährlich, aufrichtig zu sein, außer wenn man auch dumm ist. [10]

Lou Andreas-Salomé
(1861–1937)

Von denjenigen Trieben, welche am häufigsten und stärksten in uns erwachen, sagen wir: »Ich«. [1]

Was den Denker über die Menge stellt, ist nicht so sehr seine Geisteskraft als seine Geistesrichtung. [2]

Man besitzt einen Menschen niemals, – man gewinnt oder verliert ihn in jedem Augenblick. [3]

Bisweilen steht die Menge unseres Gewissens in umgekehrtem Verhältnis zur Menge unseres Gehirns. [4]

Es gibt kein Glück ohne Selbstgehorsam. 5

Die schärfsten Denker müssen darauf verzichten, die geistreichsten sein zu wollen. 6

In der Größe eines Schmerzes, die über allen Trost hinausgeht, liegt bisweilen etwas, woran unsere Selbstkraft sich emporrankt. 7

Der Schmerz ist der Akzent auf dem Glück. 8

Das Leben hat für uns den Wert, welchen der Marmor für den Künstler hat. 9

Der Gotteshass ist der letzte Nachklang der Gottesliebe. 10

Die Moral ist nur da moralisch, wo sie verschämt ist. 11

Starke Naturen sind gewöhnlich wahre Naturen. 12

Man kann am sichersten die erkaltende Liebe für jemand erhöhen, indem man ihn quält. 13

Mit seinen Träumen begräbt der Mensch seine Schöpferkraft. 14

Die Größe eines Menschen ist seine Intensität. 15

Der echte Optimismus ist die große Stimmung, die den Schmerz akzeptiert. 16

Größe beschämt, Klugheit erbittert. [17]

Von der sinnlichen Leidenschaft führt kein Weg zur geistigen Wesenssympathie, wohl aber von jener zu dieser. [18]

Das sinnliche Moment ist bei dem Weibe das letzte Wort der Liebe, bei dem Manne das erste. [19]

Die Liebe ist der Punkt, in welchem Selbstsucht und Selbstvergessen zusammenfallen. [20]

Arthur Schnitzler
(1862–1931)

Alle Spekulation, vielleicht alles Philosophieren ist nur ein Denken in Spiralen; wir kommen wohl höher, aber nicht eigentlich weiter. Und dem Zentrum der Welt bleiben wir immer gleich fern. [1]

Wenn du vor den Altar der Wahrheit trittst, so wirst du dort viele auf den Knieen finden. Doch auf dem Wege dahin wirst du immer allein gewesen sein. [2]

Wem die Gabe der Gerechtigkeit verliehen ist, ohne die übrigen göttlichen Eigenschaften, Allmacht und Allweisheit, der ist übler dran, als der Ungerechte; denn er ist zur Selbstzerstörung bestimmt. [3]

Bewahre uns der Himmel vor dem »Verstehen«. Es nimmt unserm Zorn die Kraft, unserm Hass die Würde, unserer Rache die Lust und noch unserer Erinnerung die Seligkeit. 4

Dass man zuweilen *mehr*, zuweilen *weniger* tun muss als seine Pflicht und eben durch dieses Mehr oder Weniger sie erst zu erfüllen vermag: das ist das Problem, dem wir in jeder schweren Lebenslage immer wieder gegenüberstehen. 5

Auch *das* ist Lüge und oft die kläglichste von allen: sich anzustellen, als wenn man einem Lügner seine Lüge glaubte. 6

Wenn du dich in Gefahr glaubst, an einem Menschen zugrunde zu gehen, so rechne es ihm nicht gleich als Schuld an, sondern frage dich vorerst, wie lange du schon nach solch einem Menschen gesucht hast. 7

Es bedeutet zuweilen einen schlimmeren Betrug an der Geliebten, sie selbst, als eine andere in den Armen zu halten. 8

Was wir Illusion nennen, ist entweder Wahn, Irrtum oder Selbstbetrug, – wenn sie nicht eine höhere Wirklichkeit bedeutet, die als solche anzuerkennen wir zu bescheiden, zu skeptisch oder zu zaghaft sind. 9

Es gibt keine Art von politischer Überzeugung im parteimäßigen Sinne – auch nicht von der ehrlichsten – die nicht mindestens mit einer Wurzel in das durstige Erdreich der Beschränktheit hinabreichte. 10

Was soll mir das Geschwätz? Ich habe mich in meinem Leben nicht um Politik gekümmert!

Was hilft's dir, mein Freund? Sie kümmert sich um dich in jedem Augenblick deines Lebens! 11

Ein neuer Gedanke – das ist meist eine uralte Banalität in dem Augenblick, da wir ihre Wahrheit an uns selbst erfahren. 12

Eine Illusion verlieren, heißt, um eine Wahrheit reicher werden. Doch wer den Verlust beklagt, ist auch des Gewinnes nicht wert gewesen. 13

Gibt es ein Ohr so fein, dass es die Seufzer der welkenden Rose zu hören vermöchte? 14

Ich glaube deine Weisheit nur, wenn sie dir aus dem Herzen, deine Güte nur, wenn sie dir aus dem Verstande kommt. 15

Nur *Richtung* ist Realität, das *Ziel* ist immer eine Fiktion, auch das erreichte – und dieses oft ganz besonders. 16

Im Herzen jedes Aphorisma, so neu oder gar paradox es sich gebärden möge, schlägt eine uralte Wahrheit. 17

Nur wer den Tod fürchtet, darf sich seines Mutes rühmen. 18

Zwischen zwei Wundern schwebt die Welt. Plötzlichkeit und Allmählichkeit. 19

Wer einmal völlig begriffen hat, dass er sterblich ist, für den hat eigentlich die Agonie schon begonnen. 20

Gibt es einen Gott, so ist die Art, in der ihr ihn verehrt, Gotteslästerung. 21

Ist Gott der Traum der Menschheit? Er wäre zu schön. Ist die Menschheit der Traum Gottes? Er wäre zu abscheulich. 22

Paul Valéry
(1871–1945)

Die Hoffnung blickt in den Spiegel und sieht sich mit Siegesflügeln. 1

Entwurf zu einem Vorwort
Seht da, unsere Mythen, unsere Irrtümer, die wir mit solcher Mühe gegen die frühern aufgerichtet haben! ... 2

Was dir am besten gelingt, wird dir unweigerlich zur Falle. 3

Originalität. – Es gibt Leute – ich habe solche gekannt –, die ihre ›Originalität‹ bewahren wollen. Dadurch werden sie zu Nachahmern. Sie gehorchen denen, die ihnen den Glauben an den Wert der ›Originalität‹ beigebracht haben. 4

Die Regeln lehren uns *durch ihre Willkür*, dass die Gedanken, die aus unseren Bedürfnissen, Gefühlen, Erfahrungen stammen, nur einen geringen Teil der Gedanken ausmachen, deren wir fähig sind. 5

Wie selten denkt man zu Ende ohne zu seufzen.
Am äußersten Ende jedes Gedankens wartet ein Seufzer. 6

Das Denken ist brutal, es kennt keine Schonungen. Was ist brutaler als ein Gedanke? 7

Der Engel unterscheidet sich vom Teufel bloß durch eine Überlegung, die ihm noch bevorsteht. 8

Gelungenes entsteht durch Verwandlung aus Verfehltem.
Verfehlt heißt demnach: zu früh aufgegeben. 9

Das Beste im *Neuen* entspricht einem *alten* Bedürfnis. 10

Ein kleines Denkmal jeder meiner Schwierigkeiten.
Einen kleinen Tempel jeder Frage.
Jedem *Rätsel* seine Stele. 11

Strenge der Phantasie ist mein Gesetz. 12

Seelenkraft, die nötig ist, um sich außerhalb aller Kategorien zu halten. 13

Das einzige Vergnügen besteht darin, am Ende einer strengen Analyse zu unerwarteten Ergebnissen zu gelangen. 14

Ich sinke zu Boden unter der Last all dessen, was ich nicht getan habe. 15

Meine Stärke ist es, mir meine Gedanken einzugestehen. 16

Bemerkung. Ich nehme es genau mit den im Allgemeinen unbestimmten Dingen, und ich bin unbestimmt in den Dingen, mit denen man es in der Regel genau nimmt. 17

Schreiben bindet. Bewahre deine Freiheit. 18

Man macht sich über dich lustig, weil du versucht hast, die *Synthese* der Dichtung zu erreichen. Man hat recht, aber du hast nicht unrecht. 19

Nie suche man die Vollkommenheit oder die Macht eines Geistes – in einem Ergebnis. 20

Der Mensch muss all das erst erlernen, wofür er geschaffen ist. 21

Das Ziel des Menschen ist die Synthese des Menschen – das Wiederfinden seiner selbst als der äußerste Punkt seiner Suche. 22

Denken zu können heißt, dem Zufall die Schätze entreißen zu können, die er in uns eingekapselt hat. 23

Die Sprache hat das Denken nie zu Gesicht bekommen. 24

Die Suche, die endlose Suche gilt dem, wovon alles Gesprochene lediglich die Übersetzung ist. [25]

Das wichtigste Problem ist dasjenige, welches gelöst werden kann. [26]

Wir sind dazu geschaffen, nicht zu wissen, dass wir nicht frei sind. [27]

Am schönsten wäre es, in einer selbsterfundenen Form zu denken. [28]

Zwei Wörter.
Wahrheit bedeutet Übersetzung und Wert der Übersetzung –

Wirklichkeit bedeutet das Unübersetzte – den Originaltext selbst. [29]

Philosophie heißt der Ort der Probleme, die man nicht *ausdrücken* kann. Es geht gar nicht darum, sie zu lösen. [30]

Philosophie – *unbegrenzte* Ausübung der Fragefunktionen des Geistes. [31]

Nur wenige Geister kümmern sich darum, die Frage zu prüfen, bevor sie die Antwort liefern. [32]

Das Schwierigste in philosophicis ist zu wissen, was man wissen will – und an welchen Zeichen man erkennen wird, ob dieses Wollen erfüllt ist. [33]

Die Natur ist nur eine Praxis.
Wir aber können gar nicht anders, als darin eine Theorie sehen zu wollen. [34]

Jedes System der Psychologie ist tausendmal zu einfach und hundertmal zu kompliziert. [35]

Das Ziel der Psychologie ist es, uns von den Dingen, die wir am besten kennen, eine gänzlich andere Idee zu vermitteln. [36]

Im Innern eines jeden sein unbekannter Kern, eine dunkle Masse, die beides spielt: Ich und Gott – [37]

Die Worte der Religionen vermitteln nichts Denkbares. Schließlich beugt sich die Logik diesen Sätzen, die nichts besagen.
Aber woher sollte man die angemessene Sprache nehmen? [38]

Ich weiß nicht, ob eine Art Intelligenz diese Welt regiert. Eine Sensibilität ist es für mein Dafürhalten jedenfalls nicht. [39]

Denkt, was zu denken unmöglich ist, und ihr werdet gerettet werden. Liebt auf Befehl. – [40]

Jedes Wesen hat den *Gott*, der seiner Struktur entspricht. Der *Name* tut nichts zur *Sache*. [41]

Nichts ist so menschlich wie das Göttliche. [42]

Unwahrscheinliche Tricks, die der Mensch anwendet, um das Wunderbare einzuführen, ohne das er stirbt. [43]

Denken – das heißt sich adaptieren. 44

Bei seiner Arbeit geht der Geist von *seiner* Unordnung zu seiner Ordnung. Es ist wichtig, dass er sich bis zum Schluss Ressourcen der *Unordnung* bewahrt und dass die Ordnung, die er sich allmählich gibt, ihn nicht vollständig bindet, ihm nicht eine solche Fessel ist, dass er sie nicht abändern und seine anfängliche Freiheit wieder gebrauchen kann. 45

Dieser ewige und absurde große Versuch, zu sehen, was sieht, auszudrücken, was ausdrückt. 46

Selbst wenn er fragt, ist der Geist Antwort. 47

Der Schmerz ist stets Frage und die Lust Antwort. 48

Die Empfindungen ähneln nichts. Sie sind absolut. 49

Das Gedächtnis behält das zurück, was brauchbar ist. Das Lebewesen macht das brauchbar, was es zurückbehalten hat. 50

Das Maximum des Bewusstseins: Ende der Welt. 51

Das mir Unbekannte, das ich bei mir trage, das macht mich aus. 52

Ich glaubte, meine Welt sei die Welt. Doch sah ich etwas jenseits davon. Da ward sie zum Käfig. 53

Liebe ist nichts ohne Geist ... Hier beginnen die Schwierig-keiten. 54

Man liebt jemanden in großer Liebe, und das heißt, man macht ihn unerschöpflich. 55

Wir sind eine Spezies, die zum Angriff auf die Natur angetreten ist. 56

Eine wirkliche Wissenschaft ist nicht ein System von *Antworten*. Im Gegenteil, sie ist ein System von Problemen, die stets offen bleiben. Die Grundaxiome einer Wissenschaft sind Teilbestim-mungen der Probleme. 57

Die kleinen ungeklärten Tatsachen bergen in sich, was die Erklä-rung der großen zu Fall bringen kann. 58

Wissenschaft nennt man die Gesamtheit der Rezepte, die stets gelingen, und alles Übrige ist Literatur. 59

Eine Nation verfällt der Anarchie, wenn das Volk die Regierung für das hält, was sie ist. 60

Politik ist die Kunst, die Leute daran zu hindern, sich um das zu kümmern, was sie angeht. 61

Wie der Schatten dem Körper folgt, so folgt die Dummheit der Macht. 62

Schreiben – um sich zu erkennen – und nichts sonst. 63

Man muss sich zum Mittelpunkt machen – und in jedem Augenblick seine geheime Position verändern, damit sie stets zentral bleibt. Das ist Freiheit. 64

Seine Überlegenheit verdankt der Mensch seinen unnützen Gedanken – 65

Keine »Wahrheit« ohne Leidenschaft, ohne Irrtum. Das heißt: die Wahrheit kann nur leidenschaftlich errungen werden. 66

Die wichtigsten Gedanken sind diejenigen, die unseren Empfindungen widersprechen. 67

Es gibt Situationen und Ideen, die sich nicht *klären* lassen, ohne dass sie darüber zugrunde gehen oder ohne dass wir dabei zugrunde gingen. 68

Wir mögen den nicht, der uns zwingt, nicht wir selbst zu sein; und wir mögen auch den nicht, der uns zwingt, uns als uns selbst zu zeigen.
Doch wir lieben den, der uns für das hält, was wir sein möchten. Dies ist der Grund für das Gefallen am Ruhm. 69

Verachtet euren Nächsten wie euch selbst. 70

Unsere Widersprüche sind die Substanz unserer geistigen Aktivität. 71

Die Schwierigkeit besteht darin, abzuweisen, was einen hindert, *man selbst* zu sein – ohne gleichzeitig das abzuweisen, was einen zwingt, es zu sein. 72

Wenn du sähest, was du bist, wenn du wüsstest … Du wärest ganz und gar nicht, was du bist. 73

Denken? Denken! Das heißt den Faden verlieren. 74

Die Menschen unterscheiden sich voneinander durch das, was sie zeigen, und sie gleichen einander durch das, was sie verbergen. 75

Dass alle Systeme mit Lügen enden, darüber besteht kein Zweifel. Das Gegenteil wäre unmöglich und nicht natürlich.
Was ihre Anfänge betrifft, so lässt sich über die Aufrichtigkeit streiten. 76

Die Optimisten schreiben schlecht. 77

Der Mensch klammert sich an das, was er wert zu sein glaubt. 78

Das Bewusstsein herrscht, aber regiert nicht. 79

Das Glück ist die grausamste Waffe in den Händen der ZEIT. 80

Wenn wir das Ziel erreichen, so glauben wir, der Weg sei der richtige gewesen. 81

Was einfach ist, ist immer falsch. Was nicht einfach ist, ist unbrauchbar. [82]

Politik des Lebens.
Die Wirklichkeit ist stets in der Opposition. [83]

Unsere klarsten Ideen sind Kinder einer dunklen Arbeit. [84]

Alles beginnt mit einer Unterbrechung. [85]

Ein kompetenter Mensch ist, wer sich den Regeln gemäß irrt. [86]

Die Schwäche der Kraft besteht darin, nur an die Kraft zu glauben. [87]

Karol Irzykowski
(1873–1944)

Wunderbar ist die Welt der Irrtümer. [1]

Viele Opfer werden im Nachhinein bereut. Ob das den Wert des Opfers verringert? [2]

Mein Gott ist der Gott des Zweifels. [3]

Es steckt im Menschen eine mystische Eroberungssucht, die »sehen« mit »haben« gleichsetzt. [4]

Das größte Geheimnis für den Menschen, außer der Welt, ist der andere. 5

Die wahre, artgerechte Form geistigen Zusammenlebens ist die Poesie. 6

Vielleicht ist der Irrtum das Ergebnis eines gesetzmäßigen Mechanismus. 7

Als Preis für seine guten Taten bekam er nur die Kehrseiten der Medaillen verliehen. 8

Gedanke – ein weit fortgeschrittener Schmerz, wenn man davon ausgeht, dass der Schmerz nur eine Unordnung der Seele sei. 9

Was ist die eigentliche Wahrheit über die Wahrheit – natürlich nicht die mathematische, sondern die menschliche, die Lebenswahrheit? Dass die Wahrheit von den menschlichen Beziehungen nicht das Entweder-oder preise, dass die eine Version ebenso gut sei wie die andere, sondern dass beide, scheinbar gegensätzlichen Versionen nebeneinander und miteinander leben können, sich gegenseitig durchdringen können, wie – um ein naheliegendes Beispiel zu nehmen – Liebe und Hass. 10

Man sollte keine Fragen stellen, aus denen (stillschweigend) wortlose Schlüsse gezogen werden können. 11

Was muss man alles opfern, um populär zu sein? 12

Der Mensch feiert gern Triumphe, selbst auf Kosten seines eigenen Anspruchs. 13

Vergossenes Blut kann ebenso ein Symbol der Ratlosigkeit sein wie eine eingeschlagene Fensterscheibe. 14

Noch hat sich der Mensch kein Ideal geschaffen, für das es zu sterben lohnte, aber er mag es, für irgendetwas zu sterben. Und das ist vorerst für ihn das Beste. 15

Und dann flossen die Wahrheiten und Bekenntnisse wie Eisschollen im Frühling dahin. 16

Ich brauche den Anblick tanzender Hirne. 17

Der Dichter schreibt die Rechnung, die Addition überlässt er dem Leser. 18

Früher galt als Ideal, die Pflicht zum Vergnügen zu machen, heute hält man das Vergnügen für Pflicht. 19

Karl Kraus
(1874–1936)

Wie wenig Verlass ist auf eine Frau, die sich auf einer Treue ertappen lässt! Sie ist heute dir, morgen einem andern treu. 1

Zur Vollkommenheit fehlte ihr nur ein Mangel. 2

Der Skandal fängt an, wenn die Polizei ihm ein Ende macht. 3

Der Übermensch ist ein verfrühtes Ideal, das den Menschen voraussetzt. 4

Die stärkste Kraft reicht nicht an die Energie heran, mit der manch einer seine Schwäche verteidigt. 5

Die Einsamkeit wäre ein idealer Zustand, wenn man sich die Menschen aussuchen könnte, die man meidet. 6

Wer Meinungen von sich gibt, darf sich auf Widersprüchen nicht ertappen lassen. Wer Gedanken hat, denkt auch zwischen den Widersprüchen. 7

Ein Aphorismus braucht nicht wahr zu sein, aber er soll die Wahrheit überflügeln. Er muss mit einem Satz über sie hinauskommen. 8

Eine neue Erkenntnis muss so gesagt sein, dass man glaubt, die Spatzen auf dem Dach hätten nur durch einen Zufall versäumt, sie zu pfeifen. 9

Einen Aphorismus zu schreiben, wenn man es kann, ist oft schwer. Viel leichter ist es, einen Aphorismus zu schreiben, wenn man es nicht kann. 10

In zweifelhaften Fällen entscheide man sich für das Richtige. 11

Man glaubt gar nicht, wie schwer es oft ist, eine Tat in einen Gedanken umzusetzen! [12]

Ein Paradoxon entsteht, wenn eine frühreife Erkenntnis mit dem Unsinn ihrer Zeit zusammenprallt. [13]

Eine Notlüge ist immer verzeihlich. Wer aber ohne Zwang die Wahrheit sagt, verdient keine Nachsicht. [14]

Was könnte noch reizvoller sein als die Spannung, wie der Ort aussehen wird, den ich mir so oft vorgestellt habe? Die Spannung: wie ich meine Vorstellung wiederherstelle, nachdem ich ihn gesehen habe. [15]

Aus Lebensüberdruss zum Denken greifen: ein Selbstmord, durch den man sich das Leben gibt. [16]

Sich keine Illusionen machen: da beginnen sie erst. [17]

Eher verzeiht dir einer die Gemeinheit, die er an dir begangen, als die Wohltat, die er von dir empfangen hat. [18]

Der Übel größtes ist der Zwang, an die äußern Dinge des Lebens, die der inneren Kraft dienen sollen, eben diese zu verplempern. [19]

Vielwisser dürften in dem Glauben leben, dass es bei der Tischlerarbeit auf die Gewinnung von Hobelspänen ankommt. [20]

Die meisten Schreiber sind so unbescheiden, dass sie immer von der Sache sprechen, wenn sie von sich sprechen sollten. [21]

Karl Kraus 143

Es gibt Vorahmer von Originalen. Wenn Zwei einen Gedanken haben, so gehört er nicht dem, der ihn früher hatte, sondern dem, der ihn besser hat. 22

Einer, der Aphorismen schreiben kann, sollte sich nicht in Aufsätzen zersplittern. 23

Es gibt eine Originalität aus Mangel, die nicht imstande ist, sich zur Banalität emporzuschwingen. 24

An einem wahren Porträt muss man erkennen, welchen Maler es vorstellt. 25

Ein Wolf im Wolfspelz. Ein Filou, unter dem Vorwand es zu sein. 26

Kunst bringt das Leben in Unordnung. Die Dichter der Menschheit stellen immer wieder das Chaos her. 27

Wenn nur einer da ist, der die Presse nicht totschweigt – das Weitere wird sich finden. 28

Um einen Irrtum gutzumachen, genügt es nicht, ihn mit einer Wahrheit zu vertauschen. Sonst lügt man. 29

Je näher man ein Wort ansieht, desto ferner sieht es zurück. 30

Liebe und Kunst umarmen nicht, was schön ist, sondern was eben dadurch schön wird. 31

Er zwang sie, ihr zu Willen zu sein. [32]

Zwischen den Zeilen kann höchstens ein Sinn verborgen sein. Zwischen den Worten ist Platz für mehr: für den Gedanken. [33]

Ich beherrsche nur die Sprache der andern. Die meinige macht mit mir, was sie will. [34]

Künstler ist nur einer, der aus der Lösung ein Rätsel machen kann. [35]

Nicht die Gewalttätigkeit, nur die Schwäche macht mich fürchten. [36]

Was ist denn das für ein mythologischer Wirrwarr? Seit wann ist denn Mars der Gott des Handels und Merkur der Gott des Krieges? [37]

Die Quantität ist kein Gedanke. Aber dass sie ihn fraß, ist einer. [38]

»Es handelt sich in diesem Krieg –« »Jawohl, es handelt sich in diesem Krieg!« [39]

Das Übel gedeiht nie besser, als wenn ein Ideal davorsteht. [40]

Der Zustand, in dem wir leben, ist der wahre Weltuntergang: der stabile. [41]

Hugo von Hofmannsthal
(1874–1929)

Der Mensch wird in der Welt nur das gewahr, was schon in ihm liegt; aber er braucht die Welt, um gewahr zu werden, was in ihm liegt; dazu aber sind Tätigkeit und Leiden nötig. [1]

Man muss im Ganzen an jemanden glauben, um ihm im Einzelnen wahrhaft Zutrauen zu schenken. [2]

Gelten lassen ist schwerer, als sich begeistern. [3]

Dass sie ihre eigene Kraft kennen, das ist das Hinreißende an den Liebenden. [4]

Situationen sind symbolisch; es ist die Schwäche der jetzigen Menschen, dass sie sie analytisch behandeln und dadurch das Zauberische auflösen. [5]

Autorität über sich erkennen ist ein Zeichen höherer Menschlichkeit. [6]

Wer das Gesellschaftliche anders als symbolisch nimmt, geht fehl. [7]

Aufmerksamkeit und Liebe bedingen einander wechselseitig. [8]

Die Regeln des Anstandes, richtig verstanden, sind Wegweiser auch im Geistigen. [9]

Des Menschen Alter, von innen gesehen, ist ewige Jugend. [10]

Gegenwart ist die absolute Leidensseite der Existenz – aber nur ein Provisorium. [11]

Wo ist dein Selbst zu finden? Immer in der tiefsten Bezauberung, die du erlitten hast. [12]

Nicht dass einer alles wisse, kann verlangt werden, sondern dass er, indem er um eins weiß, um alles wisse. [13]

Der Geist sucht das Wirkliche, der Ungeist haftet am Unwirklichen. [14]

Die einzige Gleichheit, die vor dem tiefer eindringenden Blick besteht, ist die Gleichheit des Gegensätzlichen. [15]

Alles Geglaubte besteht, und nur dieses. [16]

Was Geist ist, erfasst nur der Bedrängte. [17]

Wer die höchste Unwirklichkeit erfasst, wird die höchste Wirklichkeit gestalten. [18]

Ein Ding ist eine unausdeutbare Deutbarkeit. [19]

Reifer werden heißt schärfer trennen, inniger verbinden. [20]

Was ist Kultur? Zu wissen, was einen angeht, und zu wissen, was einen zu wissen angeht. ₂₁

Das Fremde zu schauen hindert die Fremdheit, das Vertraute zu erkennen verwehrt die Vertrautheit. ₂₂

Geist ist überwundene Wirklichkeit. Was sich von der Wirklichkeit absentiert, ist nicht Geist. ₂₃

Aus lauter Leeren ist die Fülle der menschlichen Existenz aufgebaut. ₂₄

Die Ereignisse sind Wellen, die den Geist bedrohen, aber auch tragen. ₂₅

Was ist innere Freiheit? Im Einzelnen zugleich das Allgemeine und Notwendige zu erkennen. ₂₆

Die Tiefe muss man verstecken. Wo? An der Oberfläche. ₂₇

Die Formen beleben und töten. ₂₈

Der gefährlichste Gegner der Kraft ist die Schwäche. ₂₉

Die Verzweiflung einer Epoche würde sich darin aussprechen, wenn es ihr nicht mehr der Mühe wert erschiene, sich mit der Vergangenheit zu beschäftigen. ₃₀

Der moralische Sieger ist es, der sich am leichtesten zu Tode siegt. ₃₁

Politik ist Magie. Welcher die Mächte aufzurufen weiß, dem gehorchen sie. [32]

Jedes wirkliche Kunstwerk ist der Grundriss zum einzigen Tempel auf Erden. [33]

Der berühmte Autor lebt nur in einer anderen Form von Ungekanntheit als der Autor, von dem niemand redet. [34]

Jeder Stoff führt an jedem Punkt ins Unendliche. [35]

Ist nicht die Verzweiflung des gegenwärtigen Zeitalters der verlorengegangene Glaube an die Form? [36]

Das eigentlich Dichterische hält sich gleich weit vom Herzlosen und vom Empfindsamen. [37]

Ein Kunstwerk ist eine umständliche und ausgebreitete Handlung, durch die ein Charakter, der des Autors, erkennbar wird. [38]

Wahre Sprachliebe ist nicht möglich ohne Sprachverleugnung. [39]

Jede Hingabe ans Deskriptive führt zur Übertreibung. [40]

Nur der das Zarteste schafft, kann das Stärkste schaffen. [41]

Das Genie bringt Übereinstimmung hervor zwischen der Welt, in der es lebt, und der Welt, die in ihm lebt. [42]

Nur von dem scheinbar ganz am Tag Liegenden, mit Händen zu Greifenden kann die hohe Wirkung des Geheimnisses ausgehen. 43

Das Wort ist mächtiger, als der es spricht. 44

Todesangst: sehr großes Unglück gibt auch leeren Menschen vorübergehend die Allüren der Größe. 45

Das Ungeheure des Lebens ist nur durch Zutätigkeit erträglich zu machen; immer nur betrachtet, lähmt es. 46

Eine der schlimmsten Erfahrungen des reiferen Alters ist die, dass man niemanden vorwärts bringen kann, außer sich selbst. 47

Wenn das Haus durchsichtig wird, gehören die Sterne mit zum Fest. 48

Kein Erlebnis wird den Menschen so rücksichtslos aufgedrängt als das der Zugehörigkeit zu einer bestimmten Zeit. 49

Es handelt sich nicht darum, uns in der Sprache, sondern die Sprache in uns auszuprägen. 50

Genie haben heißt teilhaftig sein der Unvernunft des Kosmos. 51

Das Leben ist rastlose Vereinigung des Unvereinbaren. 52

Antonio Machado y Ruiz
(1875–1939)

Wie ich auch immer an die Sache herangehe – sagte Mairena – ich finde keine Art und Weise, Individuen zu summieren. [1]

In der Politik, wie in der Kunst, steinigen die »Neuerer« die originalen Köpfe. [2]

Die Menschen, welche in allen Dingen immer zu Hause sind, sind diejenigen, welche niemals irgendwohin gegangen sind. Denn das Gehen ist schon sehr viel; nach Hause gekommen ist niemand! [3]

Der perfekte Stoffel ist derjenige, der niemals über etwas in Erstaunen geraten ist: nicht einmal über seine eigene Dummheit. [4]

Bei jeder moralischen Katastrophe bleiben nur die zynischen Tugenden bestehen. Hündische Tugenden? Auf alle Fälle die des menschlichen Hundes, der sich selber treu bleibt. [5]

»*Cogito, ergo sum*«, sagte Descartes. Ihr sollt sagen: »Ich existiere, also bin ich«, so witzig euch die Sentenz auch erscheinen mag. Und wenn ihr an eurem eigenen Existieren zweifelt, knipst das Licht aus und verschwindet! [6]

Mein Lehrer pflegte zu sagen: denken heißt von einer Allee zu einer Straße, von einer Straße zu einer Gasse wandern, um schließlich in einer Sackgasse zu enden. In dieser Sackgasse mei-

nen wir, der Witz müsste nun darin liegen, wieder herauszu-
kommen. Und dann sucht man die Tür auf dem Acker. 7

Der Autor meiner Tage … Da habt ihr eine wirklich geistreiche
und bezaubernd barocke Metapher zweiten Grades. Meditiert
über sie! 8

Adolf Nowaczyński
(1876–1944)

Die Grundlage des Zusammenlebens von Zeitgenossen ist die
Feigheit. 1

Alles beruht auf Gegenseitigkeit: an Gott glauben nur die Menschen; an den Menschen nur die Götter. 2

Der Reichtum hat es schwer, keine Autorität zu besitzen. 3

Die einzige angemessene Strafe für die sogenannten Nächsten,
die Verleumdungen und Lügen über dich verbreiten, wäre – die
Wahrheit über sie nicht zu verheimlichen. 4

Nicht der ist arm, dem sich kein Jugendtraum erfüllt hat, sondern
der schon in der Jugend gar nichts träumte. 5

Gute Erziehung besteht in der einmaligen Warnung vor der Lüge
schlechthin und in der jeweiligen Warnung vor einer jeden
Wahrheit. 6

Der Aphorismus ist das vorletzte Glied in der Gedankenkette, dessen letztes das Paradoxon ist. 7

Zur Verständigung zweier Seiten genügt es, dass sie das Allerschlimmste voneinander annehmen. 8

Wo die Dummheit für einen Augenblick Platz macht, nimmt ihn sofort die Tradition ein. 9

Franz Kafka
(1883–1924)

Er hat das Gefühl, dass er sich dadurch, dass er lebt, den Weg verstellt. Aus dieser Behinderung nimmt er dann wieder den Beweis dafür, dass er lebt. 1

Sich kennt er, den andern glaubt er, dieser Widerspruch zersägt ihm alles. 2

Er beweist nur sich selbst, sein einziger Beweis ist er selbst, alle Gegner besiegen ihn sofort, aber nicht dadurch, dass sie ihn widerlegen, er ist unwiderlegbar, sondern dadurch, dass sie sich beweisen. 3

Meine Gefängniszelle – meine Festung. 4

Wer sucht, findet nicht, wer nicht sucht, wird gefunden. 5

Wären wir nicht aus dem Paradies vertrieben worden, hätte das Paradies zerstört werden müssen. 6

Ein Käfig ging einen Vogel suchen. ₇

Lass Dich vom Bösen nicht glauben machen, Du könntest vor ihm Geheimnisse haben. ₈

Du bist die Aufgabe. Kein Schüler weit und breit. ₉

Es gibt ein Ziel, aber keinen Weg; was wir Weg nennen, ist Zögern. ₁₀

Früher begriff ich nicht, warum ich auf meine Frage keine Antwort bekam, heute begreife ich nicht, wie ich glauben konnte, fragen zu können. Aber ich glaubte ja gar nicht, ich fragte nur. ₁₁

Theoretisch gibt es eine vollkommene Glücksmöglichkeit: An das Unzerstörbare in sich glauben und nicht zu ihm streben. ₁₂

Du kannst Dich zurückhalten von den Leiden der Welt, das ist Dir freigestellt und entspricht Deiner Natur, aber vielleicht ist gerade dieses Zurückhalten das einzige Leid, das Du vermeiden könntest. ₁₃

Schreiben als Form des Gebetes. ₁₄

Nichts, nur Bild, nichts anderes, völlige Vergessenheit. ₁₅

Antonio Porchia
(1885–1968)

Eine Million Sterne sind zwei Augen, die sie anschauen. 1

Von einem Ganzen ausgehend, kann man nur im Nichts ankommen. 2

Ich würde diese Welten fragen, welches Sandkorn sie ins Rollen bringt. 3

Im Angesicht vager Gestern und vager Morgen altern wir heute. 4

Es vielen recht zu machen, ist einfacher, als es einem recht zu machen. 5

Das Hässliche besteht, weil niemand das Schöne ganz begreift. 6

Leiden ist mein letzter Glaube. Und ich beginne zu glauben, dass ich nicht leide. 7

Der Mensch liebt aus Nichtwissen, was er liebt. 8

Manche meiner Sachen verlieren, sobald ich sie mir erkläre, ihre Bedeutung. 9

Meine Einsamkeit macht nicht das aus, was mir fehlt, sondern das, was nicht existiert. 10

Du erstickst deine Handvoll Mängel, und du begreifst, dass das Leben eine Handvoll Mängel ist. [11]

Den Fluss der Tränen siehst du nicht, weil deine darin fehlt. [12]

Die Welt scheint eine Vielzahl leerer Gefäße zu sein, die sich selbst verschlingt, um sich mit leeren Gefäßen zu füllen. [13]

Uns als Gestürzte zu zeigen, ist nicht peinlich; peinlich ist zu zeigen, was uns zum Sturz bringt. [14]

Es kann mehr beginnen, wer mehr vergisst. [15]

Wer nicht nur diese Erde bewohnt, braucht nicht viel von dieser Erde. [16]

Wer die Stille hört: Wie viel verschwiegenen Schmerz hört er! [17]

Die Augen, die beim Hinschauen suchen, wonach sie schauen, zerstören, wonach sie schauen. [18]

Bevor ich meinen Weg ging, war ich mein Weg. [19]

Man lebt in der Hoffnung, eine Erinnerung zu werden. [20]

Gäbe es dieses ewige Suchen, wenn das Gefundene existierte? [21]

Als ich durch dich ein anderer wurde, ließ ich dich mit mir zurück. [22]

Keine Mängel nutzen, bedeutet nicht, sie nicht zu haben. 23

Ich wollte das Rechte auf rechten Wegen erreichen. Und so fing ich an, verkehrt zu leben. 24

Das Herz verletzen, schafft es. 25

Was ich weiß, ertrage ich durch das, was ich nicht weiß. 26

Wer ein Paradies aus seinem Brot macht, macht aus seinem Hunger eine Hölle. 27

Es gibt Gestürzte, die nicht aufstehen, um nicht wieder hinzufallen. 28

Fast immer ist es die Angst, dass wir es sind, was uns vor den Spiegel führt. 29

Manchmal macht das, was ich erwünsche und nicht erwünsche, so viele Zugeständnisse, dass sie sich ähnlich werden. 30

Vor den Dingen kann allein das Wunder nicht sein. Nach den Dingen ist allein das Wunder gewesen. 31

Du verwundest und wirst wieder verwunden. Weil du verwundest und dich entfernst. Du begleitest nicht die Wunde. 32

Wenn man verliert, verliert man den Glauben da, wo er geboren wird. 33

Das Wissen beginnt als Wissen und Leiden und endet als Leiden allein. 34

Ramón Gómez de la Serna
(1888–1963)

Fällt ein Stern, läuft eine Masche am Strumpf der Nacht. 1

Erinnerungen laufen ein wie Unterhemden. 2

Wären wir nicht sterblich, könnten wir nicht weinen. 3

Wasser hat kein Gedächtnis: deshalb ist es so rein. 4

Sich langweilen heißt den Tod küssen. 5

Auf dem Fluss ziehen alle Spiegel der Vergangenheit ertrunken an uns vorbei. 6

Fällt der Sonntag auf den Montag, hat das Leben den Kopf verloren. 7

Taschenkalender verkleinern das Jahr. 8

In der Einsamkeit der Felder liegt die Pfütze, die das ganze Geheimnis des Himmels offenbart. 9

Welche Tragödie! Die Hände sind gealtert, aber die Ringe daran nicht. [10]

Der Mond ist eine verkrachte Bank für Metaphern. [11]

Wir wären sehr erleichtert, wenn wir begriffen, dass Sterben die letzte Zerstreuung des Lebens ist. [12]

Niemand hat behauptet, dass die Dinge leben: die Dinge träumen. [13]

Der Traum ist ein Depot für verlegte Gegenstände. [14]

Die Ewigkeit beneidet alles Sterbliche. [15]

Der Marmor weiß auf seine Statue jahrhundertelang zu warten. [16]

Das Glück besteht darin, ein Unglücklicher zu sein, der sich für glücklich hält. [17]

Er hatte ein so schlechtes Gedächtnis, dass er vergaß, dass er ein schlechtes Gedächtnis hatte, und anfing, sich an alles zu erinnern. [18]

Die Vernunft trägt immer Trauer. [19]

Julian Tuwim
(1894–1953)

Vertriebene ihres Landes – ist noch halb so schlimm. Schlimmer dran sind die Vertriebenen ihrer Zeit. [1]

Die Welt gehört den Enthusiasten, die kaltes Blut bewahren können. [2]

Ein Mann bleibt gewöhnlich sehr lange unter dem Eindruck, den er auf eine Frau gemacht hat. [3]

Ich kannte einen Menschen, der aufrecht starb: Er wurde gehenkt. [4]

Stefan Napierski
(1899–1940)

Gott: Summe aller unserer Entsagungen. [1]

Man schreibt immer wie an jemanden, den es nicht gibt. [2]

In der Kunst schafft erst das Übermaß an Realität ihre Fiktion. [3]

Einsamkeit ist in jedem Schöpfungsakt organisch enthalten. Wer sich mitteilt – sondert sich ab. [4]

Man muss sehr kompliziert sein, um sich nach Einfachheit zu sehnen. 5

Wir haben keinen anderen Beweis für die Existenz der Welt als den, dass wir ohne sie nicht existieren würden. 6

Man sollte begreifen, dass die Glasglocke für die Fische, die in ihr eingesperrt leben, das Weltall ist. 7

Man begreift in den anderen nur seine eigenen Möglichkeiten. 8

Es geht nicht darum, dass etwas gut geschrieben ist. Es geht darum, dass es ein für allemal geschrieben ist. 9

Noch einmal: Intelligenz und Zweifel sind eins. 10

Die größte Bremse beim Denken ist der Selbsterhaltungstrieb. 11

Forderung. Eine Werkgattung finden, in der man den Mechanismus des Denkens in aller Schamlosigkeit entblößen könnte. 12

Das Geschlecht vergiftet das Gehirn. 13

Möglich, dass den komplizierten Naturen das Glück eine zu einfache Sache ist. 14

Einfachheit – höchste Anpassung an die Kompliziertheit der Natur. 15

Je mehr wir wissen, desto ratloser sind wir. 16

Stefan Napierski   161

Elias Canetti
(1905–1994)

Die Ahnungen der Dichter sind die vergessenen Abenteuer Gottes. ₁

Der Beweis ist das Erb-Unglück des Denkens. ₂

Manche Sätze geben ihr Gift erst nach Jahren her. ₃

Gottes Verlassenschaft ist vergiftet. ₄

Zwischen Erleben und Urteilen ist ein Unterschied wie zwischen Atmen und Beißen. ₅

Die großen Aphoristiker lesen sich so, als ob sie alle einander gut gekannt hätten. ₆

Nicht mehr sprechen, die Worte stumm nebeneinander legen und ihnen zusehen. ₇

Wenn du von der Zukunft mehr wüsstest, wäre die Vergangenheit noch schwerer. ₈

Das Schwerste: immer wieder entdecken, was man ohnehin weiß. ₉

Man müsste das System seiner Widersprüche finden, indem man ruhig wird. Wenn man die Gitterstäbe *sähe*, hätte man den Himmel dazwischen gewonnen. ₁₀

Es gibt keinen starken Wunsch, für den man nicht zahlen muss. Doch sein höchster Preis ist, dass er in Erfüllung geht. [11]

Es vergeht nicht, das täglich Gegessene, es singt wie die Männer im Feuer. [12]

Gott als Vorbereitung zu etwas viel Unheimlicherem, das wir noch gar nicht kennen. [13]

Feig, wirklich feig ist nur, wer sich vor seinen Erinnerungen fürchtet. [14]

Es ist merkwürdig, wie man der Wahrheit nur in den Worten näher kommt, denen man nicht mehr ganz glaubt. – Die Wahrheit als eine Wiederbelebung sterbender Worte. [15]

So sprechen, als wäre es der letzte Satz, der einem erlaubt wäre. [16]

Alles Geschehene fürchtet sein Wort. [17]

Die Bestandteile der Welt, die man liebt, und das Ganze, falsch Zusammengesetzte, das man verabscheut. [18]

Man braucht unendlich ferne Sätze, die man kaum versteht, als Halt über die Jahrtausende. [19]

Zehn Himmel übereinander, und in jedem die Engel *beredter*. [20]

Manches spricht man bloß aus, um es nicht mehr zu sehr zu glauben. [21]

Seine Erkenntnisse erscheinen ihm immer dann suspekt, wenn es ihm gelungen ist, sie vor jemand überzeugend zu verteidigen. [22]

Das Unbegreifliche, das jeder hinnimmt, als könne es eine heimliche Rechtfertigung enthalten. [23]

Die besten Gedanken, die einem kommen, sind erst fremd und unheimlich, und man muss sie erst vergessen, bevor man auch nur beginnt, sie zu begreifen. [24]

Die größte Anstrengung des Lebens ist, sich nicht an den Tod zu gewöhnen. [25]

Kann man durch Genauigkeit ruhig werden? Ist nicht eben Genauigkeit die höchste Unruhe? [26]

Das Hoffnungsvolle an jedem System: was von ihm ausgeschlossen bleibt. [27]

Die Wissenschaften beißen Stücke vom Leben ab und dieses verhüllt sich in Schmerz und Trauer. [28]

Den Hunger in den Kopf verlegen. [29]

Der Bittere muss sprühen, vertrocknet dient er zu nichts. Seine Funken müssen die Hoffnung enthalten, die er selbst nicht mehr duldet. 30

Es ist sehr wichtig, was einer zum Schluss noch vorhat. Es gibt das Maß des Unrechts seines Todes. 31

Den Schluss verschleiern oder verschärfen: einzige Wahl. 32

Er erkannte die Wirkung seiner Worte und verlor darüber die Sprache. 33

Das Furchtbare sind nicht die Widersprüche, sondern ihre allmähliche Entkräftung. 34

Man ist nur frei, wenn man nichts will. Wozu will man frei sein? 35

Auf die Sprünge im Menschen kommt es an, wie weit er es *in sich* hat vom einen zum anderen. 36

Es lassen die Atemzüge sich nicht zu Schlüssen verdichten. 37

Der Gedankenheuchler: immer wenn eine Wahrheit droht, versteckt er sich hinter einem Gedanken. 38

Auf einem ganz bestimmten Vorsprung zwischen Gefahr und Gehobenheit lässt er sich nieder: da, nirgends anders, darf er schreiben. 39

Er zog sich zu Draht aus und flocht sich zum Käfig. 40

Seit er es alles vergisst, weiß er viel mehr. 41

Schreiben, bis man das eigene Unglück nicht mehr glaubt, im Glück des Schreibens. 42

Denk viel. Lies viel. Schreib viel. Äußere dich zu allem, aber *schweigend*. 43

Sie haben uns gesehen. Wir werden es nie erfahren. 44

Trauer, *obwohl* es vergeblich ist? Wäre das ihr Sinn? 45

Man braucht Zeit, um sich von falschen Überzeugungen zu befreien.
Geschieht es zu plötzlich, so *schwären* sie weiter. 46

Mehr, mehr, mehr, am wenigsten. 47

Die Schönheit des Vergessenen, bevor es sich offenbart. 48

Die Schlauheit des Vergessens: es soll etwas Besseres daraus werden. 49

Mit jedem neuen Geschöpf derselbe Versuch, als gäbe es keine Erbschaft. Der herrliche Wahnsinn des Menschen. 50

Es kommt nicht darauf an, wie neu ein Gedanke *ist*; es kommt darauf an, wie neu er *wird*. 51

In Dolchen schreiben oder in Atemzügen? 52

Er ertappt sich bei jedem Gefühl. 53

Inzwischen hatten sich die Götter heimlich umbenannt. 54

Unerträglich ein Leben, von dem man zu viel weiß. 55

Lesen, bis man keinen Satz mehr versteht, das erst ist Lesen. 56

Er legte die letzte Angst ab und starb. 57

Keine Schrift ist geheim genug, dass der Mensch sich wahrhaftig in ihr äußerte. 58

Es wird nie ein Denker aus ihm: er wiederholt sich zu selten. 59

Von Zeit zu Zeit wäscht er die Fetzen seines Lebens. 60

Es ist leicht, vernünftig zu sein, wenn man niemand, auch sich selber nicht, liebt. 61

In einzelnen Sätzen ahmt man am wenigsten nach. Schon zwei Sätze beisammen sind wie von jemand anderem. 62

Er bemüht sich, immer weniger zu wissen, und muss dazu eine Menge lernen. 63

Die Klugen klagen sich glücklich. 64

Die Entwicklung eines Menschen besteht hauptsächlich aus den Worten, die er sich *abgewöhnt*. 65

Man hasst sich nie mehr, als wenn man fühlt, dass man vergeblich sein Bestes hergezeigt hat, und dann, nur dann will man wirklich sterben. 66

Von Nebel zu Nebel größere Klarheit, bis er im Nebel der höchsten Klarheit ganz aufgeht und verschwindet. 67

Der Glückliche, dessen Bedenken sich *betrinken*. 68

Hätte er die Zeit genützt, es wäre nichts aus ihm geworden. 69

Prophezeiungen, die eingetroffen sind, misstraut er am meisten. 70

Finde die Schmerzen, die du *bereitet* hast, die erlittenen bewahren sich, ohne dass du dich einmischst. 71

Das Zaumzeug der Worte. Es soll sie leicht schmerzen, aber so, dass sie dafür noch dankbar sind. 72

Das Schlimme ist nicht, etwas zu *sein*, sondern immer dafür zu gelten. 73

Wie lächerlich, dass man geliebt sein will und *sich kennt*. 74

Wenn diese Intelligenz, die der Mensch nun einmal hat, überhaupt etwas bedeutet, dann sicher, dass sie alles, was sie ansieht, anficht. 75

Es bleibt wenig übrig von dem, was man sich jung erträumt. Aber das Gewicht dieses Wenigen! 76

Am meisten sehnt er sich nach den Menschen, die er am schwersten ertrug. 77

Die meisten Menschen, sagte er, seien Sklaven eines alten, ihnen nicht bekannten Unglücks. 78

Ich kann gar nicht sagen, wie gleichgültig es mir wird, ob ich *bestehe*. Ich will finden, was ich ahne, das ist alles. 79

Die Gestalt eines Menschen ohne jede Hoffnung ist undenkbar. Was ist Hoffnung? Hoffnung ist das Wissen um kommende Atemzüge, solange sie nicht gezählt sind. 80

Was er verlieren könnte, wirft er weit von sich, damit es ihm erhalten bleibe. 81

Manchmal rücken die Dinge so nahe zusammen, dass sie sich aneinander entzünden. Diese Erleuchtung der Nähe ist es, für die man lebt. 82

Das Furchtbarste so sagen, dass es nicht mehr furchtbar ist, dass es Hoffnung gibt, weil es gesagt ist. 83

Die Meisten sagen »Gott«, um sich vor sich selber zu verbergen. 84

Wie viel man denkt, das man nie begreifen wird! 85

Es hilft einem gar nicht zu wissen, dass es keine Lösung gibt, wenn es um das einzige Problem geht. 86

Klarheit, aber nicht auf Kosten des Lebens, das unklar endet. Es wäre nämlich auch nicht besser, wenn man wüsste, dass es in etwas mündet. 87

Ein Schlaf, so lang, dass man nur noch zu einem Traum erwacht. Aber in diesem Traum dann ein volles Leben. 88

Es soll nichts zu Erkenntnis werden, was einen nicht erbarmungslos gequält hat. Alle anderen Einsichten haben mathematischen oder technischen Charakter. Ihre Folgen ereilen uns, weil wir sie nicht erlitten haben. 89

Ein unausführbarer Befehl, der für ein ganzes Leben ausreicht. 90

Alle vergeblichen Worte wiederfinden und vor Scham in ihnen ertrinken. 91

Wie oft müsste man jede Figur wiedererfinden, selbst solche der Erinnerung, um der Wahrheit nahezukommen? 92

Verloren, wer nicht liebt, was er am wenigsten ist. 93

Aphorismen aus geschmolzenem Schweigen. 94

Wie wenig er weiß! Wie viel er *weggedacht* hat! 95

Man spielt mit Gedanken, damit sie sich *nicht* ineinanderfügen. 96

Muss man ein Wort missbrauchen, um es zu entdecken? 97

Die Unangepassten sind das Salz der Erde, sind die Farbe des Lebens, sind *ihr* Unglück, aber unser Glück. 98

Die Last der verschwendeten Ideale, Waggonladungen voll, gefährlich wie Waffen. 99

Wer zu viel sagt, von dem vergisst sich noch das Wenige, das bleiben könnte. 100

Man zahlt viel für die falsche Bemalung des Glücks. 101

Was ist furchtbarer, als mit seiner Zeit zu gehen? Was ist tödlicher? 102

Es sind nicht die tiefsten Gedanken, die am längsten auf die Welt wirken. 103

Er schlug sein Bett zwischen zwei Worten auf, so ging er im Traum nicht verloren. 104

Der Eroberer findet nicht mehr aus der Landkarte zurück. 105

Auf das Verhältnis von Lachen und Staunen allein kommt es an. 106

Stanisław Jerzy Lec
(1909–1966)

Das schwächste Glied einer Kette ist ihr stärkstes. An ihm reißt die Kette. 1

Schrecklich sind die Schwächen der Gewalt. 2

Wie übt man das Gedächtnis, um vergessen zu lernen? 3

Ohne die Kenntnis der fremden Sprache wirst du niemals das Schweigen des Ausländers verstehen können. 4

Dass er starb, ist noch kein Beweis dafür, dass er gelebt hat. 5

Auch zum Zögern muss man sich entschließen. 6

Manchmal muss man verstummen, um erhört zu werden. 7

Der Mensch wächst mit dem Preis, den er zahlt. 8

Liebet eure Feinde, vielleicht schadet das ihrem Ruf. 9

Die Geschichte eines Gedankens ist in ihm selbst enthalten. 10

Imitieren wir den Schein durch die Wirklichkeit. 11

Niemals kann die Welt jenen vergeben, die nichts verschuldet haben. 12

Der Mensch sucht die Wahrheit, um sie noch tiefer zu verbergen. 13

Ich hätte viele Dinge begriffen, hätte man sie mir nicht erklärt. 14

Der Gedanke ist unsterblich, vorausgesetzt, dass er stets neu geboren wird. 15

Ein Wort genügt – der Rest ist Geschwätz. 16

Selbst wenn der Mund sich schließt, bleibt die Frage offen. 17

Was unvorstellbar ist, kann immerhin käuflich sein. 18

Stanisław Jerzy Lec   173

Das Begreifen mancher Werke gleicht ihrem Erschaffen. 19

Feile an deinem Gedanken; vielleicht ist das eine Art zu entkommen. 20

Ich kenne Folgen, die sich jedes Jahr eine neue Ursache erfinden. 21

Hütet euch vor Themen, von denen ihr nicht loskommt. 22

Die Welt zu Ende denken? 23

Zögere nicht: warte! 24

Wenn alle Wörter verbraucht sind, beginnen Mensch und Mensch sich zu verstehen. 25

Man bringt keine Götter um, an die man nicht glaubt. 26

Die Angst eines Seiltänzers: in wessen Netz er fallen könnte. 27

Es ist nicht gut, an den Menschen zu glauben; es ist besser, sich seiner sicher zu sein. 28

Unterlassene Handlungen ziehen oft einen katastrophalen Mangel an Folgen nach sich. 29

Die Kunst musste, um realistisch zu werden, den Menschen zunächst entstellen. 30

Er war unnachgiebig. Er zwang sich zum Kompromiss. [31]

Die meisten Formen hat die Abstraktion. [32]

Die Welt entfernt sich von uns in immer reizvolleren Metaphern. [33]

Auch das Gute hat zwei Seiten. Eine gute und eine böse. [34]

Auch die Technik wird sich ihre Mythologie zu erfinden wissen. [35]

Ob sich ein Mensch ohne Phantasie die Wirklichkeit vorstellen kann? [36]

Und doch hat die Feigheit den Mut zu existieren! [37]

Rette das Ziel, triff daneben! [38]

Ich höre die Zwischenrufe zwischen der einen Stille und der andern. [39]

Jede präzise Definition der Welt muss ein Paradox sein. [40]

Das Echo des Schweigens ist unüberhörbar. [41]

Professionelle Betrüger verkaufen die Wahrheit als Lüge. [42]

Auch Massen können der Einsamkeit verfallen. [43]

Es ist nicht ausgeschlossen, zwischen dem einen Gedanken und dem anderen – glücklich zu sein. 44

Was man nicht einfach sagen darf, darf man auch nicht einfach verschweigen. 45

Wie viele Wörter es doch gibt, aus denen die Menschen vertrieben wurden! 46

Was keinem Zweifel unterliegt, besiegt diesen nie. 47

E. M. Cioran
(1911–1995)

Du bist gezwungen, über alles – und vor allem über die Einsamkeit – bejahend und verneinend *zugleich* zu denken. 1

Wer sich sein Leben lang in Hellsicht übt, wird zum *Klassiker* der Verzweiflung. 2

Unglück ist der poetische Zustand schlechthin. 3

Gott ist der allerletzte Versuch, unser Verlangen nach Schlaf zu stillen … Sooft unserer Erschöpfung Flügel wachsen, wird er zum Nest. 4

Der Tod ist das Erhabene, das jedem zu Gebote steht. 5

Nur indem du dein Unglück durch Gedanken und Tat mehrst, kannst du Lust und Geist darin aufspüren. 6

Die Erkenntnis tötet den Lebensirrtum der Liebe, und die Vernunft errichtet das Leben auf den Trümmern des Herzens. 7

Wenn alle Gedanken im Blut ertrinken, wird der Philosoph zum Anwalt des Herzens. 8

Irrsinn ist Einführung der *Hoffnung* in die Logik. 9

Nachdem du die Täuschungen des Lebens ausgekostet hast, dehnen sich die Enttäuschungen sanft wie Öl aus, und das Wesen legt die Pracht der Vergänglichkeit an.
Dann bedauerst du, nicht mehreren Illusionen verfallen zu sein, um dich in der Betrübnis ihrer Abwesenheit zu wiegen. 10

Grauen ist Zukunftsgedächtnis. 11

Die Nähe zur Ekstase ist das einzige Kriterium für eine Hierarchie der Werte. 12

Wer irgendeine sichere Meinung über irgendein beliebiges Ding hat, beweist damit, dass er keinem der Geheimnisse des Seins nähergerückt ist.
Der Geist ist wesentlich für-wider das Sein. 13

Ein Gedanke muss befremdlich sein wie die Ruine eines Lächelns. 14

Den Aphorismus kultivieren nur diejenigen, die das Bangen *inmitten* der Worte kennengelernt haben, jenes Bangen, mit *allen Worten* zusammen einzustürzen. 15

Für den, der den Tod *eingeatmet* hat, wie fade die Gerüche des Wortes! 16

Mit List und Tücke streiche ich um die Tiefen herum, klaue ihnen einige Schwindelgefühle und verdufte, Gauner des Abgrunds. 17
Wir alle sind Possenreißer: wir *überleben* unsere Probleme. 18

Der Hauptmangel der Philosophie liegt darin, dass sie zu *erträglich* ist. 19

Einzig das Grauen, diese schwarze Utopie, liefert uns eine genaue Vorhersage der Zukunft. 20

Zwischen Überdruss und Überschwang entrollt sich unsere ganze Erfahrung der Zeit. 21

Die Skepsis, die nicht zur Zerrüttung unserer Gesundheit beiträgt, ist nur ein intellektuelles Exerzitium. 22

Die Schöpfung war der erste Sabotageakt. 23

Der Augenblick, wo wir glauben, alles verstanden zu haben, gibt uns das Aussehen eines Mörders. 24

Unsere Schreckbilder abschwächen, sie in *Zweifel* verkehren, – eine List, die uns die Feigheit eingibt, diese Skepsis für den Hausgebrauch. 25

Wenn man begriffen hat, dass nichts ist, dass die Dinge nicht einmal den Status des Anscheins verdienen, so hat man nicht mehr nötig, gerettet zu werden, man ist *auf alle Zeit* gerettet und unglücklich. 26

Die Obsession des Selbstmordes ist charakteristisch für den, der weder leben noch sterben kann, und dessen Aufmerksamkeit sich niemals von dieser doppelten Unmöglichkeit entfernt. 27

Hin- und hergezerrt in jedem Augenblick zwischen der Sehnsucht nach Sintflut und dem Rausch der Routine. 28

Man verlangt von uns Taten, Beweise, Werke, und alles was wir vorweisen können, ist verwandeltes Weinen. 29

Jeder Beginn einer Idee entspringt einer unmerklichen Verletzung des Geistes. 30

Leiden heißt Erkenntnis *produzieren*. 31

Ob man das Individuum oder die Menschheit insgesamt betrachtet, man darf Weitergehen nicht mit Fortschreiten verwechseln, es sei denn, ein Weitergehen dem Tod entgegen sei ein *Fortschritt*. 32

Jede fruchtbare Idee gerinnt zur Pseudo-Idee, verkommt in Glauben. Nur eine sterile Idee bewahrt ihren Rang als Idee. 33

Ein erfülltes Leben ist bestenfalls ein Gleichgewicht zwischen Unzuträglichkeiten. 34

Manchmal denkt man, dass es besser ist, sich zu verwirklichen, als sich gehenzulassen, manchmal denkt man das Gegenteil. Und in beiden Fällen hat man vollständig recht. 35

Die Skepsis ist der *Glaube* der schwankenden Geister. 36

Es gibt nur ein Zeichen, das bestätigt, dass man alles verstanden hat: *grundlos* weinen. 37

Wir sind am Grund einer Hölle, von der jeder Augenblick ein Wunder ist. 38

Ich möchte frei sein, aufs Äußerste frei. Frei wie ein Totgeborener. 39

Klarsicht ist das einzige Laster, das frei macht – frei *in einer Wüste.* 40

Das sicherste Mittel, sich nicht zu täuschen: eine Gewissheit nach der andern zu unterminieren.
Dennoch bleibt, dass alles, was zählt, *außerhalb* des Zweifels getan wurde. 41

Je mehr sich die Menschen von Gott entfernen, desto mehr schreiten sie in der Kenntnis der Religionen fort. 42

Je mehr man von der Zeit verletzt ist, desto mehr möchte man ihr entrinnen. Eine fehlerlose Seite schreiben, auch nur einen fehlerlosen Satz, das erhebt einen über das Werden und den Zerfall. Man transzendiert den Tod, indem man das Unzerstörbare vermittels des Wortes, dieses eigentlichen Symbols der Hinfälligkeit, sucht. 43

Gegenüber jedwelchem Erlebnis tritt der Geist als Spielverderber auf. 44

Eine unablässig durch das Scheitern verklärte Existenz. 45

Nur das dauert, was in der Einsamkeit konzipiert wurde, im *Angesicht Gottes*, ob man glaubt oder nicht. 46

Nicht die Angst, etwas zu unternehmen, die Angst, es zu erreichen, erklärt manch ein Scheitern. 47

Ein Buch ist ein aufgeschobener Selbstmord. 48

Der *Fortschritt* ist nichts anderes als die Ungerechtigkeit, die sich jede Generation gegen die ihr vorangegangenen zuschulden kommen lässt. 49

Überzeugungen hat nur, wer nichts vertieft hat. 50

Das ideale Wesen? Ein vom Humor verwüsteter Engel. [51]

Die Schrecken der Wahrheit über uns selbst gehen über das hinaus, was man ertragen kann. Wer sich nicht selber belügt – vorausgesetzt, es gäbe ein solches Wesen –, wie ist der zu beklagen! [52]

Der letzte Schritt auf dem Weg zur Gleichgültigkeit ist die Zerstörung der Idee der Gleichgültigkeit selber. [53]

Alles durchschaut haben und dennoch am Leben bleiben – es gibt keinen unmöglicheren Zustand. [54]

Der Schrecken vor der Zukunft pfropft sich immer auf den *Wunsch*, diesen Schrecken zu erleben. [55]

Existieren ist ein Plagiat. [56]

Diese misslungenen Alpträume, diese Alpträume, die sich mangels neuer Katastrophen hinziehen, ausdehnen. Aus Interesselosigkeit aus dem Schlaf auffahren! [57]

Nur noch Dinge ersinnen, über die man gern im Grab nachgrübeln würde. [58]

Die Grundlage der Gesellschaft, jeder Gesellschaft, ist ein gewisser *Stolz, zu gehorchen*. Wenn dieser Stolz nicht mehr vorhanden ist, bricht die Gesellschaft zusammen. [59]

Man ist und bleibt so lange ein Sklave, bis man vom Hoffnungs-wahn geheilt ist. 60

Wir befinden uns alle im Irrtum, ausgenommen die Humoristen. Sie allein haben gleichsam spielerisch die Nichtigkeit all dessen, was ernst ist, und sogar all dessen, was frivol ist, durchschaut. 61

Mit Recht vermeint jede Epoche, dem Schwinden der letzten Spuren des irdischen Paradieses beizuwohnen. 62

Je weiter der Mensch fortschreitet, umso weniger Dinge wird er finden, zu denen er sich bekehren kann. 63

Die Tyrannei bricht oder stärkt das Individuum; die Freiheit ver-weichlicht es und macht es zum Hampelmann. Die Hölle ist für den Menschen heilsamer als das Paradies. 64

Die Religionen wie die Ideologien, die deren Laster geerbt haben, laufen auf Kreuzzüge gegen den Humor hinaus. 65

Jedes Mal, wenn mir die Zukunft lebbar vorkommt, habe ich das Gefühl, die *Gnade* hätte mich heimgesucht. 66

Eine Empfindung muss schon sehr tief gefallen sein, damit sie geruht, sich in eine Idee umzuwandeln. 67

Die Aufgabe eines jeden ist, die Lüge, die er verkörpert, ganz durchzuführen, es dahin zu bringen, nur noch eine erschöpfte Il-lusion zu sein. 68

Die Entsagung ist die einzige Form von Bestätigung, die nicht erniedrigend ist. 69

Die Tatsache, dass das Leben keinen Sinn hat, ist ein Grund, um zu leben. Übrigens der einzige. 70

Die Erlösung kennt kein größeres Hindernis als das Lechzen nach Scheitern. 71

Durch das Sterben wird man zum Herrn der Welt. 72

Von allem, was uns leiden macht, verleiht nichts so sehr das Gefühl, endlich das Wahre zu berühren, wie die Desillusion. 73

Nicht durch Genialität, durch das Leiden und allein dadurch hört man auf, eine Marionette zu sein. 74

Die Existenz ließe sich rechtfertigen, wenn jeder sich so benehmen würde, als sei er der letzte der Lebenden. 75

Alles, was sich klassifizieren lässt, ist vergänglich. Überdauern kann nur das, was mehrere Deutungen duldet. 76

Nicht wissen, in welche Richtung man gehen soll, und also das diskontinuierliche Denken bevorzugen, Spiegelbild einer in Scherben zersprungenen Zeit. 77

Nicolás Gómez Dávila
(1913–1994)

Mehr als die Erkenntnis bringt die Tat den Menschen seinem wahren Wesen nahe. [1]

Was wir suchen, macht unsere Größe aus, und was wir finden, unsere Mittelmäßigkeit. [2]

Kein Mensch erweckt so sehr unseren Hass wie jener, der die Versprechen erfüllt, die wir uns selbst an der Schwelle des Lebens gegeben haben. [3]

Die Genauigkeit der Ideen ist so schwierig wie die Einfachheit der Gefühle. [4]

Die Menschheit geht von der Mittelmäßigkeit zum Grauen und vom Grauen zur Mittelmäßigkeit über. [5]

Wir müssen unsere ganze Hoffnung auf Gottes Ungerechtigkeit setzen. [6]

Ein fortdauernder Irrtum wird der Wahrheit ähnlich. [7]

Ein Humanist ist jener, der nicht zulässt, dass seine Handlungen andere Gründe als die tiefsten Bedürfnisse seines Wesens haben. [8]

Die Dinge verführen uns durch die Träume, die sie ermöglichen. 9

Die Augenblicke vollkommenen Glücks sind die Augenblicke vollkommener Verfügbarkeit. 10

Es lohnt sich nicht, jene Dinge zu lernen, die man uns lehren kann. 11

Jede Kultur unterwirft sich, um sich zu bereichern, und lehnt sich auf, um zu bereichern. 12

Der Konflikt ist der Vater der Idee. 13

Was nicht danach strebt, sich zu zerstören, ist nicht vervollkommnungsfähig. 14

Es wird der Erziehung nie gelingen, das Höchste zu erreichen, doch vielleicht gelingt es ihr, das Niedrigste zu verhindern. 15

Nichts kann die Erinnerung daran, was wir nicht waren, aufheben. 16

Die Tugend tröstet uns über die Laster hinweg, die uns nicht erreichbar sind. 17

Unruhe entsteht aus dem übertriebenen Glauben an die Beständigkeit der Dinge. 18

Was die Vernunft erschöpfend behandeln kann, entbehrt des Lebens. [19]

Jede Liebe liebt zuerst, was sie bevorzugt, bis sie schließlich bevorzugt, was sie liebt. [20]

Nur die Leidenschaft, die nichts von der unvermeidlichen Mittelmäßigkeit des von ihr Ersehnten weiß, ist der Größe fähig. [21]

Dass jemand von uns abhängt, kann genügen, um uns zu retten. [22]

Die Echtheit des Gefühls hängt von der Klarheit der Idee ab. [23]

Alles, was begeistert, erlöst. [24]

Die Vergebung ist die sublime Form der Verachtung. [25]

Was nicht kompliziert ist, ist falsch. [26]

Was die Vernunft für unmöglich hält, ist das Einzige, was unser Herz erfüllen kann. [27]

Der Skeptizismus ist die Demut der Intelligenz. [28]

Die Realität des 20. Jahrhunderts ist weniger erschreckend als die Ideale, mit denen es sie zu berichtigen hofft. [29]

Glücklich die Revolutionäre, die den Triumph der Revolution nicht erleben. [30]

Die moderne Tragödie ist nicht die der besiegten, sondern die der triumphierenden Vernunft. [31]

Meinungen zu haben, ist die beste Methode, der Verpflichtung zum Denken auszuweichen. [32]

Nach Jahrtausenden der Literatur müssten wir wissen, dass die Wahrheit weniger wichtig ist als das Talent, mit dem ein Schriftsteller sich irrt. [33]

Die Politik ist nicht die Kunst, die besten Lösungen durchzusetzen, sondern die schlechtesten zu verhindern. [34]

Die Menschen sind weniger gleich als sie sagen und mehr als sie denken. [35]

Der moderne Mensch fürchtet das destruktive Potential der Technik, wo es doch ihr konstruktives Potential ist, das ihn bedroht. [36]

Die wirklichen Probleme haben keine Lösung, sondern Geschichte. [37]

Unser Elend rührt weniger von unseren Problemen her als von den Lösungen, die sich für sie eignen. [38]

Die verhängnisvollsten Irrtümer kann nur der erkennen, der sie begeht. [39]

Alles, was den Menschen fühlen lässt, dass das Geheimnis ihn umhüllt, macht ihn intelligenter. [40]

Wer ein Individuum mit sich selbst versöhnt, erniedrigt es. [41]

Ohne etwas zu analysieren, verstehen wir es nicht.
Bilden wir uns aber nicht ein, verstanden zu haben, weil wir analysiert haben. [42]

Für den, der nicht seine eigene Syntax mitbringt, ist das Universum ein nutzloses Wörterbuch. [43]

Nichts ist wichtiger als die Methode. Wir müssen sie ab und zu wechseln. [44]

Das alarmierendste Symptom der Dekadenz ist der Niedergang der Heuchelei. [45]

Die Wahrheit mag den Ausschlag geben.
Aber nur der Stil rettet. [46]

Die Generationen unterscheiden sich weniger durch die Lösungen, die sie finden, als durch jene, die sie suchen. [47]

Die Botschaft tötet die Kunst und das Dekorative begräbt sie. [48]

Wer alles verzeiht, weil er alles versteht, hat bloß nichts verstanden. 49

Das Fragment umfasst mehr als das System. 50

Philosophieren heißt nicht Probleme lösen, sondern sie auf einem bestimmten Niveau leben. 51

Das genuine Denken erkennt seine Prinzipien erst am Ende. 52

Die Paläste werden auf den Trümmern der Träume errichtet. 53

Wenn die Worte auch nichts ersetzen, so können doch sie allein alles vollenden. 54

Für das Wichtige gibt es keine Beweise, nur Zeugnisse. 55

Die Erkenntnis gründet auf klugen Ahnungen, nicht auf unumstößlichen Gewissheiten. 56

Unzählige Probleme rühren von der Methode her, mit der wir sie zu lösen versuchen. 57

Ohne den doppelten Arm des Paradoxes ist der Verstand nicht fähig, erlesene Wahrheiten an der Wurzel zu packen. 58

Die Ideen verwittern in aseptischen Gesinnungen. 59

Die Idee spiegelt den Geist, der sie ansieht. 60

Die klügsten Gedanken entspringen einem einmaligen und kurzen Erlebnis. 61

Die Synthese sollten wir Gott überlassen. 62

Vertrauen wir nicht auf den Geschmack desjenigen, der nicht zu verachten versteht. 63

Die Unmöglichkeit, Lösungen zu finden, lehrt uns, dass wir uns der Aufgabe widmen müssen, die Probleme zu veredeln. 64

Die Lösung verleiht dem Problem eine komplexe Struktur. 65

Der Mythos korrigiert die Präzision des Begriffs. 66

Um Verwirrung zu stiften, ist die Vieldeutigkeit nicht nötig, es genügt die Klarheit. 67

Perfektionieren wir die Vermessenheit unserer Ideen. 68

Die Menschheit sieht mit Schrecken, wie der Fortschritt dabei ist, unheilbar zu werden. 69

Der Preis für einen allzu scharfen Intellekt ist gewöhnlich eine übermäßig stumpfe Seele. 70

Der Mensch ist heute frei wie ein verirrter Reisender in der Wüste. 71

Die wahrhaften Belohnungen besitzen das Privileg, nur von einer verschwindend geringen Minderheit begehrt zu werden. 72

Die Botschaft der Kunst liegt nicht in dem, was sie sagt, sondern in dem, was sie ist. 73

Die Hölle ist der Ort, an dem der Mensch all seine Vorhaben verwirklicht findet. 74

Die politischen Irrtümer, die am leichtesten zu verhindern sind, werden am häufigsten begangen. 75

Zielen wir hoch, dann gibt es kein Publikum, das beurteilen kann, ob wir getroffen haben. 76

Nichts, was sich addieren lässt, hat ein Ende in Fülle. 77

Was die Imagination nicht vervollständigt, ist bloßes Fragment der Wirklichkeit. 78

Verstehen dürfte darin bestehen, zu verstehen, dass wir nicht verstanden haben, was zu verstehen wir geglaubt haben. 79

Es gibt Unwissenheiten, die den Geist reich machen, und Kenntnisse, die ihn arm machen. 80

Unter den Händen des Individuums, das nichts als intelligent ist, wird die Wahrheit unfruchtbar. 81

Wer ein System erfunden hat, wird von der Nachwelt gefeiert. Wiedergelesen wird, der sich hütete, es zu tun. [82]

Der Beweis einer Wahrheit vermag nie zu garantieren, dass ihre Aneignung ein Wagnis birgt. [83]

Zuerst befreit jede Erfindung, dann versklavt sie. [84]

Es gibt Individuen, von denen wir selbst dann nicht lernen dürfen, wenn sie uns etwas zu lehren haben. [85]

Das Individuum zu erziehen heißt es lehren, den Ideen zu misstrauen, die ihm einfallen. [86]

Eine These erreicht ihre Klarheit erst, wenn ein intelligenter Mensch sie darstellt, der nicht an sie glaubt. [87]

Was in der Philosophie nicht Fragment ist, ist Betrug. [88]

Wiesław Brudziński
(1920–1996)

Auf den Knien kommt man unter Umständen sehr weit. [1]

Am schwersten findet man den Weg zu den Wegweisern. [2]

Verstand sieht jeden Unsinn, Vernunft rät, manchen davon zu übersehen. [3]

Es gibt zwei Arten von Deserteuren; solche, die gehen, wenn man hätte bleiben müssen, und solche, die bleiben, wenn man hätte gehen sollen. 4

Flüchte nicht vor der Wirklichkeit – du wirst sowieso an der Grenze der Vorstellungskraft festgenommen. 5

Was nützt es, dass du die Schlacht gewinnst, wenn du am Vortage den Geschichtsschreiber beleidigt hast? 6

Nachricht: »Ich warne vor Scylla. Charybdis.« 7

Ich kapituliere – aus Furcht vor dem Sieg. 8

Er ist seinen Prinzipien treu – bis zu ihrem Tode. 9

Wählt stets das kleinere Übel, hebt euch das größere auf für den Notfall. 10

Sei nicht so misstrauisch – wittere nicht überall einen Sinn! 11

Manchmal hängt alles davon ab, ob du eloquent genug bist, die anderen glauben zu machen, dass du schweigen kannst. 12

Er beichtete nur solche Sünden, von denen er wusste, dass sie zu Tugenden avancieren würden. 13

Aus dem Kampf um die Niederlage, die andere ihm streitig machen wollten, kam er siegreich hervor. 14

Er brauchte seine Ansichten nicht zu ändern – die Ansichten änderten ihn. 15

Zwei Arten von Wohltätern: solche, die die Gefallenen aufheben, und solche, die ihnen lieber Gesellschaft leisten. 16

Warum sträubst du dich, für fremde Schuld zu leiden? Vielleicht ist sie kleiner als die deine? 17

Wie wird man seine unvergesslichen Erlebnisse los? 18

Die Untersuchung ergab keinen Erfolg: die Opfer bekannten sich nicht zum Unrecht, das ihnen geschah. 19

Begehe Fehler, die Zukunft haben! 20

Befolge nur den Rat wirklich Weiser. Wie man sie erkennt? Ganz einfach: sie geben keine Ratschläge. 21

Sei tolerant zu fremden Ansichten, selbst wenn sie früher einmal deine waren. 22

Prekäre Fragen muss man beantworten, bevor sie gestellt werden. 23

Guido Ceronetti
(1927–2018)

O Skeptiker, o Septiker. [1]

Das Leben sehnt sich im Geheimen (aber manchmal schreit es das auch hinaus), nicht mehr zu sein. [2]

Diese elenden Löcher und Hütten, die wir sind, bewohnt ein okkultes Gesicht, das keine Ähnlichkeit mit uns hat. [3]

Die Unmenschlichkeit der Zukunft erlaubt es, ihre Unmöglichkeit vorauszusehen. Von einem bestimmten Grad der Unmenschlichkeit an, dem wir recht nahe sind, kann nichts mehr geschehen, was den Menschen beträfe, denn es wird kein Mensch mehr da sein. Den Nicht-Menschen, der – vielleicht – diesen Exzessen des Unmenschlichen standhalten könnte, interessiert der Mensch, der wir noch sind, nicht. [4]

Entweihen ist ein leichtes Geschäft; darum muss es uns anwidern. [5]

Unser armseliges Leben als Zeugen des Endes. Was kann man tun? Standfestigkeit im Schweigen, Selbstmord oder Unterwerfung. [6]

Mit der Kunst ist es vorbei, seit die Künstler keine Geschlechtskrankheiten mehr haben. [7]

Der Mensch ist ein gefallener Dämon. [8]

Es gibt ein Aufbauen, das sehr viel schädlicher als jegliches Zerstören ist. [9]

Das Heilige macht Angst. Aber auch seine Abwesenheit, auch die entheiligte Welt ohne Regeln, ohne Verbote. Frei können wir nicht existieren. Man muss wählen, was einem mehr Trost spendet. [10]

Eine Sophia, die vorübergeht, ein Licht, das leidet: mit diesem Geheimnis leben. [11]

Die innere Wahl des Menschen wird immer für eine leidenschaftliche Hölle anstelle eines faden Paradieses ausfallen. [12]

Wenn wir den Liebesgefühlen das Morbide nehmen, das wie ein Schmiermittel wirkt, werden sie nicht *gesund*, sondern steril, atrophisch, bewegt vom trockenen Wind der Grausamkeit. [13]

Der Zustand des Friedens zwischen den Nationen schließt den generellen Krieg des Menschen gegen alles nicht aus – ein perfekter Kreis, der natürlich auch den Menschen mit einschließt; darum leben wir in einem Frieden, der ein uferloses Gewimmel von Krieg ist, der nichts verschont, der alle mitreißt. [14]

Der Krieg heilt uns von den Wunden des Friedens, lässt aber seine Patienten in Massen sterben. [15]

Michail Genin
(1927–2003)

Wer will, der kann, und wer nicht kann, der soll nicht wollen. [1]

Nicht alles ist so schlimm, wie es scheint. Vieles ist noch viel schlimmer. [2]

Ideen leben, sobald für sie gestorben wird. [3]

Alle Menschen sind Brüder. Kain. [4]

Mancher scheint zur Intelligenz zu gehören, ist aber gar nicht so übel. [5]

Hätte der Bildhauer rechtzeitig alles Überflüssige abgeschlagen, bliebe von dem Denkmal nur der Sockel übrig. [6]

Das Gewissen quält mich schon lange nicht mehr. Offenbar hat es Mitleid. [7]

Lass dich nicht von schlechten Menschen betrügen. Es gibt doch so viele gute! [8]

Lieber fortgehen, ohne sich zu verabschieden, als sich verabschieden, ohne zu gehen. [9]

Brana Crnčević
(1933–2011)

Im Recht ist immer nur derjenige, der das nicht beweisen muss. [1]

Die Revolution frisst ihre Kinder nicht, aber die Erwachsenen sollten aufpassen. [2]

Wenn es einmal keine Opfer mehr gibt, werden sich die Henker gegenseitig umbringen. [3]

Ich kenne Musiker, die spielen, wie die andern tanzen. [4]

Der Tod müsste kürzer sein. Es zahlt sich nicht aus, für immer zu sterben. [5]

Ja, ja, ich weiß, viele würden mein Leben für ihre Überzeugungen geben. [6]

Wenn ich die Wahrheit hören will, stopf ich mir die Ohren zu. [7]

Niemand erwartet, dass auf der Jagd alle schießen. Ein paar müssen auch bellen. [8]

Das Leben ist unzufrieden mit den Menschen. [9]

Auch ein Schritt zurück kann Fortschritt sein. [10]

Elazar Benyoëtz
(geb. 1937)

Die Vernunft reicht nicht aus, sie genügt aber. [1]

Wer sich für einen Weg entschieden hat, ist schon ein Stück von ihm. Er geht in sich. [2]

Die Sprache ist das ferne Echo des Schweigens. [3]

Die Welt ändert sich nicht, es ändern sich nur die Wünsche, sie zu verändern. [4]

Wir sind nur ein Widerschein der Dinge, die wir lieben. [5]

Sobald dir deine Freiheit zum Maßstab wird, bist du gefangen. [6]

Je größer die Hoffnung, umso fruchtbarer die Enttäuschung. [7]

Bringe ich keinen Gedanken mehr gegen mich auf, ist meine Sache verloren. [8]

Sinn hat nur das Zwecklose. [9]

Man denkt darüber und versteht darunter. [10]

Wo der Wille nicht geschieht, gehen Wünsche in Erfüllung. [11]

Wie kann etwas wirklich sein, das kein Traum gewesen ist. [12]

Der Dichter schützt den Sinn der Worte vor ihren Bedeutungen. 13

Mit der Erfüllung beginnt die Vergänglichkeit. 14

Die Aufgabe des Denkens – denkbar machen. 15

Ein Wort lässt sich deuten, nicht aber eindeuten. 16

Nicht nur das Wort, auch der Sinn hat einen Klang. 17

Noch ehe wir den Mund zum Sprechen öffnen, öffnet die Sprache uns die Augen. 18

Wen Gott versuchen will, über den bringt er den Glauben. 19

Vollendet leben – sich seiner Endlichkeit ganz hingeben. 20

Eindeutiges Denken kann nur gutheißen, nicht wahrnehmen. 21

Behauptungen bedürfen des Geistes, Beweise nur des Scharfsinns. 22

Ein Gedanke, der sich in einem Satz erschöpft, ist beschränkt; ein Gedanke, der sich auf einen Satz beschränkt, ist unerschöpflich. 23

Gedanken sind heilsam, sofern sie verwunden. 24

Mein Ziel, dem ich ausgesetzt bin. 25

Was dich berührt, wirst du nicht begreifen. 26

Der Tod treibt durch uns seine Blüten. 27

Gehörig – mit Schweigen bedacht. 28

Man sieht nur die Folgen seines Tuns, nicht die Erfolge seines Lassens. 29

Mein Ziel – mein Ausweg. 30

Verscherze dir nicht die Gunst deiner Schwächen. 31

Wo bleibt die Rechnung, wenn sie aufgegangen ist? 32

Setzt sich die Bedeutung, erhebt sich der Sinn. 33

Was nicht zählt, wiegt. 34

Erreicht – verarmt. 35

Es schweigt sich leichter, als es sich sagen lässt. 36

Was sein will, darf nicht bleiben wollen. 37

Die großen Fragen sind nur ohne Antwort groß. 38

Nicht der Glaube, der Zweifel macht uns hoffen. 39

Verantwortlichkeit schließt alles Erdenkliche in sich ein, Verantwortung nur das Denkbare 40

Senke deinen Blick und behalte deine Welt im Auge 41

Das Wissen von Gott ist grenzenlos beschränkt 42

Ist Gott tot, dann ist die Welt sein Grab und ich bin seine Inschrift 43

Ich wünschte, meine Blindheit sehen zu können 44

Was im Feuer verbrennt, geht in den Flammen wieder auf 45

So viel Böses man in sich erobert und bezwingt,
so gut ist man 46

Ohne Sprache gäbe es alles
und weiter nichts 47

Die Worte umspähen die Dinge nur 48

Mit jeder Enttäuschung rücken wir unsrer Hoffnung näher 49

Zwei Gedanken, die einander ausschließen – zwei Sätze, die einander ergänzen 50

Man muss auch alle möglichen Fehler machen, um sein Möglichstes getan zu haben 51

Nur das Fruchtbare hat die Vergänglichkeit in sich 52

Man sucht, bis man findet, und verliert sich am Gefundenen 53

Der gefundene Gott ist der verlorene, nicht der gesuchte 54

Die Wahrheit ist bis auf ihre Splitter nackt 55

Man verzweifelt nicht, solange man zweifeln kann 56

Was du tun kannst, ist immer mehr, als du tun könntest 57

Der Mensch
wurzelt im Traum,
wächst in die Wirklichkeit,
verästelt sich in der Erinnerung 58

Entsprechung –
nicht Genauigkeit
ist das Ziel der Dichtung 59

In der Sprache
gibt es nicht Genaues,
nur Bestimmtes 60

Aphorismus –
ein Wort in Sinn getaucht;
ein Satz, mit Kunde behaftet 61

Der Aphorismus
nimmt den Widerspruch vorweg,
der Spruch setzt ihn voraus 62

Der Aphoristiker
schenkt dem Glauben Gehör,
dem Zweifel Gleichgewicht 63

Mit einem Wort erschaffen,
mit einem Satz verbucht 64

Das Eine
ist nur des Andern wegen wahr 65

Eine Trauerkerze
weihte mich
in die Sonne ein 66

Berühre ich die Erde,
begreife ich den Himmel 67

Man hat die Wahl,
die man trifft 68

Das Unhaltbare
wirkt am nachhaltigsten 69

Die Quelle des Falschen
ist die Folgerichtigkeit 70

Elazar Benyoëtz 205

Die Regel ist logisch,
die Ausnahme zwingend 71

Auf den Punkt gebracht,
das ist nicht weit genug 72

Ein reines Gefühl
wäre schon
ein klarer Gedanke 73

Das Maßvolle
ist nicht maßgeblich 74

Das Einleuchtende
ist ohne Glanz 75

Gerechtigkeit entsteht
widerfahrend 76

Dringt das Gute
in das Böse ein,
werden beide besser 77

Kriege gibt es überall dort,
wo für den Frieden
gekämpft wird 78

Nach Lösungen sucht,
wer Bindungen braucht 79

Sein Leben hinnehmen,
ist schon überleben 80

Wir sind die Letzten,
die noch wissen,
wovon sie schweigen 81

Das Wort tritt seinen Sinn wie eine Reise an 82

Wir wissen nicht, was ohne Sprache denkbar wäre 83

Man macht sich aus dem Staub und wird auf
ihn zurückgeführt 84

Die Rede geht
im Schweigen
vor Anker 85

Wird das Schweigen überhört
tanzen die Worte davon 86

Das Reich der Freiheit
steht nicht in den Sternen 87

Das Lassen zählt nicht,
es wiegt aber so viel
wie jede Tat 88

Peter Handke
(geb. 1942)

Mein Selbstbewusstsein ist erfüllt, wenn es mir gelingt, lakonisch zu sein 1

Ich bin meistens zu bewusst zum Traurigsein 2

Wenn ich mich anschaue, dann denke ich, ich dürfte wohl noch Angst haben, aber nicht mehr davon reden 3

Sich einen *anderen* Schmerz zufügen als Rettung 4

Die Kraft der Zärtlichkeit, die plötzlich den Widerstand auflöste, aus dem mein Ich bestand 5

Von der orthodoxen Wirklichkeit getötet 6

Ich dachte so lange nach, bis ich mich fühlte 7

Unterlegenheitsgefühl vor den Gesichtern ohne Sehnsucht 8

Ich warte geduldig auf die Gedanken, die ich nicht *will* – *die* erst zählen 9

Erlebnis von Geschichte, das heißt für mich: sich davon zu befreien, sich davon befreit zu haben 10

Harmlosigkeit eines Schriftstellers: Ausdruck einer (verheimlichten) Schuld 11

Ich habe zu lange warten müssen mit der Verwirklichung meines Gefühls: jetzt ist daraus eine gefühllose Idee geworden 12

Gedanken, die einen sanft skalpieren 13

Ich bin nur kritisierbar innerhalb der Idee, die ich von mir selber habe 14

Mein Unsterblichkeitsgefühl: ich werde nicht unsterblich sein, ich *war* ab und zu unsterblich 15

Lieber die Angst aushalten als die Gesellschaft? 16

Und doch macht die Zeit manchmal am Tag unvermutete Sprünge, wie wenn man eingenickt wäre 17

Lange Zeit ohne Angst: das Schuldgefühl der Wesenlosigkeit 18

Der Herzschlag wiegt mich, wie einen Irren oder einen Säugling 19

Er nahm einen Anlauf weit zurück ins Alleinsein, um zur Gesellschaft fähig zu sein 20

Das einzige wirkliche Lebendigkeitsgefühl: Teilnahme 21

Sanftheit: die zu Bewusstheit gewordene Energie 22

Der Schwindel der Zu-Ende-Denker 23

Auf den Grund aller Existenzen sinken (sich erdenschwer machen) 24

Das Innere (oder »Innerliche«) ist umso wirklicher, als ich es mir immer wieder erst erobern muss 25

Ein Augenblick der Wahrheit müsste dann, in der Kunst, viele andere aufleuchten lassen 26

Gehört es nicht zu einem guten Satz, dass er missverstanden werden kann? Auch als sein Gegenteil würde er überzeugen 27

Nimm den Leuten ihre täglichen Metaphern weg 28

Geborgen in seiner Schuld, hatte er keine Angst mehr 29

Ich kann nur die lieben, die eine unsichere Sprache haben; und die mir gefallen, deren Sprache will ich unsicher machen 30

Ideal wäre es, wenn die Phantasie zugleich kritisch wirkte 31

Es ist auch ein Schuldgefühl, niemanden zu begehren 32

Das Bedürfnis nach Schönheit muss veröffentlicht werden; es ist res publica 33

Käme zur Verzweiflung ein kleiner Schimmer hinzu, so wäre es die Verklärung 34

Das Geschriebene müsste so wahr sein, dass man weint 35

Gerade im Schmutzigsten, in der Sprache, ist, außerhalb der Kindheit, die Reinheit immer neu möglich, eingeschlossen die Reinigung 36

Wogegen die Phantasie sich sträubt, das kann nicht wahr sein, und wenn es noch so logisch ist 37

Aus der genauesten Reflexion dessen, was einmal war, wird erfunden, was immer ist 38

Kunst ist, was in der Seele weh *und* gut tut 39

Ihr habt die Welt immer nur interpretiert und verändert; aber es kommt darauf an, sie zu *beschreiben* 40

Trauer ist mir eine Denkweise: erlöstes Denken im Bewusstsein von Unlösbarem 41

Das Schreiben muss sich ereignen am Rand der Verzweiflung *und* am Rand der Seligkeit (aber immer nur am Rand); und die Worte dann müssen ans Wunderbare *grenzen* 42

Warum nicht für das Reden vom Menschen die Gestalt einer Blume zum Maßstab nehmen? 43

Peter Handke 211

Die Form erwartet mich (und euch); und sie geht durch und durch 44

Bleistift, Brücke nach Hause! 45

Künstlerische Intelligenz: Verstehen *und* Begriffsstutzigkeit 46

Inbild und Andacht sind das Gleiche 47

Einen Augenblick lang verstand ich den Baum, der »ohne weiteres« in der Zeit stand, und war dieses Stehen 48

Die Seele ist entweder ein furchtbares Ganzes, etwas für sich (Schwermut); oder ein wunderbares Nichts 49

Manchmal gelingt es, zu ruhen im Augenblick; dann entsteht, gleichwo, ein Raum 50

Die Leere offenhalten: das wäre die höchste Kunst 51

Die Gutes tun, wissen nicht, was ein Mensch ist, wohl aber die, die etwas Gutes machen 52

Nimm jeden Moment ganz ernst und halte dich bei nichts auf 53

Ein Erlebnis erscheint immer als Metapher (die Schrift braucht nicht gesucht zu werden) 54

Ich bin sicher, dass es keinen anderen Weg gibt als den meinen; aber manchmal weiß ich nicht, ob ich auf einem Weg bin 55

»Endlich wirklich!« – so müsste der Ausruf vor einem Kunstwerk sein 56

Warum suche ich auf den Schwellen immer die Schrift oder das Bild? Die Schwelle selbst ist ja schon Schrift und Bild 57

Beute deine paar Lebensträume schonend aus: dazu sind sie ja da 58

Du musst dich hinabbeugen zu den Dingen; zu hochgewachsen bist du für die Schöpfung, Menschenaffe 59

Es ist seltsam: Wer mir eine Wunde schlägt, schließt mir zugleich eine Wunde 60

Man kann lernen von jedem, der begeistert ist 61

Die Liebe ist schmerzhaft und führt zu nichts, und das ist ihre Herrlichkeit 62

An den Säulen des Tempels rüttelnd die Säulen erst entstehen lassen: Schreiben 63

Das Erd-Reich der Natur – das Welt-Reich der Schrift: Erdreich und Weltreich versöhnen 64

Nichts, außer der Trauer, trägt ganz die Welt in sich; nur die Trauer ... 65

Nur das Bild, nicht der Gedanke, erfüllt das Gehirn 66

Alles, was gegen die Zeit gemacht ist und Form gewinnt, ist un-
vergänglich 67

Botho Strauß
(geb. 1944)

Es schafft ein tiefes Zuhaus und ein tiefes Exil, da in der Sprache
zu sein. 1

Nichts, nichts sein als die einfache Geste, die der Hörende erfüllt.
Die hohle Geste. 2

Das Begehren rüttelt an den Grundfesten des Lebens: dem Trüb-
sinn und der Sammlung. 3

… dies alles wissen und dies Wissen auf sich beruhen lassen, war
eins. 4

Man spricht nur, um die Eisig-Stille zu erloten. Wie der Wal
singt, um im Echo Grenze und Widerstand seines Raums zu erfahren. 5

Und wären auch alle Geheimnisse erschlossen, so bliebe uns
noch immer die unergründliche Trauer. 6

Wissen ist konvertibel in Geheimnis. Wie alles Erfahrene wieder einschmelzbar zu Wunsch.
Allein die Poesie hält die Verknüpfung, welche selbst der ›komplexen Vernetzung‹ an Dichte überlegen ist. Die poetische Vernunft ist die Führerin des Wissens, das sich selbst erforschen will. 7

Was wollt ihr wissen? Plausibilitäten zerschnüren den Verstand. Wisst Scherben ...! 8

Welch ein anderes könnte dem Weltnetz denn begegnen als nur der Blitz, der es zerreißt? 9

Was wir sehen, ist durch Nähe versengt. Um jeden Preis muss man wieder entfernen, erhöhen, verschleiern. Was kann ich mir unerreichbar machen an meinem Nächsten? Was kann ich mir unerreichbar machen inmitten der Bedrängnis der zuhandenen Dinge, Redeweisen, Programme und Prognosen? 10

Das Leben hängt von großen Worten ab und wird meist unter Wert verhandelt. Es kann nur Übertreibungsversuche und gescheiterte Übertreibungsversuche geben. 11

Jedes Tabu ist besser als ein zerstörtes. 12

Die Zukunft gehört denen, die von allem befreit sind, was uns beschwerte. Man macht sich ja keine Vorstellungen, wie gut alles gehen wird, sobald wir vom Guten nichts mehr wissen. 13

Ein Arkadien der Arbeit wird man uns versprechen. 14

Es ist besser, nichts von der Welt zu wissen, als zu viel von ihr, das man nicht selbst erfuhr. 15

Je tiefer es einen nach Schönheit verlangt, umso unerträglicher erscheint alles Geschmackvolle. 16

So viel Vorgeschmack auf die Hölle.
So wenig Nachgeschmack vom Paradies. 17

Der Arme in einem armen Land trägt das Antlitz der Armut. Der Arme der Konsumbrüderschaft ist meist nur die unterste breithüftigste Charge ihres unförmigen Reichtums. 18

Zur verdammten deutschen Vergangenheit gehört das Unvergängliche der Verdammnis. 19

Die Einsamkeit ist erst erreicht, wenn das Herz in freier Luft ohne Kopf und ohne Rippe schlägt. 20

In dem Moment, wo nur noch der Anstand zählt zwischen Mann und Frau, wird er zwangsläufig verletzt. 21

Einen Menschen, den anderen, begreift man in der Sekunde oder nie. 22

Man wird noch eine Weile brauchen, bis man zum poetischen Kern unserer Kognition vorstößt. 23

Gegen zu viel Geschichte kommt nur Erscheinung an! [24]

Eine wehrhafte poetische Vereinigung. Rechtfertigung der Kunst als Zentrum der Gegenkommunikation. [25]

Die Zeit der Errungenschaften hat die Zeit des Erringens nicht zum Vorbild. [26]

Ich träume in Inseln, ich wache in Inseln.
Alle Zusammenhänge haben enttäuscht. [27]

Hätten wir Glück, dann das verlorene. [28]

Täglich sich etwas unergründlich machen, das ist das Leben! [29]

Man muss das Gewesene so groß wie etwas Niedagewesenes anschauen. [30]

Das Hässliche ist zu verstehen, das Schöne nicht. [31]

Jede Abweichung lebt vom Unabweichlichen. [32]

Anhang

Themen

Zur Ergänzung des chronologisch nach Geburtsjahren der Autoren geordneten Textteils findet der Leser im Folgenden eine thematische Gruppierung der Aphorismen. Auf den Autor wird mit der dem Namen folgenden Seitenzahl verwiesen, die weiteren Ziffern geben die Nummerierung der einzelnen Texte an.

Menschliche Selbst-Bestimmung

Pascal 22: 9; Lichtenberg 41: 5, 16; Jean Paul 66: 37, 73; Varnhagen 73: 9; Novalis 78: 3, 11; Hazlitt 80: 9, 18; Börne 84: 2; Ebner-Eschenbach 100: 15; Twain 104: 18, 20; Nietzsche 108: 1, 73; Andreas-Salomé 125: 1; Valéry 130: 37, 52, 56, 65; Kraus 141: 4; Hofmannsthal 146: 1, 24; Machado 151: 6; Kafka 153: 2, 3, 4, 9; Napierski 160: 6; Cioran 176: 12, 23, 38, 45, 56; Ceronetti 196: 3, 8; Gómez Dávila 185: 1, 35; Benyoëtz 200: 5, 44; Handke 208: 43, 59; Strauß 214: 29

Leben und Tod

Pascal 22: 12; La Bruyère 25: 29; Vauvenargues 32: 12, 13, 14; Chamfort 36: 14; Lichtenberg 41: 50; Joubert 58: 40; Jean Paul 66: 44, 58; Novalis 78: 12; Börne 84: 5; Hazlitt 80: 23, 27; Hebbel 94: 20, 21, 22, 30, 34, 42; Ebner-Eschenbach 100: 26; Butler II 102: 1, 2, 3; Twain 104: 5; Nietzsche 108: 62, 100; Schnitzler 127: 18, 20; Valéry 130: 83; Irzykowski 139: 13, 14, 15; Kraus 141: 19; Hofmannsthal 146: 45, 46, 52; Kafka 153: 1; Gómez de la Serna 158: 3, 5, 12, 15; ; Canetti 162: 25, 31, 32, 57, 60, 66, 82, 87, 90; Cioran 176: 5, 16, 18, 27, 34, 70, 72; Ceronetti 196: 2, 6; Crnčević 199: 5, 9; Benyoëtz 200: 20, 27, 84; Handke 208: 6, 15; Strauß 214: 11

Religion

Guicciardini 7: 14; Pascal 22: 11; La Bruyère 25: 31; Swift 30: 1; Lichtenberg 41: 75, 76; Joubert 58: 22, 23, 24, 25; Jean Paul 66: 34, 41; Schlegel 75: 15; Novalis 78: 1; Börne 84: 31; Hebbel 94: 17; Butler II 102: 12; Twain 104: 8, 9; Nietzsche 108: 4, 5, 6, 61; Shaw 124: 5; Schnitzler 127: 21, 22; Andreas-Salomé 125: 10; Valéry 130: 22, 38, 39, 41, 42; Irzykowski 139: 3; Nowaczyński 152: 2; Kafka 153: 6, 14; Porchia 155: 16, 21, 33; Gómez de la Serna 158: 9; Napierski 160: 1; Canetti 162: 4, 13, 20, 23, 54, 84; Lec 172: 26; Cioran 176: 4, 42, 65, 70, 71; Gómez Dávila 185:

6, 62; Brudziński 193: 11; Ceronetti 196: 5, 10; Benyoëtz 200: 19, 42, 43, 54; Handke 208: 47; Strauß 214: 12

Glaube und Zweifel

Pascal 22: 2; Vauvenargues 32: 26; Lichtenberg 41: 22, 24, 44, 47, 84, 88, 95, 96, 99; Feuchtersleben 91: 23; Butler I 18: 10; Nietzsche 108: 6, 22, 57, 80; Irzykowski 139: 3; Kraus 141: 11; Hofmannsthal 146: 16; Napierski 160: 10; Lec 172: 28, 47; Cioran 176: 22, 25, 36, 41; Gómez Dávila 185: 79; Ceronetti 196: 1; Benyoëtz 200: 39, 56; Handke 208: 34

Wunsch und Erfüllung; Hoffnung und Enttäuschung

Gracián 11: 13; La Rochefoucauld 20: 21; La Bruyère 25: 3, 4, 15, 16; Vauvenargues 32: 19; Novalis 78: 7; Varnhagen 73: 10; Schopenhauer 89: 3, 4; Feuchtersleben 91: 8; Hebbel 94: 31, 41; Ebner-Eschenbach 100: 22, 24; Twain 104: 4; Bierce 107: 10, 16; Andreas-Salomé 125: 14; Nietzsche 108: 79, 86; Schnitzler 127: 16; Valéry 130: 1, 81; Kraus 141: 15; Hofmannsthal 146: 4, 8; Nowaczyński 152: 5; Porchia 155: 26, 30; Gómez de la Serna 158: 14; Canetti 162: 11, 30, 76, 80, 99; Cioran 176: 9, 60, 73; Gómez Dávila 185: 6, 53, 72; Benyoëtz 200: 4, 7, 11, 12, 14, 49; Handke 208: 58; Strauß 214: 3

Glück und Unglück; Freude und Trauer; Schmerz

Guicciardini 7: 5, 7, 12; Butler I 18: 1; La Rochefoucauld 20: 1, 22; Pascal 22: 5; La Bruyère 25: 5, 18, 20; Chamfort 36: 18, 22, 36; Lichtenberg 41: 9, 71; Joubert 58: 37, 49; Jean Paul 66: 19, 29, 60, 70, 71; Varnhagen 73: 4; Hazlitt 80: 23, 27; Börne 84: 3, 29; Schopenhauer 89: 2; Feuchtersleben 91: 7; Hebbel 94: 6, 10, 18, 26, 30, 38, 44; Multatuli 99: 1; Ebner-Eschenbach 100: 2; Butler II 102: 11; Twain 104: 1, 3, 17; Nietzsche 108: 51, 79; Andreas-Salomé 125: 5, 7, 8, 16; Valéry 130: 6, 48; Irzykowski 139: 9; Hofmannsthal 146: 1, 11, 17, 45; Kafka 153: 12, 13; Porchia 155: 7, 12, 17, 34; Gómez de la Serna 158: 17, 19; Napierski 160: 14; Canetti 162: 42, 45, 64, 68, 71, 78, 101; Lec 172: 44; Cioran 176: 2, 3, 6, 29, 31, 37, 74; Gómez Dávila 185: 10; Brudziński 193: 17; Handke 208: 4, 29, 41, 65; Strauß 214: 3, 6, 28

Lebensambivalenz

La Rochefoucauld 20: 12, 14, 26; Pascal 22: 1, 2, 8, 9, 10; La Bruyère 25: 3, 12; Vauvenargues 32: 5; Chamfort 36: 24; Lichtenberg 41: 34, 60; Joubert 58: 58; Jean Paul 66: 2, 52; Novalis 78: 18; Hazlitt 80: 18, 19; Börne 84: 28; Hebbel 94: 1, 10, 11, 23, 26, 27, 28, 32; Ebner-Eschenbach 100: 6, 7, 8, 10; Butler II 102: 4; Twain 104: 1, 15; Nietzsche 108: 20, 33, 35, 68, 70, 87; Wilde 123: 3; Shaw 124: 4; Valéry 130: 3, 4, 35, 71, 72, 87; Irzykowski 139: 10; Kraus 141: 2, 5, 24, 36, 40; Hofmannsthal 146: 28; Porchia 155: 24, 26; Napierski 160: 5, 16; Canetti 162: 27, 34, 47, 69, 70, 81; Lec 172: 1, 2, 6, 14, 24, 31, 35, 37, 38; Cioran 176: 1, 13, 28, 35, 55, 76; Gómez Dávila 185: 25, 57, 84, 67; Brudziński 193: 8, 13, 14; Ceronetti 196: 9; Genin 198: 7; Benyoëtz 200: 31, 51; Handke 208: 60

Vernunft und Gefühl; Kopf und Herz; Rationalität und Sexualität

Bacon 9: 4; Butler I 18: 6; La Rochefoucauld 20: 3, 6, 16, 21; Pascal 22: 12; Vauvenargues 32: 9, 10, 11, 15, 27, 29, 33, 36; Chamfort 36: 6, 26; Lichtenberg 41: 3, 4, 8; Joubert 58: 20, 61; Jean Paul 66: 6, 10, 48; Varnhagen 73: 2; Hazlitt 80: 5; 14; Börne 84: 23; Schopenhauer 89: 6; Feuchtersleben 91: 2, 8; Hebbel 94: 33; Ebner-Eschenbach 100: 16; Bierce 107: 9; Nietzsche 108: 23, 45, 66, 94; Shaw 124: 9; Schnitzler 127: 4, 15; Valéry 130: 5, 12, 13, 54, 67; Napierski 160: 13; Canetti 162: 5, 61, 89; Cioran 176: 8, 44, 67; Gómez Dávila 185: 4, 19, 23, 27, 40, 49, 56, 61, 70; Benyoëtz 200: 1, 26, 73; Handke 208: 7, 12, 31, 37, 66

Liebe und Hass

Guicciardini 7: 13; La Rochefoucauld 20: 2, 9, 18; La Bruyère 25: 1, 2, 6, 21; Swift 30: 2; Vauvenargues 32: 2, 3; Chamfort 36: 27; Lichtenberg 41: 56; Goethe 54: 34; Novalis 78: 5; Börne 84: 34; Hebbel 94: 35, 36, 43; Ebner-Eschenbach 100: 4; Butler II 102: 1, 9; Bierce 107: 14; Nietzsche 108: 3, 6, 21, 31, 56, 64, 95; Andreas-Salomé 125: 13, 19, 20; Schnitzler 127: 8; Valéry 130: 54, 55; Irzykowski 139: 10; Kraus 141: 31; Hofmannsthal 146: 4; Porchia 155: 8, 22; Tuwim 160: 3; Canetti 162: 18, 61, 93; Gómez Dávila 185: 20; Ceronetti 196: 13; Handke 208: 62; Strauß 214: 21

Sein und Schein

Gracián 11: 7; La Rochefoucauld 20: 8, 10; Chamfort 36: 2, 7; Lichtenberg 41: 28; Jean Paul 66: 12; Twain 104: 11; Nietzsche 108: 65, 90; Valéry 130: 78; Lec 172: 11; Cioran 176: 26, 41

Gut und Böse

Swift 30: 11; Chamfort 36: 13; Jean Paul 66: 28, 42, 62; Hazlitt 80: 13, 25, 32; Börne 84: 28; Hebbel 94: 7, 29; Multatuli 99: 3; Butler II 102: 4, 5; Twain 104: 7; Bierce 107: 12; Nietzsche 108: 37, 60, 78, 91, 95; Shaw 124: 1, 9; Valéry 130: 8; Hofmannsthal 146: 31; Machado 151: 5; Kafka 153: 8; Lec 172: 12, 34; Gómez Dávila 185: 17; Brudziński 193: 13; Ceronetti 196: 12; Benyoëtz 200: 46, 77; Handke 208: 52

Freiheit und Bindung

Lichtenberg 41: 66, 79, 98; Jean Paul 66: 59, 63; Börne 84: 6, 8, 26; Feuchtersleben 91: 18; Ebner-Eschenbach 100: 4, 5; Bierce 107: 7; Nietzsche 108: 46, 81; Shaw 124: 2; Valéry 130: 18, 27, 53, 64; Hofmannsthal 146: 26; Kafka 153: 7; Napierski 160: 7; Canetti 162: 35, 40; Cioran 176: 39; Gómez Dávila 185: 71, 84; Benyoëtz 200: 6, 87

Tun und Lassen

Guicciardini 7: 3; La Rochefoucauld 20: 19; Chamfort 36: 25; Lichtenberg 41: 10, 13, 46, 54, 92; Goethe 54: 7, 17; Schopenhauer 89: 5; Multatuli 99: 3, 5; Nietzsche 108: 2, 57, 59; Shaw 124: 3; Schnitzler 127: 5; Valéry 130: 9, 15; Lec 172: 29; Benyoëtz 200: 29, 57, 88

Klugheit und Dummheit

Guicciardini 7: 4; Gracián 11: 2; Butler I 18: 2; 7; La Rochefoucauld 20: 10, 13, 26; La Bruyère 25: 6, 17, 24; Swift 30: 5; Vauvenargues 32: 35; Chamfort 36: 9, 11; Lichtenberg 41: 26, 34; Goethe 54: 12; Jean Paul 66: 41; Börne 84: 3, 7, 30, 35; Schopenhauer 89: 8; Feuchtersleben 91: 15; Ebner-Eschenbach 100: 17, 19; Nietzsche 108: 23; Shaw 124: 10; Valéry 130: 62; Machado 151: 4; Nowaczyński 152: 9

Denken

Gracián 11: 1; Butler I 18: 12; Pascal 22: 6; Vauvenargues 32: 1, 24, 28, 30; Chamfort 36: 3, 4; Lichtenberg 41: 2, 8, 14, 20, 57, 62, 65, 69, 80, 86; Goethe 54: 31; Joubert 58: 6, 48, 55, 57, 59, 67; Jean Paul 66: 68, 76; Varnhagen 73: 6; Schlegel 75: 9, 13; Novalis 78: 4, 9, 13, 15; Hazlitt 80: 5; Feuchtersleben 91: 13, 14, 20; Hebbel 94: 4, 19, 22, 24; Multatuli 99: 1; Ebner-Eschenbach 100: 9; Butler II 102: 7; Bierce 107: 11; Nietzsche 108: 13, 16, 47, 52; Andreas-Salomé 125: 2, 4, 6; Schnitzler 127: 1, 12; Valéry 130: 6, 7, 20, 23, 28, 31, 40, 44, 51, 65; Irzykowski 139: 9; Kraus 141: 12, 16, 22; Hofmannsthal 146: 14, 23, 25; Machado 151: 7; Gómez de la Serna 158: 19; Napierski 160: 11, 12; Canetti 162: 2, 24, 29, 75, 85, 103; Lec 172: 10, 15, 20, 23, 32, 44; Cioran 176: 14, 19, 58, 77; Gómez Dávila 185: 1, 13, 32, 52, 59, 60, 61, 68, 87; Brudziński 193: 3; Genin 198: 3; Benyoëtz 200: 10, 15, 21, 23, 24, 55; Handke 208: 9, 13, 23, 41; Strauß 214: 23

Selbsterkenntnis und Selbsttäuschung

Gracián 11: 6; Pascal 22: 3, 5, 7; Lichtenberg 41: 43; Goethe 54: 6, 10, 23, 27; Jean Paul 66: 13, 36, 37; Varnhagen 73: 3, 16; Novalis 78: 2; Hazlitt 80: 26; Börne 84: 2; Feuchtersleben 91: 9; Nietzsche 108: 83, 98; Wilde 123: 5; Valéry 130: 16, 69, 73; Hofmannsthal 146: 12; Machado 151: 3; Porchia 155: 19, 29; Canetti 162: 10; Cioran 176: 52, 68; Benyoëtz 200: 8, 44; Handke 208: 1, 2, 3, 14, 48, 55

Erkenntnis und Irrtum

Bacon 9: 1, 2, 3; Butler I 18: 4, 12; La Rochefoucauld 20: 7, 20, 24; Pascal 22: 1; La Bruyère 25: 26, 30; Swift 30: 4, 13; Vauvenargues 32: 21, 30, 34; Chamfort 36: 11; Lichtenberg 41: 18, 19, 22, 64, 73, 77, 78, 101, 102; Goethe 54: 2, 8, 12, 24, 32; Joubert 58: 17, 30, 31, 32, 33, 34, 35, 36, 66; Jean Paul 66: 7, 18, 41, 44, 68, 70, 74; Varnhagen 73: 18; Schlegel 75: 9, 12; Novalis 78: 16; Hazlitt 80: 2; 31; Feuchtersleben 91: 1, 12, 24; Hebbel 94: 13, 15; Multatuli 99: 2; Ebner-Eschenbach 100: 11, 21, 25; Butler II 102: 9, 10; Twain 104: 2, 12; Nietzsche 108: 8, 49, 53, 54, 63, 67, 71, 74, 77, 84, 85, 93; Schnitzler 127: 9, 13; Valéry 130: 2, 33, 36, 58, 66, 86; Irzykowski 139: 1, 7; Kraus 141: 7, 9, 17, 20, 29; Hofmannsthal 146: 13, 18; Porchia 155: 26; Napierski 160: 16; Canetti 162: 9, 22, 37, 46, 55, 63, 67, 89, 95, 96; Lec 172: 40; Cioran 176: 22, 24, 30, 31, 33, 40, 50, 54, 61; Gómez Dávila 185: 7, 33, 39, 56, 79, 80; Brudziński 193: 9, 22; Strauß 214: 4, 6, 8, 15

Wahrheit und Täuschung

Bacon 9: 3; Gracián 11: 11; Butler I 18: 5, 8; La Rochefoucauld 20: 15, 17; Pascal 22: 1; La Bruyère 25: 13; Vauvenargues 32: 21, 30; Lichtenberg 41: 26, 42, 55, 68; Goethe 54: 1, 15, 18; Joubert 58: 27, 28, 29, 30, 34, 66; Jean Paul 66: 7, 16, 20, 44; Varnhagen 73: 1, 13; Hazlitt 80: 5, 20; Börne 84: 4, 7, 9, 21, 27; Schopenhauer 89: 7; Feuchtersleben 91: 3, 12; Hebbel 94: 14, 16; Multatuli 99: 4; Ebner-Eschenbach 100: 11, 12, 25; Butler II 102: 9; Twain 104: 10; Bierce 107: 8; Nietzsche 108: 8, 15, 17, 22, 76, 77, 94, 96, 99; Wilde 123: 4, 6; Shaw 124: 10; Schnitzler 127: 2, 6; Valéry 130: 29, 66; Irzykowski 139: 10, 16; Kraus 141: 14, 29; Nowaczyński 152: 6; Canetti 162: 15, 38, 92; Lec 172: 13, 42; Gómez Dávila 185: 7, 33, 46, 81, 83; Crnčević 199: 7; Benyoëtz 200: 65; Handke 208: 26

Rätsel und Lösung; Frage und Antwort; Lernen und Lehren

Bacon 9: 5, 6; La Bruyère 25: 9; Lichtenberg 41: 81, 82, 100; Goethe 54: 2; Joubert 58: 14, 18, 41; Feuchtersleben 91: 25; Hebbel 94: 12; Twain 104: 13; Nietzsche 108: 69; Wilde 123: 10; Valéry 130: 11, 14, 26, 30, 31, 47, 48, 57, 59; Irzykowski 139: 11; Kafka 153: 5, 11; Porchia 155: 3; Canetti 162: 28, 86; Gómez Dávila 185: 11, 34, 37, 38, 42, 47, 51, 57, 64, 65, 85, 86; Brudziński 193: 2, 23; Benyoëtz 200: 32, 38; Handke 208: 61

Wort und Sprache

Lichtenberg 41: 11, 15; Joubert 58: 1, 2, 7, 65; Novalis 78: 17; Butler I 18: 8; Nietzsche 108: 43, 50; Valéry 130: 24; Kraus 141: 30, 33, 34; Hofmannsthal 146: 39, 44, 50; Canetti 162: 3, 15, 17, 33, 58, 62, 72, 91, 97, 104; Lec 172: 16, 25; Gómez Dávila 185: 54, 66; Benyoëtz 200: 13, 16, 17, 18, 47, 48, 60, 64, 82, 83, 85; Handke 208: 27, 30, 36; Strauß 214: 1

Sprechen und Schweigen, Reden und Hören

Gracián 11: 4, 10; La Rochefoucauld 20: 25; La Bruyère 25: 7, 24, 25; Swift 30: 14; Lichtenberg 41: 67; Joubert 58: 19; Jean Paul 66: 4, 25; Varnhagen 73: 8, 15; Hazlitt 80: 7; Feuchtersleben 91: 4; Valéry 130: 25; Porchia 155: 17; Canetti 162: 7, 16, 21, 43, 83, 100; Lec 172: 7, 17, 39, 41, 46; Brudziński 193: 12; Benyoëtz 200: 3, 28, 36, 81, 86; Strauß 214: 2, 5

Schreiben und Lesen

Swift 30: 7; Chamfort 36: 28; Lichtenberg 41: 17, 30, 39, 40, 48, 49; Goethe 54:
9; Joubert 58: 9, 13, 54, 67; Jean Paul 66: 5, 17, 32, 33, 34, 35, 36, 43; Schlegel 75: 3,
10; Feuchtersleben 91: 22; Ebner-Eschenbach 100: 27; Nietzsche 108: 7, 28, 41;
Valéry 130: 18, 63; Kafka 153: 14; Napierski 160: 2, 9; Canetti 162: 39, 42, 43, 52,
56; Lec 172: 19; Cioran 176: 43; Handke 208: 35, 40, 45

Sprechweisen (Paradox, Metapher, Ironie, Witz, Humor)

Lichtenberg 41: 33; Goethe 54: 19, 28, 29, 31; Joubert 58: 5, 10, 66; Jean Paul 66:
69; Schlegel 75: 2, 4, 7, 17; Novalis 78: 14; Hebbel 94: 3; Multatuli 99: 7; Nietzsche 108: 30, 39, 42; Wilde 123: 9; Kraus 141: 13; Hofmannsthal 146: 27; Porchia
155: 9, 18; Lec 172: 33; Handke 208: 28, 54

Kunst und Künstler

Chamfort 36: 30; Goethe 54: 3, 9, 11, 20, 28, 29, 35; Joubert 58: 15, 21; Schlegel 75:
14, 19; Feuchtersleben 91: 6; Nietzsche 108: 26, 36; Wilde 123: 1, 2, 12; Kraus 141:
27, 31, 35; Hofmannsthal 146: 21, 33, 41, 42, 51; Napierski 160: 3, 4; Lec 172: 30; Gómez Dávila 185: 48, 73; Ceronetti 196: 7; Handke 208: 26, 39, 46, 51, 56; Strauß
214: 25, 31

Literatur und Autor

Pascal 22: 14; Chamfort 36: 29; Lichtenberg 41: 23, 36, 45; Goethe 54: 26; Joubert
58: 4, 8, 16, 53, 56; Jean Paul 66: 5, 33, 39, 47, 67; Schlegel 75: 1, 5, 15, 16; Novalis
78: 8; Varnhagen 73: 12; Nietzsche 108: 9, 27, 40; Valéry 130: 19; Irzykowski 139:
6, 18; Kraus 141: 21; Hofmannsthal 146: 34, 35, 37, 38, 40; Machado 151: 8; Kafka
153: 15; Canetti 162: 1, 19; Cioran 176: 48; 11, 42; Gómez Dávila 185: 33; Benyoëtz
200: 59; Handke 208: 11, 35, 42, 45, 54, 57, 63, 64; Strauß 214: 7, 23

Selbstreferenz: die eigene Gattung

Guicciardini 7: 1; Butler I 18: 3; La Bruyère 25: 32; Vauvenargues 32: 8, 32, 37;
Chamfort 36: 1, 17; Joubert 58: 26, 63, 65; Jean Paul 66: 15, 24; Schlegel 75: 6, 8, 11;

Feuchtersleben 91: 11, 19; Multatuli 99: 6; Ebner-Eschenbach 100: 1; Butler II
102: 6; Twain 104: 6; Bierce 107: 2; Nietzsche 108: 25, 29, 101; Schnitzler 127: 17;
Kraus 141: 8, 10, 23; Nowaczyński 152: 7; Canetti 162: 6, 51, 94; Cioran 176: 15;
Gómez Dávila 185: 50, 82, 88; Benyoëtz 200: 61, 62, 63; Strauß 214: 27

Musik und bildende Kunst

Joubert 58: 8; Kraus 141: 25; Gómez de la Serna 158: 16; Crnčević 199: 4

Natur

Bacon 9: 1; Pascal 22: 4, 10, 12; Vauvenargues 32: 22, 36; Chamfort 36: 10, 34;
Lichtenberg 41: 5, 76; Goethe 54: 20; Jean Paul 66: 66; Hazlitt 80: 5; Hebbel 94:
37; Nietzsche 108: 12; Schnitzler 127: 14; Valéry 130: 34, 56; Gómez de la Serna
158: 1, 11; Napierski 160: 15; Handke 208: 43, 48, 64

Staat und Gesellschaft

Gracián 11: 9; La Bruyère 25: 14; Chamfort 36: 10; Lichtenberg 41: 93; Jean Paul
66: 21, 43, 57; Hazlitt 80: 11; Börne 84: 1, 16, 18, 19, 20, 21, 24, 25, 32; Bierce 107: 13;
Nietzsche 108: 14; Wilde 123: 11; Schnitzler 127: 10, 11; Hofmannsthal 146: 7, 32;
Machado 151: 2; Napierski 160: 8; Gómez Dávila 185: 75; Genin 198: 4; Crnčević
199: 3; Benyoëtz 200: 78

Individualität und Gemeinschaft

Gracián 11: 8; La Bruyère 25: 10, 19, 30; Swift 30: 9; Chamfort 36: 20, 21, 23; Lichtenberg 41: 7, 25, 87; Goethe 54: 13, 30; Joubert 58: 46; Jean Paul 66: 3, 9, 30;
Hazlitt 80: 9, 19; Feuchtersleben 91: 16; Hebbel 94: 8; Twain 104: 14, 21; Nietzsche 108: 11; Shaw 124: 8; Valéry 130: 70, 75; Irzykowski 139: 5; Kraus 141: 6;
Hofmannsthal 146: 22; Machado 151: 1; Nowaczyński 152: 1, 4, 8; Porchia 155: 5,
10, 32; Napierski 160: 4; Canetti 162: 77, 98; Lec 172: 43; Cioran 176: 46; Gómez
Dávila 185: 35; Brudziński 193: 4; Genin 198: 9; Handke 208: 16, 20; Strauß 214:
20, 22

Herrschen und Beherrschtsein – Oben und Unten

Guicciardini 7: 10, 11; Gracián 11: 3, 5; La Bruyère 25: 11, 12, 22; Vauvenargues 32: 18, 31; Chamfort 36: 8, 31, 32, 33; Lichtenberg 41: 41, 53, 72, 89, 90, 91, 97; Goethe 54: 22, 25; Joubert 58: 45; Jean Paul 66: 1, 51, 64, 65; Hazlitt 80: 22; Börne 84: 1, 3, 14; Hebbel 94: 39; Ebner-Eschenbach 100: 23; Nietzsche 108: 72, 75; Schnitzler 127: 7; Valéry 130: 60; Irzykowski 139: 12; Kraus 141: 32, 36; Hofmannsthal 146: 6; Porchia 155: 14, 28; Tuwim 160: 4; Lec 172: 8, 27; Cioran 176: 59, 64; Gómez Dávila 185: 22, 30; Brudziński 193: 1; Ceronetti 196: 14; Genin 198: 6; Crnčević 199: 2, 4, 8

Reichtum und Armut

Guicciardini 7: 12; La Bruyère 25: 11; Chamfort 36: 19; Lichtenberg 41: 70; Jean Paul 66: 35, 65; Börne 84: 17; Hebbel 94: 2; Bierce 107: 3; Shaw 124: 7; Irzykowski 139: 4; Nowaczyński 152: 3; Lec 172: 18; Benyoëtz 200: 35; Strauß 214: 18

Recht und Unrecht

Guicciardini 7: 9; Butler I 18: 9; Chamfort 36: 15; Lichtenberg 41: 58; Joubert 58: 45; Jean Paul 66: 57; Hebbel 94: 9, 25; Nietzsche 108: 18; Schnitzler 127: 3; Brudziński 193: 19; Crnčević 199: 1

Ehre und Demütigung

Guicciardini 7: 12; Butler I 18: 10; La Bruyère 25: 8, 23; Swift 30: 12; Vauvenargues 32: 4, 20; Chamfort 36: 12; Lichtenberg 41: 38; Joubert 58: 60; Jean Paul 66: 1; Ebner-Eschenbach 100: 18; Bierce 107: 5; Irzykowski 139: 8, 13; Kraus 141: 3; Cioran 176: 69; Gómez Dávila 185: 25

Zeit

Gracián 11: 14; Vauvenargues 32: 7; Lichtenberg 41: 12; Goethe 54: 4; Joubert 58: 42; Butler II 102: 8; Schnitzler 127: 19; Porchia 155: 4; Gómez de la Serna 158: 7, 8; Canetti 162: 69; Cioran 176: 21; Benyoëtz 200: 45; Handke 208: 17, 50, 67; Strauß 214: 26

Vergessen und Erinnern

Goethe 54: 5; Jean Paul 66: 31, 46; Nietzsche 108: 24; Porchia 155: 15, 20; Gómez de la Serna 158: 2, 4, 18; Canetti 162: 14, 41, 48, 49; Lec 172: 3; Brudziński 193: 6, 18; Benyoëtz 200: 58; Handke 208: 10; Strauß 214: 24

Vergangenheit und Zukunft

Guicciardini 7: 2; Swift 30: 10; Schopenhauer 89: 1; Ebner-Eschenbach 100: 20; Nietzsche 108: 82; Hofmannsthal 146: 30; Gómez de la Serna 158: 6; Canetti 162: 8; Cioran 176: 11, 20, 55; Gómez Dávila 185: 16; Brudziński 193: 20; Ceronetti 196: 4; Handke 208: 40; Strauß 214: 13, 19, 24, 30

Jugend und Alter

Gracián 11: 13; La Rochefoucauld 20: 5, 11; La Bruyère 25: 15, 20, 27; Swift 30:3, 5, 6; Vauvenargues 32: 16; Chamfort 36: 35; Joubert 58: 38, 39, 51; Jean Paul 66: 10, 14; Börne 84: 12, 33; Ebner-Eschenbach 100: 13, 14; Twain 104: 19; Bierce 107: 1; Nietzsche 108: 55, 89; Wilde 123: 7, 8, 13; Hofmannsthal 146: 10, 20, 47; Gómez de la Serna 158: 10; Canetti 162: 65; Gómez Dávila 185: 47

Zeitgenossenschaft

Lichtenberg 41: 21, 85, 94; Joubert 58: 50, 52; Feuchtersleben 91: 10, 16, 17; Nietzsche 108: 19; Valéry 130: 10; Irzykowski 139: 19; Kraus 141: 37, 39, 41; Hofmannsthal 146: 5, 11, 30, 36, 49; Nowaczyński 152: 9; Tuwim 160: 1; Canetti 162: 50; Cioran 176: 32, 49, 62, 63; Gómez Dávila 185: 29, 31, 36, 45, 69; Brudziński 193: 15; Crnčević 199: 10; Strauß 214: 17

Autoren, Kurzbiographien, Druckvorlagen

Verzeichnet sind hier, sofern sie nicht Textgrundlage sind, die Aphoris-
men(bände) der Autoren in Erstdrucken und/oder Werkausgaben (**A**) bzw. bei
ausländischen Autoren gegebenenfalls auch die deutschen Ausgaben. Es folgen
die Quellen, die als Druckvorlage (**D**) der vorliegenden Auswahl dienten. Die
Aphorismen sind, gegebenenfalls unter Angabe des Bandes, mit der Seitenzahl
und der Nummer bzw. der Position auf der Seite dieser Druckvorlage zugeordnet. Druckfehler in den Vorlagen wurden stillschweigend korrigiert, Orthogra-
phie und Interpunktion behutsam vereinheitlicht und modernisiert.

Die kurzen Literaturhinweise (**L**) enthalten nur, falls vorhanden, neuere
Spezialliteratur; auf diese oder auf die ausführliche Bibliographie bezieht sich
die abgekürzt zitierte Forschungsliteratur in den biographischen Einführungs-
texten zu jedem Autor.

Lou Andreas-Salomé (1861–1937)

Jugend in Petersburg, Studium in Zürich. Mit Friedrich Nietzsche und Paul Rée
befreundet. Verfasste 1882 auf Rées Gut Stibbe Aphorismen, die sie Nietzsche
zur Beurteilung und Ergänzung vorlegte. Beziehungen zu Rilke und Freud. Psy-
choanalytikerin, Essayistin, Erzählerin.

D »Stibber Nestbuch«. In: Friedrich Nietzsche, Paul Rée, Lou von Salomé:
Die Dokumente ihrer Begegnung. Hrsg. von E. Pfeiffer. Frankfurt a.M. 1970.
S. 190–211.

Nr. 1–20.

Francis Bacon (1561–1626)

Englischer Staatsmann und Philosoph. Verbindet mit einem auf Beobachtung
und Experiment gegründeten neuen – empirischen – Wissenschaftsbegriff eine
neue Darstellungsform: im Gegensatz zur *traditio methodica* die *traditio per
aphorismos*, die unsystematisch vereinzelte, mit konkreter Erfahrung angerei-
cherte Erkenntnis. Sieht in der essentiellen Reduktion und der besonderen Re-
zeptionsfähigkeit die Vorzüge der aphoristischen Methode. Sein ›wissenschaft-

licher Aphorismus‹ stellt einen der Ausgangspunkte auch für die literarische Gattung dar, ohne ihr selbst schon anzugehören. Die hier ausgewählten Aphorismen illustrieren Nähe wie Differenz zu ihr umso besser, da sie nicht, wie es immer wieder geschieht, aus Bacons Essays isoliert sind.

A   Novum Organum. 1620.
Aphorisms Concerning the Interpretation of Nature and the Kingdom of Man. In: F. B.: Collected Works. Hrsg. von J. Spedding, R. L. Ellis und D. D. Heath. Bd. 4. London 1859–64. S. 47–248.
The Major Works. Hrsg. von Brian Vickers. Oxford 2000.

D   Aphorismen, von der Auslegung der Natur und der Herrschaft des Menschen. Erstes Buch. – Aphorismen, von der Auslegung der Natur oder von der Herrschaft des Menschen. Zweites Buch: In: F. B.: Neues Organ der Wissenschaften (Novum Organum). Übers. und hrsg. von A. Th. Brück. Darmstadt 1990. [Reprogr. Nachdr. der Ausg. Leipzig 1830.]
      Nr. 1–6.

L   J. Henry: Knowledge is Power. Francis Bacon and the Method of Science. Cambridge [u.a.] 2002.
B. Vickers: Francis Bacon: Zwei Studien. Aus dem Englischen von R. Kaiser. Berlin 1988.

Elazar Benyoëtz (geb. 1937)

In Wiener Neustadt geboren. Bald darauf mit den Eltern nach Israel emigriert. Lyriker, Rabbiner. Gründet 1964 die »Bibliographia Judaica« in Berlin, wo er bis 1968 lebt; seitdem in Jerusalem. Veröffentlichung von Aphorismus-Bänden in deutscher Sprache ab 1969; damit der wohl bedeutendste lebende deutschsprachige Aphoristiker. Knüpft an die deutschsprachige Aphoristik wie an die hebräische Spruchdichtung an. Wo Sprache und Glaube einander berühren, liegt die Wurzel seines Werkes, das Wortgläubigkeit bezeugt und mit einem starken ethisch-religiösen Impuls äußerste Verknappung bis zum Neologismus und vielfältige Selbstreferenz verbindet.

A Variationen über ein verlorenes Thema. München/Wien 1997.

Allerwegsdahin. Mein Weg als Jude und Israeli ins Deutsche. Zürich/Hamburg 2001.

Ein Morgen letzter Hand. In: Lichtenberg-Jahrbuch 2006. Begr. von W. Promies. Hrsg. im Auftrag der Lichtenberg-Gesellschaft von U. Joost und A. Neumann in Verb. mit B. Achenbach und H. Tuitje. Saarbrücken: Saarländische Druckerei und Verlag GmbH, 2006. S. 15–54.

Das Mehr gespalten. Einsprüche. Einsätze. Jena 2007.

Scheinhellig. Variationen über ein verlorenes Thema. Wien 2009.

Fraglicht. Aphorismen 1997–2007. Wien 2010.

Olivenbäume, die Eier legen. Ein Nachbuch. Wien 2012.

Aberwenndig. Mein Weg als Israeli und Jude ins Deutsche. Würzburg: Königshausen und Neumann 2018. [Neufassung von Allerwegsdahin, 2001.]

Nadelind. Würzburg 2019.

Der eingeschlagene Umweg. Würzburg 2019.

Die Zukunft sitzt uns im Nacken. Veränderte und erweiterte Ausgabe. Würzburg 2020.

Finden macht das Suchen leichter. Veränderte und erweiterte Ausgabe. Würzburg 2020.

Fazittert. Eine Spätlesung. Würzburg 2021.

Himmelsstrich und Bodensatz. Wortzüge. Schaan 2022.

Treffpunkt Scheideweg. Eine Lesung. Würzburg 2022.

Heilweh. Lesung in gerechter Sprache. Hrsg. von Anna Rosa Schechter 2023.

Die Eselin Bileams und Kohelets Hund. Mit einem Nachwort von Werner Helmich. Würzburg 2024.

Brüderlichkeit. Würzburg 2024.

D Einsprüche. München 1973. – Mit Genehmigung von Elazar Benyoëtz.
  Nr. 1–7.

Einsätze. München 1975. – Mit Genehmigung von Elazar Benyoëtz.
  Nr. 8–14.

Worthaltung. Sätze und Gegensätze. München/Wien 1977. – Mit Genehmigung von Elazar Benyoëtz.
  Nr. 15–20.

Eingeholt. Neue Einsätze. München/Wien 1979. – Mit Genehmigung von Elazar Benyoëtz.
  Nr. 21–27.

Vielleicht – Vielschwer. Aphorismen. München/Wien 1981. – Mit Genehmigung von Elazar Benyoëtz.

Nr. 28–39.

Treffpunkt Scheideweg. München/Wien 1990. – Mit Genehmigung von Elazar Benyoëtz.

Nr. 40–49.

Filigranit. Ein Buch aus Büchern. Göttingen 1992. – Mit Genehmigung von Elazar Benyoëtz.

Nr. 50–53.

Variationen über ein verlorenes Thema. München/Wien 1997. – Mit Genehmigung von Elazar Benyoëtz.

Nr. 54–57.

Die Zukunft sitzt uns im Nacken. München/Wien 2000. – Mit Genehmigung von Elazar Benyoëtz.

Nr. 58–67.

Der Mensch besteht von Fall zu Fall. Aphorismen. Mit einem Nachw. von F. Spicker. Leipzig 2002. – Mit Genehmigung von Elazar Benyoëtz.

Nr. 68–80.

Finden macht das Suchen leichter. München/Wien 2004. – Mit Genehmigung von Elazar Benyoëtz.

Nr. 81.

Die Eselin Bileams und Kohelets Hund. München/Wien 2007. – Mit Genehmigung von Elazar Benyoëtz.

Nr. 82–84.

Die Rede geht im Schweigen vor Anker. Aphorismen & Briefe. Hrsg. von F. Spicker. Bochum 2007. – Mit Genehmigung von Elazar Benyoëtz.

Nr. 85–88.

L R. Dausner: Schreiben wie ein Toter. Poetologisch-theologische Analysen zum deutschsprachigen Werk des israelisch-jüdischen Dichters Elazar Benyoëtz. Paderborn 2006.

C. Grubitz: Der israelische Aphoristiker Elazar Benyoëtz. Tübingen 1994.

C. Grubitz / I. Hoheisel / W. Wölpert (Hrsg.): Keine Worte zu verlieren. Elazar Benyoëtz zum 70. Geburtstag. Herrlingen 2007.

F. Spicker: Elazar Benyoëtz. In: Kritisches Lexikon zur deutschsprachigen Gegenwartsliteratur (KLG). Hrsg. von H. L. Arnold. München [A–F. 85. Nachlfg. März 2007]. S. 1–10.

M. Bongardt (Hrsg.): Humor – Leichtsinn der Schwermut. Zugänge zum Werk von Elazar Benyoëtz. Bochum 2010.

M. Bongardt (Hrsg.): Zugrunde gegangen und hoch in die Jahre gekommen. Gabe zum 80. Geburtstag des Dichters Elazar Benyoëtz. Würzburg 2019.

B. Fetz / M. Hansel / G. Langer (Hrsg.): Elazar Benyoëtz. Korrespondenzen. Wien 2014 (Profile 21).

C. Grubitz: Dasein ist hiersinnig. Über Elazar Benyoëtz. Wuppertal 2017.

A. R. Schlechter / Claudia Welz (Hrsg.): Buchstabil. Von Büchern und Menschen. Zum 85. Geburtstag von Elazar Benyoëtz. Wien 2022.

F. Spicker (Hrsg.): Beziehungsweisen. Elazar Benyoëtz. Ein Porträt in Briefen. Tübingen 2019.

Ambrose Bierce (1842–1914 [?])

Amerikanischer Erzähler; Wegbereiter der modernen Kurzgeschichte. Seine Definitionen erscheinen ab 1881 in einer Wochenzeitung. 1911 nimmt er sie unter dem endgültigen Titel *The Devil's Dictionary* (dt. *Des Teufels Wörterbuch*) in seine »Gesammelten Werke« auf. Das äußerst erfolgreiche und vielfach übersetzte Werk, das überdies für viele spätere Wörterbücher Modell steht, ist immer wieder als satirisch-aufklärerisch, misanthropisch, zynisch verstanden worden. Sein Ziel ist pointierte Entlarvung. Da der Aphorismus etymologisch auf griech. *aphorismós* ›Abgrenzung‹ und lat. *definitio* zurückführt, stellt Bierces *Wörterbuch* eine Sonderform der Gattung dar, in die es sich mit seinem Grundthema von Sein und Schein auch thematisch eingliedert.

A The Cynic's Word Book. London / New York 1906. – Wiederabgedr. u. d. T.: The Devil's Dictionary. In: A. B.: Collected Works. Bd. 7. New York 1911.
The Devil's Dictionary. Hrsg. von K. Werner. Stuttgart 1999.
The Devil's Dictionary. New York 2002.

Des Teufels Wörterbuch. Ausgew. und übers. von D. E. Zimmer. Frankfurt a. M. [10]2006.
Gesammelte Werke. München 2014.

D Des Teufels Wörterbuch. Neu übers. von G. Haefs. Zürich 1986. – © 1986 by Gisbert Haefs.

Nr. 1–16.

L L. I. Berkove: A Prescription for Adversity. The Moral Art of Ambrose Bierce. Columbus (Ohio) 2002.

Ludwig Börne (1786–1836)

Publizist, Kritiker, Essayist. Der satirisch-politische Kämpfer treibt den Aphorismus, der für ihn lebenslang eine höchst bedeutende Rolle spielt, in den Konflikt der gesellschaftlichen Wirklichkeit mit der freiheitlich-republikanischen Utopie als Bedingung der Möglichkeit politischen Handelns hinein. Charakteristische Themen, die im Grunde in eins zusammenlaufen: die produktive Reibung an den Deutschen und die Reflexion seiner jüdischen Herkunft. Die sprachlichen Mittel wie Witz, Vergleich, Ironie und Pointe stehen nie im Vordergrund; ihre politische Funktionalität ist streng bedacht. Über Kraus bis an die Schwelle der Gegenwart stilbildend.

A Die Spende. Eine Auswahl von Aphorismen, Epigrammen, Anekdoten, Bemerkungen usw. Hrsg. von B. Reinwald. Offenbach 1823.
Gesammelte Schriften. Bd. 6: [Fragmente und Aphorismen]. Hamburg 1829.
Das Staatspapier des Herzens. Fragmente und Aphorismen. Hrsg. von W. Ehrenforth. Köln 1987.

D Sämtliche Schriften. 5 Bde. Neu bearb. und hrsg. von I. und P. Rippmann. Dreieich [u.a.] 1977.

Bd. 1: Nr. 1–15.
Bd. 2: Nr. 16–35.

L H. Bock: Ludwig Börne. Vom Gettojuden zum Nationalschriftsteller. Berlin 1962.
F. Stern / M. Gierlinger (Hrsg.): Ludwig Börne. Deutscher, Jude, Demokrat. Berlin 2003.

Wiesław Brudziński (1920–1996)

Polnischer Satiriker, der sich der Dialektik dialektisch brillant bedient und damit zu höchst ›unpassenden‹ Denkergebnissen kommt. Nach 1945 Mitarbeiter und seit 1956 Redakteur der satirischen Zeitschrift *Szpilki* (»Nadelstiche«). Dort erscheinen ab 1948 seine Aphorismen. Für Dedecius ist er nach Lec' Tod 1966 der fruchtbarste Vertreter der Gattung in Polen.

A Humoreski i fraszki (Humoresken und Epigramme). Warschau 1955.
Miniatury (Miniaturen). Warschau 1958.
Zmyślenia (Erdachtes). Warschau 1964.
Nowe zmyślenia (Neu Erdachtes). Warschau 1967.
Zmyślenia III (Erdachtes III). Warschau 1970.

D Katzenjammer. Aphorismen. Hrsg. und aus dem Polnischen übers. von
K. Dedecius. Frankfurt a.M. 1966. – © 1966 Suhrkamp Verlag, Frankfurt am Main.
  Nr. 1–10.
Die rote Katz. Auf deutsch aus dem Sack gelassen von K. Dedecius. Frankfurt
a.M. 1970. – © 1970 Suhrkamp Verlag, Frankfurt am Main.
  Nr. 11–23.

L P. Krupka: Der polnische Aphorismus. München 1976. S. 35 f.

Samuel Butler (1612–1680)

Englischer Satiriker. Ist vor allem mit seiner Verssatire *Hudibras* noch im literarischen Bewusstsein. Kommt von Bacons wissenschaftlichem Aphorismus einerseits, von seinen eigenen satirischen Charakterskizzen andererseits zum literarischen Aphorismus, wie er sich – Lichtenberg vergleichbar – in den Einträgen seines *Note-Book* im Nachlass findet. Gilt damit für England als der Pionier der Gattung (Horstmann, 1993, S. 129).

A Characters and Passages from Note-Books. Hrsg. von A. R. Waller.
Cambridge 1908.

D Prose Observations. Hrsg. mit einer Einf. und Komm. von H. de Quehen. Oxford 1979.

Nr. 1–12.

Übers. von Petra Madelung und Friedemann Spicker.

Samuel Butler (1835–1902)

Englischer Essayist, Verfasser des satirisch-utopischen Romans *Erewhon* (= Nowhere), Autobiograph. Seine provokant-streitbaren *Note-Books* hat er wohlweislich in den Nachlass verwiesen. Gilt für Ulrich Horstmann, einen der Kenner des englischen Gattungszweiges, neben Wilde als der wohl bedeutendste englische Aphoristiker des späten 19. Jahrhunderts (Horstmann, 1993, S. 54).

A The Note-Books. Bd. 1: 1874–1883. Hrsg. von H.-P. Breuer. New York / London 1984 ff.

The Note-Books. Ausgew. von G. Keynes und B. Hill. London 1951.

D Wollschwein und Tafelsilber. Notizen eines viktorianischen Querdenkers. Hrsg. und übers. unter Leitung von M. Pfister. Passau 2005. – © 2005 Karl Stutz Verlag, Passau.

Nr. 1.

The Note-Books. Hrsg. von H. F. Jones. London 1912. Nachdr. London 1985.

Nr. 2–13.

Übers. von Petra Madelung und Friedemann Spicker.

Elias Canetti (1905–1994)

Geboren in Rustschuk, Bulgarien. Lebt von 1913 bis 1939 – mit größeren Unterbrechungen – in Wien, ab 1939 in London. Begegnungen u.a. mit Kraus, Broch und Musil. Romanschriftsteller (*Die Blendung*, 1935), Dramatiker, Autobiograph. Nobelpreis 1981. Zwanzig Jahre Arbeit an einer Studie über *Masse und Macht* (1960). Daneben seit 1942 nahezu tägliche Niederschrift von »Aufzeichnungen«, die er bis zu seinem Tode weiterführt: ein bildlich-denkerischer Kosmos von Porträt und phantastischer Skizze, Literaturreflexion und Sprachbild, Rätselnotiz und denkerischem Umkreisen von Zentralmotiven (z. B. Mythos,

Todeshass, Tier, Macht, Erinnerung, Wortmagie), der ihn zu einem der bedeutendsten Aphoristiker des 20. Jahrhunderts macht.

A Gesammelte Werke. Bd. 4: Aufzeichnungen 1942–1985. München/Wien 1990.
Aphorismen. In: Akzente 54 (2007) H. 6, S. 481–574.
Das Buch gegen den Tod. Hrsg. von S. Hanuschek, P. v. Matt und K. Wachinger. Mit einem Nachwort von P. v. Matt. München 2014.

D Die Provinz des Menschen. Aufzeichnungen 1942–1972. München 1973. – © 1973 Carl Hanser Verlag GmbH & Co., München und Wien.
    Nr. 1–31.
Das Geheimherz der Uhr. Aufzeichnungen 1973–1985. München 1987. – © 1987 Carl Hanser Verlag GmbH & Co., München und Wien.
    Nr. 32–57.
Die Fliegenpein. Aufzeichnungen. München 1992. – © 1992 Carl Hanser Verlag GmbH & Co., München und Wien.
    Nr. 58–76.
Nachträge aus Hampstead. Aus den Aufzeichnungen 1954–1971. München 1994. – © 1994 Carl Hanser Verlag GmbH & Co., München und Wien.
    Nr. 77–91.
Aufzeichnungen 1992–1993. München/Wien 1996. – © 1996 Carl Hanser Verlag GmbH & Co., München und Wien.
    Nr. 92–100.
Aufzeichnungen 1973–1984. München/Wien 1999. – © 1999 Carl Hanser Verlag GmbH & Co., München und Wien.
    Nr. 101–103.
Aufzeichnungen für Marie-Louise. Aus dem Nachlaß hrsg. und mit einem Nachw. von J. Adler. München/Wien 2005. – © 2005 Carl Hanser Verlag GmbH & Co., München und Wien.
    Nr. 104–106.

L C. Eggenberger: Zu Elias Canettis Aufzeichnungen. In: Die Teile und das Ganze. Bausteine der literarischen Moderne in Österreich. Hrsg. von B. Fetz und K. Kastberger. Wien 2003. S. 198–206.
S. Engelmann: Babel – Bibel – Bibliothek. Canettis Aphorismen zur Sprache. Würzburg 1997.

Th. Lappe: Elias Canettis Aufzeichnungen 1942–1985. Modell und Dialog als Konstituenten einer pragmatischen Utopie. Aachen 1989.

S. H. Kaszyński: Elias Canettis intellektuell destillierter Aphorismus. In: S. H. K.: Kleine Geschichte des österreichischen Aphorismus. Tübingen/Basel 1999. S. 103–114.

P. von Matt: Der phantastische Aphorismus bei Elias Canetti. In: P. v. M.: Das Schicksal der Phantasie. Studien zur deutschen Literatur. München/Wien 1994. S. 321–328.

F. Spicker: Elias Canettis »Aufzeichnungen«. In: F. S.: Der deutsche Aphorismus im 20. Jahrhundert. Spiel, Bild, Erkenntnis. Tübingen 2004. S. 831–843.

G. Stieg / J.-M. Valentin (Hrsg.): Elias Canetti und die europäische Tradition. Akten des Pariser Symposiums, 16.–18. 11. 1995. Bern [u. a.] 1997.

Elias Canetti. 4. Aufl.: Neufassung. München 2005. (Text + Kritik. 28.)

Guido Ceronetti (1927–2018)

Geboren in Turin. Historiker, Essayist, Übersetzer. Seine *Materialien und Gedanken zu einem Studium der Medizin* belegen die von der Tradition des Hippokrates her zu verstehende, ungebrochene Verbindung des Aphorismus zur Medizin. Sie berühren auf der Grundlage breitester Belesenheit (u. a. die gesamte aphoristische Tradition umfassend) und in formaler Vielfalt (Zitat, Lektürenotiz, Wortspiel, Maxime, Ausruf, Definition, Traumnotiz, Aphorismus, visionäre Szene) alle Aspekte des Körperlichen. In seinem abgrundtiefen Kulturpessimismus bisweilen Cioran vergleichbar. Die *Teegedanken* reflektieren eine Endzeit ökologischer Vergiftung und umfassender Gewalt.

A   Il silenzio del corpo. Mailand 1979.
Pensieri del Tè. Mailand 1987.

D   Textauszug aus: Das Schweigen des Körpers. Materialien und Gedanken zu einem Studium der Medizin. Aus dem Italienischen von C. Galliani. Frankfurt a. M. ²1983. – © der deutschen Ausgabe Suhrkamp Verlag Frankfurt am Main 1983.
   Nr. 1–15.

Nicolas-Sébastien Roch Chamfort (1741–1794)

Französischer Moralist. Auch Lyriker und Dramatiker. Mitglied der Académie Française. Anhänger und Opfer der Französischen Revolution. Gesellschaftsanatom auf der Grenze von Aphorismus und Anekdote, der statt vermeintlich zeitloser Wahrheiten das historisch Wandelbare mit Witz, Ironie und Sarkasmus reflektiert und dabei vom Vorrang der Affekte gegenüber der Vernunft ausgeht. Indem er das subjektive Element betont und die ironisch-witzige Erkenntnis in der Person des Aphoristikers beglaubigt sieht, steht er am Ende der moralistischen Maxime und schafft gleichzeitig die Voraussetzung für das Entstehen der modernen Aphoristik (Helmich, 1991). Wirkung u.a. auf die Brüder Schlegel, Schopenhauer, Nietzsche, Camus, Cioran.

A Maximes et Pensées, Caractères et Anecdotes. Paris 1795.
Maximes et Pensées, Caractères et Anecdotes. Hrsg. von P. Grosclaude. Paris 1953.
Maximes et Pensées, Caractères et Anecdotes. Hrsg. von C. Roy. Paris 1963.

Die französischen Moralisten. Hrsg. und übers. von F. Schalk. Bd. 1. München 1973. S. 259–474.
Alle Gedanken, Maximen, Reflexionen. Hrsg. von Ulrich Kunzmann. Berlin 2021.

D Die französischen Moralisten. Hrsg. und übers. von Fritz Schalk. Bd. 1: La Rochefoucauld, Vauvenargues, Montesquieu, Chamfort. (Sammlung Dieterich 1979, Bd. 22.) – © Aufbau Verlage GmbH & Co. KG, Berlin 1979, 2008.
    Nr. 1–36.

L C. Arnaud: Chamfort. Die Frauen, der Adel, die Revolution. Eine Biographie. Berlin 2006.
R. List-Marzolff: Sébastien-Roch Nicolas Chamfort. Ein Moralist im 18. Jahrhundert. München 1966.

E. M. Cioran (1911–1995)

Geboren in Siebenbürgen (heute Rumänien). Publiziert bis 1939 in rumänischer Sprache, nach zehnjährigem Aufenthalt in Paris ab 1949 auf Französisch Essays und Aphorismen, die, begriffsbestimmt und ›entpoetisiert‹, in allumfassender Negativität noch das Prinzip Leben bezweifeln, Leiden und Tod, Weltekel, Scheitern und Überdruss, Trauer und tiefsten Pessimismus, Depression und Schlaflosigkeit thematisieren und daraus in der Spannung zwischen dem Willen zum Ausdruck und dem Schweigen äußerst konzise (paradoxe) Erkenntnisse gewinnen. Vielfältige Verbindungen zur Mystik, zur Stoa, zum Buddhismus. Ständiger Bezug auf Pascal, die Moralisten und Nietzsche. Gilt heute als ›Klassiker‹ der modernen französischen Prosa von großer internationaler Wirkung.

A   Amurgul gândurilor. Sibiu 1940.
Syllogismes de l'Amertume. Paris 1952.
Le mauvais démiurge. Paris 1969.
De l'inconvénient d'être né. Paris 1973.
Ecartèlement. Paris 1979.
Aveux et Anathèmes. Paris 1987.

Cahiers 1957–1972. Tagebücher. Ausgew. und aus dem Französischen übers. von V. von der Heyden-Rynsch. Frankfurt a. M. 2001.

Textauszug aus: Vom Nachteil, geboren zu sein. Übers. von F. Bondy. Wien/
München/Zürich 1977. – © 1977 Suhrkamp Verlag, Frankfurt am Main. Alle
Rechte bei und vorbehalten durch Suhrkamp Verlag AG, Berlin.

Nr. 39–55.

Textauszug aus: Gevierteilt. Aus dem Französischen von B. Mattheus. Frankfurt
a. M. 1991. – © 1991 Suhrkamp Verlag, Frankfurt am Main.

Nr. 56–61.

Textauszug aus: Der zersplitterte Fluch. Aus dem Französischen von V. von der
Heyden-Rynsch. Frankfurt a. M. 1987. – © 1987 Suhrkamp Verlag, Frankfurt am
Main.

Nr. 62–77.

L B. Mattheus: Cioran. Portrait eines radikalen Skeptikers. Berlin 2007.
Ph. Moret: Tradition et modernité de l'aphorisme. Cioran, Reverdy, Scutenaire,
Jourdan, Chazal. Genf 1997.
Th. Stölzel: Ein Säulenheiliger ohne Säule. Begegnungen mit E. M. Cioran.
Graz/Wien 1998.

Brana Crnčević (1933–2011)

Serbischer Satiriker, verfasst auch Drehbücher für Fernsehspiele und Kurzgeschichten. Redakteur einer satirischen Wochenzeitung in Belgrad. Sieht sich
selbst in der Tradition von Swift und Lichtenberg. Seine Aphoristik, die von
Umkehrung, Weiterführung einer Redewendung, Aufdeckung der Phrase lebt,
ist aus konkreter politischer Kritik heraus entwickelt.

D Staatsexamen. Aphorismen. Ausgew. und aus dem Serbischen übers. von
P. Urban. Frankfurt a. M. 1966.

Nr. 1–10.

Marie von Ebner-Eschenbach (1830–1916)

Herkunft aus mährischem Uradel. Dramatikerin, vor allem aber Erzählerin. Bedeutendste deutsche Aphoristikerin. Mit ihren überaus erfolgreichen *Aphorismen* von 1880 ist die Gattung unter diesem Begriff in Deutschland endgültig

etabliert. Es folgen weitere vermehrte Ausgaben. Ihr Aphorismus ist ethisch bestimmt; er will nicht brillieren, ist aber sehr bewusst geformt und bringt sich mit allen rhetorischen Mitteln zur Geltung. Wenn die Gattung in ihr »ihre ideale Mitte« findet (Fricke, 1984, S. 119), dann allenfalls dort, wo die Autorin das mitunter allzu harmonistisch und optimistisch Gütige skeptisch-dialektisch auszubalancieren versteht.

A   Aphorismen. Berlin 1880.
Gesammelte Schriften. Bd. 1. Berlin 1893.
Sämtliche Werke. Bd. 1. Berlin 1905.
Meine Erinnerungen an Grillparzer. Aus einem zeitlosen Tagebuch. Berlin 1916.
Das Gemeindekind. Novellen. Aphorismen. Hrsg. von J. Klein. München 1956.
Erzählungen. Autobiographische Schriften. Hrsg. von J. Klein. München 1958.
[Darin S. 701–746: Aus einem zeitlosen Tagebuch.]
Aphorismen. Leipzig 1982.
Gesammelte Aphorismen. Erstmals chronologisch geordnete und vielfach ergänzte Auflage. Hrsg. von Michael Wollmann und Bernd-Christoph Kämper. o. O. 2023.

D   Aphorismen. Stuttgart 1988.
Nr. 1–28.

L   P. M. Filippi: L'aforisma nella prosa di Marie von Ebner-Eschenbach. In: Configurazioni dell'aforisma. Bd. 1. Hrsg. von G. Cantarutti. Bologna 2000. S. 199–214.
U. Leuschner: Tugend und Form. Marie von Ebner-Eschenbachs aphoristisches Schreiben im Zeit- und Gattungsbezug. In: Produktion und Kontext. Beiträge der Internationalen Fachtagung der Arbeitsgemeinschaft für germanistische Edition. Hrsg. von H. T. M. van Vliet. Tübingen 1999. S. 225–236.
G. Marahrens: Über den Werte-Kosmos der Aphorismen von Marie von Ebner-Eschenbach. In: Des Mitleids tiefe Liebesfähigkeit. Zum Werk von Marie von Ebner-Eschenbach. Hrsg. von J. P. Strelka. Bern 1997. S. 183–217.
W. Mieder: »Ausnahmen können auch die Vorboten einer neuen Regel sein«. Marie von Ebner-Eschenbach's Proverbial Aphorisms. In: Modern Austrian Literature 26 (1993) H. 1. S. 105–114.
J. C. Pettey: The First Women Aphorists in German: Marie von Ebner-Eschenbach and Phia Rilke. Their Significance for the Genre and their Aphoristic Frauenbild. In: Modern Austrian Literature 28 (1995) S. 1–30.

G. Rovagnati: Detti e motti al femminile. Gli *Aforismi* di Marie von Ebner-Eschenbach. In: Studia austriaca. Hrsg. von F. Cercignani. Bd. 2. Mailand 1993. S. 149–170.

D. Strigl: »Berühmt sein ist nichts«. Marie von Ebner-Eschenbach. Eine Biographie. Wien 2016.

Ernst von Feuchtersleben (1806–1849)

Arzt, Psychiater, Ministerialbeamter in Wien. Popularphilosoph, Lyriker und Essayist. Seine überaus erfolgreiche Schrift *Diätetik der Seele* beschreibt die Wechselbeziehung zwischen Geist und Körper. Ablehnung der deutschen Romantik und Orientierung am Leitbild Goethes. Grundgedanken: das Ideal geistiger Entwicklung, Selbstdenken, die Pflicht, rechtes Handeln als praktischer Idealismus. Seine Aphorismen zu Kunst, Leben, Wissenschaft, deren erste kritische Ausgabe im Entstehen begriffen ist, gibt Hebbel postum gesammelt heraus. Feuchtersleben bezeichnet eine wichtige frühe und noch immer – etwa im Vergleich zu Schopenhauer – unterschätzte Stufe in der Entwicklung des deutschen Aphorismus. Der ärztliche Lehrer in der Tradition des Hippokrates, der Lebensphilosoph des 18. Jahrhunderts und der literarische Aphoristiker einer neuen Prägung vereinigen sich in seiner Person.

A Sämtliche Werke und Briefe. Kritische Ausgabe. Hrsg. von H. Seidler und H. Heger. Wien 1987 ff.

D Blätter aus dem Tagebuch eines Einsamen. In: E. Fr. v. F.: Sämmtliche Werke. Hrsg. von F. Hebbel. Bd. 3. Wien 1851. S. 181–237. [Zuerst in: Lebensblätter. 1841.]
> Nr. 1–10.
Confessionen. In: E. Fr. v. F.: Sämmtliche Werke. Hrsg. von F. Hebbel. Bd. 4. Wien 1851.
> Nr. 11–18.
Aphorismen. In: E. Fr. v. F.: Sämmtliche Werke. Hrsg. von F. Hebbel. Bd. 5. Wien 1852, S. 281–322. [Zuerst in: Beiträge zur Literatur, Kunst- und Lebenstheorie. 1837.]
> Nr. 19–25.

L P. Gorceix: Ernst von Feuchtersleben. Moraliste et Pédagogue (1806–1849).
Paris 1976.

H. Seidler: Ernst Freiherr von Feuchtersleben. Seine geistes- und literatur-
geschichtliche Stellung in der österreichischen Restaurationszeit. In: E. Fr. v. F.:
Sämtliche Werke und Briefe. Kritische Ausgabe. Hrsg. von H. Seidler und
H. Heger. Bd. 1,2. Wien 1987. S. 887–901.

Michail Genin (1927–2003)

In Moskau geboren und aufgewachsen. Musiker. Seit 1964 Veröffentlichungen
in einer satirischen Zeitschrift und in der *Literaturnaja Gaseta*. Vertrat die in
Deutschland gegenüber der seiner slawischen Nachbarn weniger bekannte russische Aphoristik, die er in einer schmalen DDR-Anthologie mit herausgegeben
hatte.

D St. Kurella / M. Genin (Hrsg.): Samowahrheiten. Aphorismen aus der
Sowjetunion. Berlin ²1989. – © 1989 Eulenspiegel – Das Neue Berlin, Verlagsgesellschaft mbH & Co. KG, Berlin.

Nr. 1–11.
http://www.lib.ru/ANEKDOTY/GENIN/UnewigeGedanken.txt – Dt. von
Peter Ott. 2006. – Mit Genehmigung von Vladimir Genin und Peter Ott.

Nr. 12–20.

Johann Wolfgang Goethe (1749–1832)

Nimmt 1809 in die *Wahlverwandtschaften* (»Aus Ottiliens Tagebuch«) und 1829
in *Wilhelm Meisters Wanderjahre* (»Betrachtungen im Sinne der Wanderer«;
»Aus Makariens Archiv«) aphoristische Texte auf. Außerdem publiziert er einige
aphoristische Reihen in Zeitschriften; ein nicht unbeträchtlicher Nachlass
kommt hinzu. Er macht die Maxime, als welche er die noch undeutliche Gattung bevorzugt bezeichnet, im Grenzgebiet von Kunst und Wissenschaft nutz-
bar und heimisch: Wo es in den *Wanderjahren* um den Versuch eines wissenschaftlichen Romans geht, legt der Autor in den eingeschobenen Aphorismen
Rechenschaft über die Bedingungen der Versuchsanordnung ab (John, 1993,
S. 256). Ein selbständiges Aphorismenbuch *Maximen und Reflexionen* aber, wie

es mit der Ausgabe letzter Hand von 1833 und erst recht mit der Ausgabe Max Heckers von 1907 allgemein zu seinem Werk zählt, stammt allein von seinen Herausgebern. Deren ordnende, herauslösende und zusammenfügende Tätigkeit sowie die zum Teil fälschliche Zuschreibung von Zitiertem sucht die Ausgabe der *Sprüche in Prosa* von Harald Fricke 1993 kritisch zu revidieren. (Das betrifft hier die Nr. 31 und Nr. 35.)

A   Maximen und Reflexionen. Nach den Handschriften des Goethe- und Schiller-Archivs hrsg. von M. Hecker. Weimar 1907. (Schriften der Goethe-Gesellschaft. 21.)
Sämtliche Schriften nach Epochen seines Schaffens. Münchner Ausgabe. Bd. 17: Wilhelm Meisters Lehrjahre. Maximen und Reflexionen. Hrsg. von G.-L. Fink, G. Baumann und J. John. München 1991.
Sprüche in Prosa. Sämtliche Maximen und Reflexionen. Im Originalzusammenhang wiederhergestellt und mit Erläuterungen versehen von H. Fricke. Frankfurt a. M. / Leipzig 2005.

D   Sämtliche Werke. Bd. 13: Sprüche in Prosa. Sämtliche Maximen und Reflexionen. Hrsg. von H. Fricke. Frankfurt a. M. 1993.
  Nr. 1–35.

L   H. Fricke: Zur Geschichte von Goethes Aufzeichnungen und Sprüchen in Prosa. In: J. W. G.: Sämtliche Werke. Bd. 13: Sprüche in Prosa. Sämtliche Maximen und Reflexionen. Hrsg. von H. F. Frankfurt a. M. 1993. S. 457–488.
J. Jacobs: Maximen und Reflexionen. In: Goethe-Handbuch. Hrsg. von B. Witte und P. Schmidt. Bd. 3: Prosaschriften. Stuttgart/Weimar 1997. S. 415–429.
J. John: Aphoristik und Romankunst. Eine Studie zu Goethes Romanwerk. Rheinfelden ²1993.
G. Marahrens: Über eine Neudefinition der Goetheschen Aphoristik. In: Goethe-Jahrbuch 110 (1993/94) S. 297–320.
G. Neumann: Ideenparadiese. Untersuchungen zur Aphoristik bei Lichtenberg, Novalis, Friedrich Schlegel und Goethe. München 1976. S. 604–736.
G. Neumann: Lebens-Zeit. Zur Strukturformel von Goethes »Aphorismus«. In: L'Europa degli Aforisti. Bd. 3: Forme dell'aforistica nella cultura europea. Hrsg. von M. T. Biason. Venedig 1999. S. 141–163.
F. Spicker: Die Rezeption Goethes im deutschen Aphorismus des 20. Jahrhunderts. In: Sprachkunst 36 (2005) S. 1–23.

B. Wahlen: Goethes Maximen und Reflexionen. Gedankenwelt und Probleme der Gattungsdefinition. Saarbrücken 2007.

Nicolás Gómez Dávila (1913–1994)

Sohn eines wohlhabenden kolumbianischen Grundbesitzers. In Frankreich erzogen. Als Aphoristiker und Essayist umfassend gebildeter, thematisch weitgreifender Einzelgänger mit besonderem Sinn für das »Problem« von »Ideen«, der als erklärter und streitbarer Anti-Marxist gegen Zeitgeist und »Fortschritt« kämpft, für seine Person damit den »Reaktionär« positiv umdefiniert und in wohlverstandenem Elitarismus für Einsamkeit und Kontemplation eintritt. Seiner meist in einen einzigen Satz gefassten Aphoristik ist der Witz fremd, stattdessen ist sie von der gedanklichen Pointe geprägt. Bedeutendster aphoristischer Denker nach Nietzsche.

A Escolios á un texto implícito. 2 Bde. Bogotá 1977.
Nuevos escolios á un texto implícito. 2 Bde. Bogotá 1986.
Sucesivos escolios á un texto implícito. Bogotá 1992.
Notas. Bogotá 2003.

Einsamkeiten. Glossen und Text in einem. Ausgew. und aus dem Spanischen übertr. von G. R. Sigl. Wien 1987.
Es genügt, dass die Schönheit unseren Überdruss streift … Aphorismen. Ausgew. und hrsg. von M. Klonovsky. Stuttgart 2007.
Scholien. Ein Nachtrag. Wien/Leipzig 2014.
Sämtliche Scholien zu einem inbegriffenen Text. Wien/Leipzig 2020.

D Notas. Unzeitgemäße Gedanken. Aus dem Spanischen von U. Kunzmann. Berlin ²2006. – © 2006 MSB Matthes & Seitz, Berlin Verlagsgesellschaft mbH.
    Nr. 1–22.
Sämtliche Scholien zu einem inbegriffenen Text. Wien 2020. –
© 2020 Karolinger Verlag, Wien.
    Nr. 23–88.

L T. Kinzel: Nicolás Gómez Dávila. Parteigänger verlorener Sachen. Schnellroda 2003.

M. Mosebach: Nicolás Gómez Dávila. Einsiedler am Rand der bewohnten Erde.
In: Sinn und Form 57 (2005) S. 5–38.

Ramón Gómez de la Serna (1888–1963)

Spanisch-argentinischer Autor, der 1910 die Greguería (Kauderwelsch, wildes
Schreien) ›entdeckt‹, die er als eigene Gattung betrachtet, in der er über 10 000
Texte verfasst. Lebt in Verbindung mit den Surrealisten Breton und Aragon in
Europa, ab 1936 in Argentinien. Die Greguería ist Bildaphorismus und verfrem-
dende Definition, bewegt sich zwischen kalauernder Analogie und skurrilem
Einfall, Bonmot und witziger Pointe, ist nach seinen eigenen Worten ›Humor +
surreale Metapher‹ und bestätigt die chaotische Beschaffenheit der Welt (Daus,
1971). Ihr Grundtyp ist die Definition als poetische Setzung, die in der Genitiv-
Metapher etwas einsichtslos Mechanisches nicht immer vermeiden kann. Er
selbst stellt sich in die Tradition von Wilde und Jacob; Peter Hille geht ihm in
manchem voran. In seinem spielerischen Nihilismus ist auch der Bezug zu
Nietzsche deutlich.

A   Total de Greguerías. Buenos Aires 1962.

Der Traum ist ein Depot für verlegte Gegenstände. Greguerías. Ausgew. und
hrsg. von M. Mies. Berlin 1989.

D   Greguerías. Ausgew. und übertr. von M. Mies. Wiesbaden 1958.
       Nr. 1–12.
Greguerías. Die poetische Ader der Dinge. Ausgew. und übers. von R. Wittkopf.
Straelen 1986. – © Mit Genehmigung von Nuria Wittkopf.
       Nr. 13–19.

L   M. Cipollino: Testo e immagine nelle »Greguerías« di Ramón Gómez de
la Serna. In: L'Europa degli aforisti. Bd. 3: Forme dell'aforistica nella cultura
europea. Hrsg. von M. T. Biason. Venezia 1999. S. 121–140.
W. Helmich: Ideología literaria y visión del mundo en las greguerías de Ramón
Gómez de la Serna. In: Iberoromania 16 (1982) S. 54–83.
– Le lieu historique du »Novelista« ramonien dans la perspective du roman

autoréferentiel contemporain. In: E. Martin Hernandez (Hrsg.): Ramón Gómez de la Serna. Clermont-Ferrand 1999. S. 157–169.

J. H. Hoddie: El contraste en la obra de Ramón Gómez de la Serna. Madrid 1999.

Baltasar Gracián (1601–1658)

Spanischer Jesuit und Hochschullehrer. Prosaist und Moralist. Mit *El criticón*, einem philosophischen Roman in allegorischer Form, Hauptvertreter des Konzeptismus (neben Quevedo). In seinem *Hand-Orakel*, entstanden aus der Tradition des Tacitismus, ist der Schein die entscheidende Realität. Weiteres Vorbild ist Seneca. Leitende Gesichtspunkte: Verstand, Selbst- und Menschenkenntnis, Beherrschung der Affekte einerseits, innere Abhängigkeit von der Gesellschaft andererseits. Der Begriff bezieht sich hier zum ersten Mal auf ein vorwiegend literarisches Phänomen. Bei Gracián knüpft mit La Rochefoucauld die französische Moralistik an. In Deutschland von größter Wirkung auf seinen Übersetzer Schopenhauer.

A   Oráculo manual. Huesca 1647.
Oráculo manual. In: B. G.: Obras completas. Hrsg. und eingel. von M. Batllori. Bd. 1. Madrid 1969.

Hand-Orakel und Kunst der Welt-Klugheit. Übers. von A. Schopenhauer. Nachw. von W. von Koppenfels. München 2005.
Handorakel und Kunst der Weltklugheit. Übers. und hrsg. von H. U. Gumbrecht. Ditzingen 2020.

D   Handorakel und Kunst der Weltklugheit. Aus dem spanischen Original treu und sorgfältig übersetzt von A. Schopenhauer. Mit einem Nachw. hrsg. von A. Hübscher. Stuttgart 1968.
    Nr. 1–15.

L   F. Gambin: Gracián e l'arte di saper vivere nell'Europa barocca. In: Forme brevi, frammenti, intarsi. Hrsg. von S. Genetti. Verona 2006. S. 57–82.
W. Lasinger: Aphoristik und Intertextualität bei Baltasar Gracián. Eine Strukturanalyse mit subjektgeschichtlichem Ausblick. Tübingen 2000.

Francesco Guicciardini (1483–1540)

Florentiner Politiker und Diplomat der Renaissance, der nach erzwungenem Rückzug in den *Ricordi* in der Tradition der Tacitus-Kommentare praktische Ratschläge für das politische Leben formuliert. Übertragung des hippokratischen Aphorismus vom kranken Körper auf den kranken Staatskörper, von medizinischen auf politische Sachverhalte. Im Zentrum stehen: Schutz vor Täuschung, Möglichkeit der Berechnung. Vom Leser werden, damit er die Widersprüche und Paradoxien recht versteht, Erfahrung und Unterscheidungsvermögen gefordert. Ausgangspunkt der literarischen Aphoristik (vgl. Gracián).

A Ricordi. Paris 1576.
Ricordi. In: F. G.: Opere inedite. Bd. 2. Hrsg. von G. Canestrini. Florenz 1857.
Ricordi. Hrsg. von E. Pasquini. Milano ⁴1988.

Ricordi. Vom richtigen Handeln. Hrsg. von J. Dechering und M. Wolke. Leipzig 2004.

D Ricordi. In: Der Mensch in der Gesellschaft. Aphorismen und Maximen aus Frankreich, England, Italien. Hrsg. von J. Schultz. Bamberg 1997. – © 1997 Erich Weiß Verlag, Bamberg.
  Nr. 1.
Das politische Erbe der Renaissance [»Ricordi«]. Neu geordnet und eingel. von E. Grassi. Übertr. und mit einem Anhang vers. von K. J. Partsch. Bern ²1946. – © 1946 A. Francke Verlag GmbH, Tübingen und Basel.
  Nr. 2–14.

L G. Hess: Guicciardini und die Anfänge der moralistischen Literatur. In: G. H.: Gesellschaft – Literatur – Wissenschaft. Gesammelte Schriften. 1938–1966. Hrsg. von H. R. Jauß und C. Müller-Daehn. München 1967. S. 14–29.
V. Reinhardt: Francesco Guicciardini (1483–1549). Die Entdeckung des Widerspruchs. Göttingen/Bern 2004.

Peter Handke (geb. 1942)

Im österreichisch-slowenischen Grenzgebiet aufgewachsen. Einer der bekanntesten deutschsprachigen Schriftsteller der Gegenwart. Nach sprachkritisch orientierten formalen Experimenten in Prosa und auf dem Theater fortlaufend stärkere Stilisierung und Ästhetisierung. Auch die »Journale« der Jahre 1975 bis 1990 zeugen davon, wie sich Handke, hart kritisiert, aber unbeirrt, in mystisch-(kunst-)religiöse und romantische Zusammenhänge stellt, indem er sich auf die Suche nach sinnstiftenden Möglichkeiten des poetischen Denkens begibt. »Auf der Bühne meines Innern« stellen sie im Glauben an die aufschließende Empfindungsfähigkeit des Ich Bilder und Beschreibungen, Traumnotizen, poetische (Selbst-)Beobachtungen und Augenblicks-Wahrnehmungen, auch Erinnerungspartikel und Lektürenotizen vor und entwickeln mit diesen unmittelbar-spontanen »Reportagen eines Einzel-Bewusstseins« eine eigene Variante der Gattung.

A Gestern unterwegs. Aufzeichnungen November 1987 – Juli 1990. Salzburg/Wien 2005.
Ein Jahr aus der Hand gesprochen. Salzburg/Wien 2010.
Vor der Baumschattenwand nachts. Zeichen und Anflüge von der Peripherie 2007–2015. Salzburg/Wien 2016.

D Textauszug aus: Das Gewicht der Welt. Ein Journal. November 1975 – März 1977. Salzburg 1977. – © 1977 Residenz Verlag GmbH, Salzburg. – © Suhrkamp Verlag Frankfurt am Main 1979. Alle Rechte bei und vorbehalten durch Suhrkamp Verlag AG, Berlin.
Nr. 1–24.
Textauszug aus: Die Geschichte des Bleistifts. Salzburg/Wien 1982. – © 1982 Residenz Verlag GmbH, Salzburg. – © Suhrkamp Verlag Frankfurt am Main 1985. Alle Rechte bei und vorbehalten durch Suhrkamp Verlag AG, Berlin.
Nr. 25–45.
Textauszug aus: Phantasien der Wiederholung. Frankfurt a.M. 1995. – © 1995 Suhrkamp Verlag, Frankfurt am Main. Alle Rechte bei und vorbehalten durch Suhrkamp Verlag AG, Berlin.
Nr. 46–60.
Textauszug aus: Am Felsfenster morgens (und andere Ortszeiten 1982–1987).

Salzburg/Wien 1998. – © 1998 Residenz Verlag GmbH, Salzburg. – © Suhrkamp Verlag Berlin 2019.
Nr. 61–67.

L U. Greiner-Kemptner: Subjekt und Fragment. Textpraxis in der (Post-) Moderne. Aphoristische Strukturen in Texten von P. Handke, B. Strauß, J. Becker, Th. Bernhard, W. Hildesheimer, F. Ph. Ingold und A. Heiz. Stuttgart 1990.
Peter Handke. 6. Aufl.: Neufassung. München 1999. (Text + Kritik. 24.)
S. H. Kaszyński: Aphoristische Denkmuster in Peter Handkes Journalbüchern. In: S. H. K.: Kleine Geschichte des österreichischen Aphorismus. Tübingen/Basel 1999. S. 137–154.
– Aphorismus als Lebenshaltung. Zu Peter Handkes Journalbuch *Am Felsfenster morgens*. In: S. H. K.: Weltbilder des Intellekts. Erkundungen zur Geschichte des österreichischen Aphorismus. 2., verb. und erw. Aufl. Wrocław (Breslau) 2005. S. 147–161.

William Hazlitt (1778–1830)

Englischer Essayist und Literaturkritiker. Einer der produktivsten englischen Vertreter der Gattung. Stellt sich mit dem Untertitel seiner Aphorismen, *In the Manner of Rochefoucault's Maxims,* bewusst in eine lange Reihe von Nachahmern, die der französische Moralist seit seiner frühen Übersetzung ins Englische (1670) auf der Insel findet. Hazlitt bleibt auch thematisch mit der Reflexion menschlicher Tugenden und Untugenden, von Neid und Hoffnung, Vorurteil, Eigenliebe und Täuschung, im gewohnten Rahmen; seine Moralistik ist mitunter an der Grenze zum fast betulich Moralistischen oder gar Moralisierenden.

A Characteristics. In the Manner of Rochefoucault's Maxims. London 1823.
Common Places. In: The Literary Examiner. 1823.
Maxims on Mankind. In: The Monthly Magazine. 1829.
Aphorisms on Man. In: The Monthly Magazine. 1830.
Characteristics in the Manner of Rochefoucault's Maxims. With Introductory Remarks. London 1927.

Aphorismen. In: Zeno 28 (2007) H. 28. S. 31–36.

D   Complete Works. Hrsg. von P. P. Howe. Bd. 9. New York 1967.
Characteristics: Nr. 1–26.
Common Places: Nr. 27–33.
Übers. von Petra Madelung und Friedemann Spicker.

Friedrich Hebbel (1813–1863)

Autodidakt aus ärmlichsten Verhältnissen. Vornehmlich Dramatiker. Führt vom
23. März 1835 bis zu seinem Tode ein überaus bedeutendes Reflexionstagebuch.
Der Begriff und die Gattung Aphorismus, der sich große Teile seines diaristi-
schen Werkes zuordnen lassen, sind ihm durch Lichtenberg und Rahel Varnhagen, später durch seine Feuchtersleben-Edition vertraut. Seine Aphoristik be-
sticht – bei pessimistischem Grundzug – weniger durch Brillanz und Eleganz als
durch ihre gedankliche Bedingungslosigkeit und geradezu frappante Einfachheit,
besonders dort, wo er das Denken in den dialektischen Umschlag hineintreibt.

A   Tagebücher. In: F. H.: Sämmtliche Werke. Historisch-kritische Ausgabe.
Hrsg. von R. M. Werner. Abt. II. Bd. 1–4. Berlin 1914–22.
Das gekämmte Hirn. Aphorismen. Hrsg. von W. Ehrenforth. Berlin 1984.

D   Werke. 5 Bde. Hrsg. von G. Fricke, W. Keller und K. Pörnbacher. Bd. 4 und
5. München 1963–67.
Nr. 1–44.

L   H. Fröschle: Hebbel als Aphoristiker. In: Hebbel. Mensch und Dichter im
Werk. Wegweiser zu neuem Humanismus. Hrsg. von I. Koller-Andorf. Wien
1987. S. 147–179.
A. Hummel: »Der wahre Schmerz ist schamhaft.« Gnomische Strukturen in den
Tagebüchern Friedrich Hebbels. In: Studien zu Hebbels Tagebüchern. Hrsg. von
G. Häntzschel. München 1994. S. 43–57.
H. Koopmann: »… immer fesselnde Lektüre, wenn auch viel Dekoration und
die Gefühle überinszeniert«. Zu Hebbels Tagebüchern. In: Hebbel-Jahrbuch
2003. S. 91–112.
P. Michelsen: Friedrich Hebbels Tagebücher. Eine Analyse. Göttingen ²1996.
K. M. Stünkel: Atlantis regained. Spinoza und die kleinen Formen des Denkens.
Würzburg 2022. S. 205–232.

H. Thomsen: Friedrich Hebbels Tagebücher. Paradoxien einer nichtliterarischen Literatur. In: Hebbel Jahrbuch 2013. S. 32–65.

Hugo von Hofmannsthal (1874–1929)

Österreichischer Lyriker, Dramatiker, Erzähler und Essayist. Bildet als Aphoristiker einen Gegenpol zu Kraus. Sein *Buch der Freunde* (1922) steht dem Titel wie der Anlage nach in der Goethe-Nachfolge, auch in der Form des überlegenen Maximentons. Eigene und »angeeignete« fremde Texte stehen nebeneinander. Breites inhaltliches Spektrum. Im Zentrum, gegründet auf konservativen Werten wie Autorität und Anstand, Überlegungen zu den Bedingungen dichterischer Produktion. Konzeption einer Geist-Herrschaft mit starken arationalen Elementen. Ambivalenz, so von Tätigkeit und Leiden, Kraft und Schwäche, durchwirkt das *Buch der Freunde*; sie versteht sich hier als ein ruhiges Vermitteln und verbindet sich mit einer ›sanften‹ Paradoxie.

A Buch der Freunde. Leipzig 1922.

D Buch der Freunde. Mit Quellennachweisen hrsg. von E. Zinn. 16.–21. Tsd. Frankfurt a. M. 1967.
Nr. 1–43.
Reden und Aufsätze III, 1925–1929. Buch der Freunde. Aufzeichnungen, 1889–1929. Hrsg. von B. Schoeller und I. Beyer-Ahlert. (Gesammelte Werke in zehn Einzelbänden.) Frankfurt a. M. 1980.
Nr. 44–52.

L M. Mayer: Aphoristisches. In: M. M.: Hugo von Hofmannsthal. Stuttgart/ Weimar 1993. S. 167–174.
R. Noltenius: Hofmannsthal – Schröder – Schnitzler. Möglichkeiten und Grenzen des modernen Aphorismus. Stuttgart 1969.
D. Szczesniak: Zum Wiener Aphorismus der Moderne. Arthur Schnitzler, Hugo von Hofmannsthal, Karl Kraus. Stuttgart 2006.

Karol Irzykowski (1873–1944)

Polnischer Erzähler. Führender Literaturkritiker in der Zwischenkriegszeit. Gilt nicht nur als Vater des modernen tiefenpsychologischen Romans und als Autor bahnbrechender literarischer Experimente (Dedecius, 1997), sondern auch als der bedeutendste polnische Aphoristiker neben Lec (Krupka, 1976). Er schreibt seine Doktorarbeit über Hebbel und übersetzt dessen Tagebücher. Sein eigenes Tagebuch, aus dem ausgewählte Aphorismen erschienen sind, steht ausdrücklich in dieser Nachfolge.

A Czyn i słowo. Glossy sceptika (Tat und Wort. Glossen eines Skeptikers). Lemberg 1913.
Lżejszy kaliber (Leichteres Kaliber). Warschau 1938.
Notatki z życia, obserwacje i motywy (Aufzeichnungen aus dem Leben. Beobachtungen und Motive). Warschau 1964.

D A. Marianowicz / R. M. Groński (Hrsg.): Denkspiele. Frankfurt a. M. 1975.
Nr. 1.
Bedenke, bevor du denkst. 2222 Aphorismen, Sentenzen und Gedankensplitter. Hrsg. und übers. von Karl Dedecius. Frankfurt a. M. 1984. – © 1984 Suhrkamp Verlag, Frankfurt am Main. Alle Rechte bei und vorbehalten durch Suhrkamp Verlag AG, Berlin.
Nr. 2–18.
K. Dedecius (Hrsg.): Polnische Pointen. Zürich 1997. – © 1962 Carl Hanser Verlag GmbH & Co. KG, München.
Nr. 19.

L P. Krupka: Der polnische Aphorismus. München 1976. S. 33 f.

Jean Paul (Johann Paul Friedrich Richter, 1763–1825)

Gegenüber dem großartigen Romanschriftsteller Johann Paul Friedrich Richter, der sich Jean Paul nennt (*Titan*; *Flegeljahre*), ist der Aphoristiker, der Lichtenberg wenig nachsteht, bis heute allgemein noch viel zu wenig bekannt. Das liegt vor allem daran, dass der Nachlass mit seinen etwa 40 000 Blättern, der von bibliographischer Notiz und Exzerpt bis zu teilausgeführtem Entwurf reicht, bisher nur zu einem Teil veröffentlicht ist. Erst in jüngster Zeit wurde die Edition dieses seines enormen Ideen-Reservoirs wieder aufgenommen, das als Frucht säkularisierter und rationalisierter Selbst- wie Fremdbeobachtung zum Teil aphoristisch orientiert ist. Darin nehmen seine »Gedanken«, »Bemerkungen«, »Einfälle«, »Merkblätter« (oder wie immer er seine Aufzeichnungen nennt) einen großen Raum ein.

A Sämtliche Werke. Abt. 1 und 2. 10 Bde. Hrsg. von N. Miller und W. Schmidt-Biggemann. München/Wien 1960–85.
Sämtliche Werke. Historisch-kritische Ausgabe. Abt. 2. Bd. 9: Einfälle, Bausteine, Erfindungen. Tl. 2: Erfindungen. Das grüne Buch. Thorheiten. Text mit Apparat. Hrsg. von P. Zaus. Weimar 2012.

D Sämtliche Werke. Historisch-kritische Ausgabe. Abt. 2: Nachlaß. Hrsg. von E. Berend. Bd. 5: Bemerkungen über den Menschen. Weimar 1936.
    Nr. 1–31.
Sämtliche Werke. Historisch-kritische Ausgabe. Abt. 2: Nachlaß. Bd. 6: Dichtungen, Merkblätter, Studienhefte. Schriften zur Biographie. Libri legendi. Hrsg. von G. Müller unter Mitarb. von J. Knab. Vita-Buch hrsg. von W. Feifel. Weimar 1996.
    Nr. 32–43.
Sämtliche Werke. Historisch-kritische Ausgabe. Abt. 2: Nachlaß. Bd. 7: Philosophische, ästhetische und politische Untersuchungen. Hrsg. auf Veranlassung der Deutschen Schillergesellschaft Marbach am Neckar von G. Müller unter Mitarb. von J. Knab. Weimar 1999.
    Nr. 44–49.
Sämtliche Werke. Historisch-kritische Ausgabe. Abt. 2: Nachlaß. Bd. 8: Gedanken. Hrsg. auf Veranlassung der Deutschen Schillergesellschaft Marbach am Neckar von E. Berend (†) und W. Feifel. Tl. 1–2. Weimar 2000–04.
    Nr. 50–70.
Ideen-Gewimmel. Texte und Aufzeichnungen aus dem unveröffentlichten Nachlaß. Hrsg. von K. Wölfel und T. Wirtz. Frankfurt a.M. 1996.
    Nr. 71–76.

L G. W. Fieguth: Jean Paul als Aphoristiker. Phil. Diss. Mainz 1965.
F. Spicker: »Für den Verstand kann man nicht zu lakonisch sein, aber wohl für die Phantasie.« Jean Paul als Aphoristiker – nach und neben Lichtenberg. In: Lichtenberg-Jahrbuch 2000. Hrsg. im Auftrag der Lichtenberg-Gesellschaft von

Wolfgang Promies, Alexander Neumann und Ulrich Joost. Saarbrücken: Saarbrücker Druckerei und Verlag, 2001. S. 82–96.
M. Will: Findbuch zu Jean Pauls Exzerpten. Würzburg 2019.

Joseph Joubert (1754–1824)

Monarchist und Revolutionskritiker. Distanz zur Aufklärung, Hinwendung
zum Christentum. Zu Lebzeiten erscheint kein Werk von ihm. Er verfasst aber
zwischen 1771 und 1823 mehr als 20 000 Seiten Reflexions-Tagebücher. Neben
den Themen aus Politik und Gesellschaft gewinnen ästhetische (Gattungsreflexion) und philosophisch-religiöse an Bedeutung. Denken und Gefühlsleben,
Erkenntnis und Bild vereinigen sich in seinem Stil, der von Diskontinuität und
Konzision geprägt ist. Die jüngere Literaturwissenschaft sieht ihn inhaltlich wie
formal als Überwinder der klassischen moralistischen Maxime und Wegbereiter
des modernen französischen Aphorismus (Helmich, 1991, S. 58).

A Pensées. Hrsg. von P. Raynal. Paris 1928.
Les Carnets. Hrsg. von A. Beaunier. Paris 1938.
Alles muss seinen Himmel haben. Aus den Notizen. Auswahl, Übersetzung
und Vorwort von M. Zingg. Salzburg/Wien 2018.
So wirklich wie eine Kanonenkugel. Gedanken aus den Notizbüchern. Aus dem
Französischen von M. Jakob. Berlin 2020.

D Die französischen Moralisten. Hrsg. und übers. von F. Schalk. Bd. 2: Galiani,
Rivarol, Joubert, Jouffroy. München 1974. – © Aufbau Verlage GmbH & Co. KG,
Berlin 1980, 2008.
Nr. 1–67.

L W. Helmich: Der moderne französische Aphorismus. Tübingen 1991. S. 53–58.
P. A. Ward: Joseph Joubert and the Critical Tradition. Genf 1980.

Franz Kafka (1883–1924)

Einer der bedeutendsten Schriftsteller des 20. Jahrhunderts. Kurzprosa, Roman, Tagebuch. Stellt aus seinen Züraur Oktavheften von 1917/18 als Vorform einer Druckvorlage eine unbetitelte Aphorismensammlung zusammen, die als *Betrachtungen über Sünde, Leid, Hoffnung und den wahren Weg* erst postum gedruckt wird, wie der weitaus größte Teil seines Werks. Die hier *Er* genannte zweite Reihe von Aphorismen stammt von Januar und Februar 1920. Seine Aphorismen sind als eher private Meditation wie auch als Literatur im Zusammenhang des österreichischen Sprachskeptizismus der Jahrhundertwende gedeutet worden und sind bestechend-bewegend in ihrer existentiellen Paradoxie und Dialektik. Aus dem expressionistischen Kontext ragen sie so solitär heraus wie Kafkas übriges Werk. Sie sind auf das Bild konzentriert und markieren so den innovativen und traditionsmächtigen Gegentyp zu Kraus' Aphoristik.

A Betrachtungen über Sünde, Leid, Hoffnung und den wahren Weg. In: F. K.: Beim Bau der Chinesischen Mauer. Hrsg. von M. Brod und H. J. Schoeps. Berlin 1931.
Er. In: F. K.: Beim Bau der Chinesischen Mauer. Hrsg. von M. Brod und H. J. Schoeps. Berlin 1931.
Züraur Zettel. Hist.-krit. Ausgabe sämtlicher Handschriften, Drucke und Typoskripte. Hrsg. von R. Reuß und P. Staengle. Frankfurt a. M. 2012.
Die Züraur Aphorismen. Hrsg. von R. Calasso. Frankfurt a. M. 2006.
»Du bist die Aufgabe«. Aphorismen. Hrsg., kommentiert und mit einem Nachwort von R. Stach. Göttingen 2019.

D Tagebücher in der Fassung der Handschrift. Hrsg. von H.-G. Koch, M. Müller und M. Pasley. Frankfurt a. M. 1990.
   Nr. 1–4.
Nachgelassene Schriften und Fragmente II. In der Fassung der Handschriften. Hrsg. von J. Schillemeit. Frankfurt a. M. 1992.
   Nr. 5–15.

L A. Bidmon: Metaphysik unter dem Mikroskop. Franz Kafkas ›Züraur Reflexionen‹ als prototypische Nanotexte. In: Nanotextualität. Ästhetik und Ethik

minimalistischer Formen. Hrsg. F. Fromholzer, M. Mayer und J. Werlitz. Paderborn 2017.

R. T. Gray: Constructive Deconstruction. Kafka's Aphorisms: Literary Tradition
and Literary Transformation. Tübingen 1987.

W. Hoffmann: »Ansturm gegen die letzte Grenze«. Aphorismen und Spätwerk
Kafkas. Bern [u.a.] 1984.

S. H. Kaszyński: Die Realität der Symbole im Aphorismuswerk von Franz
Kafka. In: S. H. K.: Kleine Geschichte des österreichischen Aphorismus.
Tübingen/Basel 1999. S. 93–102.

F. Spicker: Franz Kafka. In: F. S.: Der deutsche Aphorismus im 20. Jahrhundert.
Spiel, Bild, Erkenntnis. Tübingen 2004. S. 219–233.

Karl Kraus (1874–1936)

Veröffentlicht in der von ihm herausgegebenen und bald auch allein verfassten
Wiener Zeitschrift *Die Fackel* seit 1906 Aphorismen, die er in drei Bänden, z. T.
umgearbeitet, zwischen 1909 und 1919 sammelt. Sie sind bezeichnenderweise
»ästhetisch sublimierte Aggression«, ihr Autor erscheint als »Virtuose des Has-
ses« (Fricke, 1984, S. 125, 127). Kampf ist ihr Stimulanz, Satire ihr Element, Artistik ihre Waffe. An Gegnern haben sie keinen Mangel: die Presse, die Politik, die
Gesellschaft und ihre existenzbedingende Heuchelei. Es sind wohl die brillie-
rendsten, wenn auch nicht unbedingt die brillantesten oder gar nachhaltigsten
deutschen Aphorismen. Sie sind von singulärer Wirkung auf die Aphoristik des
20. Jahrhunderts.

A Sprüche und Widersprüche. Wien 1909.
Pro domo et mundo. Wien 1912.
Nachts. Wien 1919.
Beim Wort genommen. In: K. K.: Werke. Bd. 3. Hrsg. von H. Fischer. München
1955.

D Schriften. Hrsg. von Ch. Wagenknecht. Bd. 8: Aphorismen. Frankfurt a.M.
1986.
Nr. 1–41.

L   J. M. Fischer: Karl Kraus. Der Widersprecher. Wien 2020.

W. M. Johnston: Karl Kraus und die Wiener Schule der Aphoristiker.
In: Literatur und Kritik 211/212 (1987) S. 11–24.

S. H. Kaszyński: Sprachkritik als Mentalitätskritik in den Aphorismen von Karl
Kraus. In: S. H. K.: Kleine Geschichte des österreichischen Aphorismus. Tübin-
gen/Basel 1999. S. 81–92.

G. Marahrens: Über die sprachliche Struktur und Genesis der Aphorismen von
Karl Kraus. In: Karl Kraus. Diener der Sprache, Meister des Ethos. Hrsg. von
J. P. Strelka. Tübingen 1990. S. 49–86.

F. Spicker: Karl Kraus. In: F. S.: Der deutsche Aphorismus im 20. Jahrhundert.
Spiel, Bild, Erkenntnis. Tübingen 2004. S. 139–163.

D. Szczesniak: Zum Wiener Aphorismus der Moderne. Arthur Schnitzler, Hugo
von Hofmannsthal, Karl Kraus. Stuttgart 2006.

Jean de La Bruyère (1645–1696)

Menschenbeobachter und literarischer Porträtist. Mitglied der Académie Fran-
çaise. Sein Hauptwerk sind die satirischen *Caractères* (1688) in der Manier von
Theophrast, die ihm »viel Feind, viel Ehr« einbringen: Gedanken der Vorgänger,
Montaignes, Pascals, La Rochefoucaulds, werden hier am Objekt demonstriert.
Stilistisch wie motivisch gehören seine Maximen in diesen Zusammenhang.
Konservatismus verbindet sich mit Sozialkritik. Die ethische überlagert die äs-
thetische Intention im besonderen Blick für die inneren Widersprüchlichkeiten
des Menschen.

A   Les Caractères ou les Mœurs de ce Siècle. 1688. ⁴1689.
Les Caractères de Theophraste traduits du grec avec les caractères ou les mœurs
de ce siècle. Hrsg. von R. Garapon. Paris 1962.
Les Caractères de Theophraste traduits du grec avec les caractères ou les mœurs de
ce siècle. In: J. d. L. B.: Œuvres complètes. Hrsg. von J. Benda. Paris ⁵1978. (Pléiade.)

D   Die Charaktere oder Die Sitten des Jahrhunderts. Übertr. und hrsg. von
G. Hess. Berlin: Aufbau, 1940. – © Aufbau Verlage GmbH & Co. KG, Berlin
1940, 2008.
  Nr. 1–32.

L L. van Delft: La Bruyère ou du Spectateur. Paris/Seattle/Tübingen 1996.
H. Mazaheri: La Satire Démystificatrice de La Bruyère. Essais sur Les Caractères ou les Mœurs de ce Siècle. New York 1995.

François de La Rochefoucauld (1613–1680)

Von hohem Adel. Zieht sich 1652 enttäuscht aus der großen Politik zurück. Mit seinen *Maximen* Schöpfer einer neuen literarischen Form (wenn auch – siehe Gracián – nicht voraussetzungslos). Der im eigentlichen Sinne erste europäische Aphoristiker, der gleichzeitig das Muster der Gattung schafft. Die menschlichen Tugenden und Laster, das Vorgebliche und das Wahre im menschlichen Miteinander sind der Gegenstand seiner immer wieder überarbeiteten, streng formulierten, bilderlosen psychologischen Einsichten. Eigenliebe ist für ihn die entscheidende Triebfeder allen menschlichen Handelns, der von aller Selbsttäuschung befreite »honnête homme« sein Ideal.

A Réflexions ou Sentences et maximes morales. Paris 1665. Ebd. ⁵1678.
Réflexions ou Sentences et maximes morales. In: F. d. L. R.: Œuvres complètes. Hrsg. von L. Martin-Chauffier und J. Marchand. Paris 1964. (Pléiade.)

D Maximen und Reflexionen. Übertr. und Nachw. von K. Nussbächer. Stuttgart 1988.
    Nr. 1–22.
Die französischen Moralisten. Hrsg. und übers. von F. Schalk. Bd. 1: La Rochefoucauld, Vauvenargues, Montesquieu, Chamfort. München 1973. – © Aufbau Verlage GmbH & Co. KG, Berlin 1979, 2008.
    Nr. 23–26.

L M. Kruse: Die Maxime in der französischen Literatur. Studien zum Werk La Rochefoucaulds und seiner Nachfolger. Hamburg 1960.
R. Reschika: Die französischen Immoralisten. Eine Hommage an die Kritiker des Menschen. Hannover 2018.
J. Weiser: Vertextungsstrategien im Zeichen des désordre. Rhetorik, Topik und Aphoristik in der französischen Klassik am Beispiel der *Maximes* von La Rochefoucauld. Heidelberg 2004.

Stanisław Jerzy Lec (1909–1966)

Polnisch-jüdischer Lyriker und Aphoristiker. Beginnt im polnischen Frühling 1956/57 mit der Veröffentlichung seiner Aphorismen gegen die Macht des Staates, zu Fragen von Recht und Wahrheit, zu religiösen und moralischen Themen. Heine, Kraus, die jüdische Spruchtradition bilden wichtige Einflüsse. Den äußerst kurzen satirisch-pointierten Aphorismus, der sich aus Umkehrung, Frage, Wörtlichnehmen, Weiterführen eines Sprichworts speist, führt er zu einem Höhepunkt. Er erringt damit internationalen Ruhm und wird vielfach nachgeahmt.

A Myśli nieuczesane (Unfrisierte Gedanken). Krakau 1959.
Myśli nieuczesane nowe (Neue unfrisierte Gedanken). Krakau 1966.
Aforyzmy. Fraszki (Aphorismen. Epigramme). Krakau 1977.

Sämtliche unfrisierte Gedanken. Dazu Prosa und Gedichte. Hrsg. und aus dem Polnischen übertr. von K. Dedecius. München ²2001.

D Sämtliche unfrisierte Gedanken. Dazu Prosa und Gedichte. Hrsg. und aus dem Polnischen übertr. von K. Dedecius. Frankfurt a. M. 1997. – © 2000, 2014 Sanssouci im Carl Hanser Verlag, München.
Nr. 1–47.

L K. Dedecius: Letztes Geleit für den ersten Aphoristiker unserer Zeit: Lec. In: Der Aphorismus. Hrsg. von G. Neumann. Darmstadt 1976. S. 452–478.
M. Kijowska: Die Tinte ist ein Zündstoff. Stanisław Jerzy Lec. Der Meister des unfrisierten Denkens. Mit einem Vorwort von K. Dedecius. München 2009.
P. Krupka: Der polnische Aphorismus. Die *Unfrisierten Gedanken* von Stanisław Jerzy Lec und ihr Platz in der polnischen Aphoristik. München 1976.
F. Spicker: Zur Rezeption von Stanisław Jerzy Lec in der deutschsprachigen Aphoristik. Ein Beitrag zu den polnisch-deutschen Literaturbeziehungen im 20. Jahrhundert. In: Convivium (2005) S. 141–161.

Georg Christoph Lichtenberg (1742–1799)

Naturwissenschaftler und Satiriker der Aufklärung. Hochschullehrer in Göttingen. Neben seinen wissenschaftlichen und literarischen Arbeiten (z. B. *Erklärung der Hogarthischen Kupferstiche*, Herausgabe eines Kalenders mit zahlreichen Aufsätzen) entstehen als private Aufzeichnungen seine *Sudelbücher*. Pietismus und Wissenschaftlichkeit verbinden sich in ihrer Entstehung; Bildkraft und Witz, Sprachsinn und Kritikvermögen, das Mit- und Ineinander von Vernunft und Empfindungsfähigkeit, Selbstbeobachtung, Wahrnehmungsstärke und blitzartige Erkenntnis zeichnen sie aus. Sie nehmen Einsichten des 20. Jahrhunderts, etwa zu Fragen der Sprachkritik und der Psychologie, vorweg. Im Wesentlichen erst zu Anfang dieses Jahrhunderts werden sie als *Aphorismen* veröffentlicht und angemessen hoch geschätzt. Die aufblühende Gattung erhält damit in Deutschland ihr Musterbeispiel.

A Bemerkungen vermischten Inhalts. In: Vermischte Schriften. Hrsg. von L. Ch. Lichtenberg und F. Kries. Bd. 1. Göttingen 1800.
Aphorismen. Nach den Handschriften hrsg. von A. Leitzmann. H. 1–5. Berlin 1902–08. Neudr. Frankfurt a. M. 2005.
Aphorismen und andere Sudeleien. Hrsg. von U. Joost. Stuttgart 2003.
Wenn ein Buch und ein Kopf zusammenstoßen. Aphorismen und andere Sudeleien. Hrsg. und kommentiert von U. Joost. 2. durchgesehene, ergänzte und aktualisierte Auflage. Göttingen 2021.

D Schriften und Briefe. Hrsg. von W. Promies . Bd. 1: Sudelbücher I. Hefte A–L. München 1973. Nachdr. 1980. – Bd. 2: Sudelbücher II. 3., rev. Aufl. Ebd. 1991. – Kommentar-Bd. zu Bd. 1 und 2. Ebd. 1992.
Nr. 1–102.

L B. Achenbach: »Euer Konzipient war ein sinnreicher Kopf« und andere Beiträge zur Lichtenberg-Forschung. Hrsg. von U. Joost. Göttingen 2021.
H. Gockel: Individualisiertes Sprechen. Lichtenbergs Bemerkungen im Zusammenhang von Erkenntnistheorie und Sprachkritik. Berlin / New York 1973.
Lectures d'une œuvre. Les aphorismes de Lichtenberg. Hrsg. von J. Mondot. Paris 2001.
E. Mengaldo: Zwischen Naturlehre und Rhetorik. Kleine Formen des Wissens in Lichtenbergs »Sudelbüchern«. Göttingen 2021.

W. Mieder: »Regeln-Krieg, Sprüchwörter-Krieg«. Zu den sprichwörtlichen
Aphorismen von Georg Christoph Lichtenberg. In: W. M.: Sprichwörtliche
Aphorismen. Von Georg Christoph Lichtenberg bis Elazar Benyoëtz. Wien
1999. S. 16–52.
G. Neumann: Ideenparadiese. Untersuchungen zur Aphoristik bei Lichtenberg,
Novalis, Friedrich Schlegel und Goethe. München 1976. S. 86–264.
G. Sautermeister: Georg Christoph Lichtenberg. München 1993.
F. Spicker: Vom *Sudelbuch* zum *Aphorismus*. Lichtenberg und die Geschichte
des Gattungsbegriffes. Tl. 1. In: Lichtenberg-Jahrbuch 1997. Hrsg. im Auftrag
der Lichtenberg Gesellschaft von W. Promies und U. Joost. Saarbrücken: Saarbrücker Druckerei und Verlag, 1998. S. 96–115. – Tl. 2. Ebd. 1998. S. 115–135.
R.-R.Wuthenow: Angenehmes Geschwätz und witzige Köpfe. Lichtenberg und
die französischen Moralisten. In: Lichtenberg-Jahrbuch 2004. Begr. von
W. Promies. Hrsg. im Auftrag der Lichtenberg-Gesellschaft von Ulrich Joost
und Alexander Neumann. Saarbrücken: Saarbrücker Druckerei und Verlag,
2004. S. 121–132.

Antonio Machado y Ruiz (1875–1939)

Zählt zu den bedeutendsten spanischen Lyrikern des 20. Jahrhunderts. Republi-
kaner. In Frankreich gestorben. Veröffentlicht auch Gedichte unter dem Pseudonym Abel Martín und stattet das Pseudonym mit einer Biographie aus. Martíns
Schüler, der Turnlehrer Juan de Mairena, publiziert in der Fiktion die *Sentencias*,
die neben längeren Texten, Dialogen und Fragmenten aus Unterrichtsstunden
auch Aussprüche seines Lehrers und Aphorismen, vornehmlich zu Fragen von
Poesie und Philosophie, sammeln.

A   Juan de Mairena. Sentencias, donaires, apuntes y recuerdos de un Profesor
apócrifo. Madrid 1936.
Antología de su prosa. 4 Bde. Hrsg. von Aurora de Albornoz. Madrid 1970–72.

D   Juan de Mairena. Sentenzen, Späße, Aufzeichnungen und Erinnerungen
eines apokryphen Lehrers. Ins Deutsche übertr. von Georg Rudolf Lind. Berlin /
Frankfurt a. M. 1957.
      Nr. 1–8.

L   J. Olivia Jiménez: Antonio Machado en la poesía española. Madrid 2002.

Multatuli (Eduard Douwes Dekker, 1820–1887)

Bekanntester niederländischer Schriftsteller des 19. Jahrhunderts. Wird nach Konflikten mit der Kolonialregierung in Indonesien berühmt mit seinem kolonialkritischen Roman *Max Havelaar* (1860). Die sieben Bände seiner *Ideen* sind eine durchgehend in 1282 Nummern eingeteilte Sammlung unterschiedlichster literarischer Formen, von Roman und Drama bis zum Aphorismus. In der Richtung und Rigorosität seines Denkens zeigen sich manche Anklänge an Nietzsche.

A Ideën. 7 Bde. 1862–77. In: M.: Volledige Werken. Bd. 2–4, 6 und 7. Amsterdam 1951–52.

D Ideen. Übers. aus dem Holländischen von W. Spohr. Berlin ²1903. Nr. 1–7.

L E. Leibfried: Multatuli. Leben und Schreiben zwischen Amsterdam, Java und Wiesbaden. Wiesbaden 2005.

Stefan Napierski (1899–1940)

Polnischer Lyriker, Literaturkritiker, Übersetzer und Herausgeber. Die drei Sammlungen seiner *Einfälle und Bemerkungen*, die er auch Fragmente und Proben nennt, kreisen um Themen wie Einsamkeit und Tod, Gott und die Nichtigkeit der Welt. Er fühlt sich darin dem kombinatorischen Witz der Romantiker, besonders Friedrich Schlegels und Novalis', verbunden.

A Pomysły in uwagi (Einfälle und Bemerkungen). Bd. 1: Cienie na wietrze (Schatten im Wind). Warschau 1928. – Bd. 2: Pusta ulica (Die leere Straße). Warschau 1931. – Bd. 3: Próby (Versuche). Warschau 1937.

D Bedenke, bevor du denkst. 2222 Aphorismen. Sentenzen und Gedankensplitter. Hrsg. und übers. von Karl Dedecius. Frankfurt a. M. 1984. – © 1984 Suhrkamp Verlag, Frankfurt am Main. Alle Rechte bei und vorbehalten durch Suhrkamp Verlag AG, Berlin.
Nr. 1–13.

K. Dedecius (Hrsg.): Polnische Pointen. Zürich 1997. – 1962 Carl Hanser Verlag GmbH & Co. KG, München.
Nr. 14–16.

L   P. Krupka: Der polnische Aphorismus. München 1976. S. 28–30.

Friedrich Nietzsche (1844–1900)

Dichter und Denker von singulärer Wirkung für das 20. Jahrhundert. Altphilologe, Hochschullehrer. Ab 1879 im krankheitsbedingten Ruhestand, ab 1889 geisteskrank in Pflege. Behauptet den Aphorismus, von der »Sentenz« der französischen Moralisten herkommend, als den auf ihn zugeschnittenen Ort zwischen Dichtung und Philosophie zeitlebens für sich: von dem Plan zu einer aphoristischen fünften »Unzeitgemäßen Betrachtung« 1876 über die großen Aphorismenbücher bis zu den »Sprüchen und Pfeilen« aus der *Götzen-Dämmerung* 1889 am Ende seines geistigen Lebens. Er bedenkt pointiert und sprachmächtig in annähernd 3000 »Stücken« unterschiedlicher Länge von einer umfassenden Moral- und Kulturkritik her alle Aspekte des menschlichen Lebens, Kunst und Wissenschaft, Religion und Politik, umwertend neu.

A   Menschliches, Allzumenschliches. Ein Buch für freie Geister. Erster Band. Chemnitz 1878.
[Anhang. Vermischte Meinungen und Sprüche.] Menschliches, Allzumenschliches. Zweiter Band, Erste Abteilung. Chemnitz 1879.
[Zweiter und letzter Nachtrag. Der Wanderer und sein Schatten.] Menschliches, Allzumenschliches. Zweiter Band. Zweite Abteilung. Chemnitz 1880.
Morgenröthe. Gedanken über die moralischen Vorurtheile. Chemnitz 1881.
Die fröhliche Wissenschaft. Chemnitz 1882.
Jenseits von Gut und Böse. Vorspiel einer Philosophie der Zukunft. Leipzig 1886. [Sprüche und Zwischenspiele.]
Götzen-Dämmerung oder Wie man mit dem Hammer philosophiert. Leipzig 1889. [Sprüche und Pfeile.]
Kritische Gesamtausgabe. Begr. und hrsg. von G. Colli und M. Montinari. Weitergef. von W. Müller-Lauter und K. Pestalozzi. Berlin 1967–97.

D Kritische Studienausgabe. Hrsg. von G. Colli und M. Montinari. 2., durchges. Aufl. München / Berlin / New York 1988.

> Bd. 2: Menschliches, Allzumenschliches. Erster Band:
> Nr. 1–21
> Menschliches, Allzumenschliches. Zweiter Band. Erste Abteilung:
> Nr. 22–38.
> Menschliches, Allzumenschliches. Zweiter Band. Zweite Abteilung:
> Nr. 39–42.
> Bd. 3: Morgenröte:
> Nr. 43–58.
> Die fröhliche Wissenschaft:
> Nr. 59–83.
> Bd. 5: Jenseits von Gut und Böse:
> Nr. 84–97.
> Bd. 6: Götzen-Dämmerung:
> Nr. 98–101.

L K.-H. Göttert: Kunst der Sentenzen-Schleiferei. Zu Nietzsches Rückgriff auf die europäische Moralistik. In: Deutsche Vierteljahrsschrift für Literaturwissenschaft und Geistesgeschichte 67 (1993) S. 717–728.

B. Greiner: Friedrich Nietzsche. Versuch und Versuchung in seinen Aphorismen. München 1972.

P. Gwozdz: Vom Kurz-Gesagten zum Lang-Gedachten. Friedrich Nietzsches Aphorismus-Kataloge als zyklisch-serielles Erzählnetzwerk. In: Kurz und knapp. Zur Mediengeschichte kleiner Formen. Hrsg. von M. Gamper. Bielefeld 2017. S. 161–184.

N. Loukidelis: »Es denkt«. Ein Kommentar zum Aphorismus 17 aus Jenseits von Gut und Böse. Würzburg 2013.

D. Molner: The Influence of Montaigne on Nietzsche: A Raison d'Etre in the Sun. In: Nietzsche-Studien 22 (1993) S. 80–93.

A. Nolte, W. Mieder (Hrsg.): »Zu meiner Hölle will ich den Weg mit guten Sprüchen pflastern«. Friedrich Nietzsches sprichwörtliche Sprache. Mit einem vollständigen Register der sprichwörtlichen und redensartlichen Belege im Werk des Autors. Hildesheim / Zürich / New York 2012.

F. Spicker: Die Rezeption Nietzsches. In: F. S.: Der deutsche Aphorismus im 20. Jahrhundert. Spiel, Bild, Erkenntnis. Tübingen 2004. S. 23–55.

M. Stingelin: »Unsere ganze Philosophie ist Berichtigung des Sprachgebrauchs«. Friedrich Nietzsches Lichtenberg-Rezeption im Spannungsfeld zwischen Sprachkritik (Rhetorik) und historischer Kritik (Genealogie). München 1996.

E. Strobel: Das »Pathos der Distanz«. Nietzsches Entscheidung für den Aphorismenstil. Würzburg 1998.

K. M. Stünkel: Atlantis regained. Spinoza und die kleinen Formen des Denkens. Würzburg 2022. S. 233–268.

Novalis (Friedrich von Hardenberg, 1772–1801)

Bedeutendster frühromantischer Lyriker und Erzähler. Fragmente dienen ihm zu einer im Prinzip unendlichen intuitiven Reflexion. Er sieht sie als »Sämereien«: Anregungen zum Weiterdenken. Erkenntnis schließt für ihn – von der Mystik her – über die Vernunft hinaus Ahnung und Intuition ein. Eine erste Sammlung, *Blütenstaub*, erscheint 1798, von Schlegel redigiert, in der Zeitschrift *Athenäum*; *Glauben und Liebe oder Der König und die Königin* wird, von unliebsamem politischem Aufsehen begleitet, im selben Jahr veröffentlicht; *Politische Aphorismen* kommen erst postum 1846 heraus. Seine Aufzeichnungen, Fragmente und Studien sowie die Vorarbeiten zu verschiedenen Fragmentsammlungen im (gedruckten) Nachlass sind so zahl- wie gedankenreich.

A Blüthenstaub. In: Athenäum. Eine Zeitschrift von A. W. Schlegel und F. Schlegel. Ersten Bandes Erstes Stück. Berlin 1798.
Aphorismen. Hrsg. von M. Brucker. Frankfurt a. M. 1992.
Blüthenstaub. Hrsg. von Klaus Detjen. Göttingen 2016.

D Schriften. Die Werke Friedrich von Hardenbergs. Bd. 2: Das philosophische Werk I. Hrsg. von R. Samuel in Zsarb. mit H.-J. Mähl und G. Schulz. Darmstadt ³1981.
    Nr. 1–10.
Schriften. Die Werke Friedrich von Hardenbergs. Bd. 3: Das philosophische Werk II. Hrsg. von R. Samuel in Zsarb. mit H.-J. Mähl und G. Schulz. Stuttgart ²1968.
    Nr. 11–18.

L A. Höft: Novalis als Künstler des Fragments. Ein Beitrag zur Geschichte des deutschen Aphorismus. Phil. Diss. Göttingen 1935. – Teilw. abgedr. in: Der Aphorismus. Hrsg. von G. Neumann. Darmstadt 1976. S. 112–129.

G. Neumann: Ideenparadiese. Untersuchungen zur Aphoristik bei Lichtenberg, Novalis, Friedrich Schlegel und Goethe. München 1976. S. 265–416.

F. Strack: »Fermenta cognitionis«. Zur romantischen Fragmentkonzeption von Friedrich Schlegel und Novalis. In: Subversive Romantik. Hrsg. von V. Kapp, H. Kiesel, K. Lubbers und P. Plummer. Berlin 2004. S. 343–364.

H. Uerlings (Hrsg.): *Blüthenstaub*. Rezeption und Wirkung des Werkes von Novalis. Tübingen 2000.

O. Wilhelm: Denkfiguren in Novalis' Fragmenten. *Vermischte Bemerkungen* (Urfassung von *Blütenstaub*) und ihr Zusammenhang mit Fichtes *Wissenschaftslehre*. Überlegungen zur frühromantischen Aphoristik. In: Deutsche Vierteljahrsschrift für Literaturwissenschaft und Geistesgeschichte 72 (1998) S. 227–242.

Adolf Nowaczyński (1876–1944)

Polnischer Kritiker, Satiriker und Dramatiker, der in der k. u. k. Welt Krakaus wurzelt. Wie Napierski ein Opfer der Nationalsozialisten. Angriffe gegen die bürgerlich-väterliche Welt im Geiste von Individualismus, Bohème und Ästhetizismus. Später Pamphletist von konservativ-nationaler Prägung. In manchem mit Kraus vergleichbar. Begeisterter Nietzsche-Anhänger; von Heine, Wilde, auch Ebner-Eschenbach beeinflusst.

A Małpie zwierciadło (Affenspiegel). Krakau 1902.
Facecje sowizdzalskie (Eulenspiegelspäße). Krakau 1903.
Skotopaski sowizdzalskie (Eulenspiegelsprüche). Krakau 1904.

Der schwarze Kauz. Eulen-Spiegel-Glas-Splitter aufgelesen und aus dem Polnischen übert. von K. Dedecius. Frankfurt a. M. 1972.

D Polnische Eulenspiegeleien. Übertr. und hrsg. von K. Dedecius. Neuwied/ Berlin 1962.
Nr. 1–9.

L P. Krupka: Der polnische Aphorismus. München 1976. S. 25 f.

Blaise Pascal (1623–1662)

Französischer Religionsphilosoph, Mathematiker und Physiker. Verkehrt in den aristokratischen Salons seiner Zeit, dabei u.a. Begegnung mit La Rochefoucauld. Nach einem mystischen Gotteserlebnis 1654 im Kloster. Auseinandersetzung mit Montaigne. Fanatischer Glaubensernst statt Skepsis. Die postum veröffentlichten *Pensées* sind die Fragment gebliebenen Entwürfe und Skizzen zu einem zusammenhängenden Werk. Trotzdem hält sie die jüngere Forschung unter Berufung auf Pascal selbst für eine essentiell fragmentarische Darstellung (Helmich, 1991, S.44). Sie erstreben eine Synthese von wissenschaftlichem Geist und religiöser Leidenschaft und stellen mit ihrem Versuch der Definition des Undefinierbaren in Paradoxen eine Verteidigung des christlichen Glaubens gegen den Rationalismus der Zeit dar.

A Pensées. Paris 1669. [Vorausausg.] – Ebd. 1670. [1. offizielle Ausg., sog. Port-Royal-Ausg. Vorw. von E. Périer.]
Pensées. In: B. P.: Œuvres. 14 Bde. Hrsg. von L. Brunschvicg [u. a.]. Paris 1904–12. Bd. 12–14. Hrsg. von L. B. Paris 1904.
Pensées. In: B. P.: Œuvres complètes. 3 Bde. Hrsg. von F. Strowski. Paris 1926–31. Bd. 3. Paris 1931.
Pensées. In: B. P.: Œuvres complètes. Hrsg. von L. Lafuma. Paris 1963.

Gedanken. Eine Auswahl. Übers., hrsg. und eingel. von E. Wasmuth. Stuttgart 1956.
Pensées – Gedanken. Ediert und kommentiert von P. Sellier. Übers. von S. Schwiew. Darmstadt 2016.

D Gedanken. Nach der endgültigen Ausg. übertr. von W. Rüttenauer. Bremen 1955. – © Aufbau Verlage GmbH & Co. KG, Berlin 1947, 2008.
Nr. 1–14.

L J. Attali: Blaise Pascal. Biographie eines Genies. Stuttgart 2006.
H. Friedrich: Pascals Paradox. Das Sprachbild einer Denkform. In: Zeitschrift für romanische Philologie 56 (1936) S. 322–370.
R. Reschika: Die französischen Immoralisten. Eine Hommage an die Kritiker des Menschen. Hannover 2018. S. 37–57.
W. Schmidt-Biggemann: Blaise Pascal. München 1999.

K. Stierle: Pascals Reflexionen über den »ordre« der *Pensées*. In: Poetica 4 (1971)
S. 167–196.

Antonio Porchia (1885–1968)

In Neapel geboren. Wandert als Jugendlicher mit der Familie nach Buenos Aires
aus. Dort asketisches Leben als Druckereigehilfe. Fast unbemerkt gestorben.
Wandel vom Anarchismus zum Zenbuddhismus. Erstveröffentlichung von *Voces* (1943) erfolglos. Ständige Revision der Texte, von denen er viele einfach ver-
schenkte. Sie zirkulierten unter den Jugendlichen. Über tausend davon haben
sich erhalten, voll Witz und Verbitterung, sprachverliebt und pathetisch, eine
aphoristische Philosophie, in der mystisch verdrehte Maximen und Allerwelts-
satz nebeneinanderstehen; sie wollen Denken und Dichten versöhnen und machen eine mehrfache Lesart notwendig (Cerrato). Wenn es einen Berührungs-
punkt von Koan und Aphorismus gibt, ist er bei Porchia zu suchen. Caillois
fördert und übersetzt ihn. Bedeutende Bewunderer: Breton, Queneau, Henry
Miller, Char, Handke, B. Strauß.

A   Voces. Primera serie. Buenos Aires 1943.
Voces. Segunda serie. Buenos Aires 1948.
Voces abandonadas. Valencia 1992.

Voces nuevas. Neue Stimmen. Aus dem argentinischen Spanisch übers. und mit
einem Essay von T. Burghardt. Dürnau 1995.
Voces. Hrsg. und aus dem Spanischen übers. von J. und T. Burghardt. Berlin
1999.
Voces abandonadas / Verlassene Stimmen. Mit einem Essay von L. Cerrato.
Hrsg. und aus dem Spanischen übers. von J. und T. Burghardt. Berlin 2002.

D   Voces completas. Hrsg. und aus dem Spanischen übers. von J. und T. Burghardt. Berlin 2005.
    Nr. 1–34.

L   W. Helmich: Cohérence et fragmentation de la pensée aphoristique
d'Antonio Porchia. In: Fragment(s), fragmentation, aphorisme poétique.
Hrsg. von M.-J. Ortemann. Nantes 1998. S. 77–99.

Friedrich Schlegel (1772–1829)

Dichter der Frühromantik, vor allem ihr bedeutendster Kritiker und Theoretiker. Veröffentlicht *Kritische Fragmente* im *Lyceum* (1797) und *Fragmente* und *Ideen* im *Athenäum* (1798), eine literarische Form, die er, von Chamfort her, in Zusammenarbeit mit Novalis entwickelt und erprobt. Daneben viele nachgelassene Notizen und Fragmente. Findet für seine Idee einer progressiven Universalpoesie, in der der »wissenschaftliche Witz« zur Vermittlung zwischen System und Systemlosigkeit, Kunst und Wissenschaft, Poesie und Philosophie dient, im Fragment die angemessene, ideale Form: Definitions-Experimente, die in ihren Paradoxien von unendlich anregender Wirkung sind.

A Kritische Fragmente. In: Lyceum der schönen Künste. Ersten Bandes, zweiter Teil. Berlin 1797.
Fragmente (anonym). In: Athenäum. Eine Zeitschrift von A. W. Schlegel und F. Schlegel. Ersten Bandes Zweites Stück. Berlin 1798.
Ideen. In: Athenäum. Eine Zeitschrift von A. W. Schlegel und F. Schlegel. Dritten Bandes Erstes Stück. Berlin 1800.
Literarische Notizen 1797–1801. Literary Notebooks. Hrsg. von H. Eichner. Frankfurt a. M. / Berlin / Wien 1980.

D Charakteristiken und Kritiken I (1796–1801). In: Kritische Friedrich-Schlegel-Ausgabe. Hrsg. von E. Behler unter Mitw. von J.-J. Anstett und H. Eichner. Abt. 1. Bd. 2. Hrsg. von H. Eichner. München [u. a.] 1967.
> Lyceum-Fragmente: Nr. 1–5.
> Athenäum-Fragmente: Nr. 6–12.
> Ideen: Nr. 13–19.

L M. Esders: Begriffs-Gesten. Philosophie als kurze Prosa von Friedrich Schlegel bis Adorno. Frankfurt a. M. [u. a.] 2000.
H. Gockel: Friedrich Schlegels Theorie des Fragments. In: Romantik. Ein literaturwissenschaftliches Studienbuch. Hrsg. von E. Ribbat. Königstein i. Ts. 1979. S. 23–37.
G. Neumann: Ideenparadiese. Untersuchungen zur Aphoristik bei Lichtenberg, Novalis, Friedrich Schlegel und Goethe. München 1976. S. 417–603.
F. Strack: »Fermenta cognitionis«. Zur romantischen Fragmentkonzeption von

Friedrich Schlegel und Novalis. In: Subversive Romantik. Hrsg. von V. Kapp, H. Kiesel, K. Lubbers und P. Plummer. Berlin 2004. S. 343–364.

K. M. Stünkel: Atlantis regained. Spinoza und die kleinen Formen des Denkens. Würzburg 2022. S. 123–176.

Arthur Schnitzler (1862–1931)

Wiener Dramatiker und Erzähler. Arzt. Schreibt seit 1879 Aphorismen, die er seit 1886 in Zeitungen und Zeitschriften veröffentlicht. Sein *Buch der Sprüche und Bedenken* ist die als »Tagebuch« bezeichnete späte, sorgfältig komponierte und in Themenkreisen zusammengestellte Auswahl aus diesem Teil seines Werks. Unpointierte Kurzreflexion vornehmlich zu Fragen der Sprache und Literatur sowie der menschlichen Beziehungen, die eine eher ethische als artistische Intention erkennen lassen. Skeptisch-ambivalente Haltung zu einer Gattung zwischen höchstem Geltungsanspruch und »Bedenken« weckender, einseitiger Anmaßung.

A Buch der Sprüche und Bedenken. Aphorismen und Fragmente. Wien 1927. Entworfenes und Verworfenes. Aus dem Nachlaß. Hrsg. von R. Urbach. Frankfurt a. M. 1977.
Beziehungen und Einsamkeiten. Aphorismen. Ausgew. und eingel. von C. Eich. Frankfurt a. M. 1987.

D Aphorismen und Betrachtungen. In: A. Sch.: Gesammelte Werke. Bd. 5. Hrsg. von R. O. Weiss. Frankfurt a. M. 1967.
  Nr. 1–22.

L G. Marahrens: Struktur, Gehalt und Bedeutung der Aphorismen im Werk Arthur Schnitzlers. In: Die Seele … ist ein weites Land. Kritische Beiträge zum Werk Arthur Schnitzlers. Hrsg. von J. P. Strelka. Bern 1997. S. 81–106.
R. Noltenius: Hofmannsthal – Schröder – Schnitzler. Möglichkeiten und Grenzen des modernen Aphorismus. Stuttgart 1969.
F. Spicker: Der deutsche Aphorismus im 20. Jahrhundert. Tübingen 2004. S. 239–246.
D. Szczesniak: Zum Wiener Aphorismus der Moderne. Arthur Schnitzler, Hugo von Hofmannsthal, Karl Kraus. Stuttgart 2006.
C. Tergast: »Bedenken« und »Gedanken«. Ein Vergleich der späten Aphorismen-

und Spruchsammlungen Arthur Schnitzlers und Richard von Schaukals. In:
Eros Thanatos 5/6 (2001/2002) S.103–118.

Arthur Schopenhauer (1788–1860)

Philosoph, der nach seinem frühen Hauptwerk *Die Welt als Wille und Vorstel-lung* (1818) zeitlebens Nachträge und Ergänzungen dazu verfasst und 1851 *Parer-ga und Paralipomena*, Nebenwerke und Zurückgebliebenes, veröffentlicht. Die *Aphorismen zur Lebensweisheit* schließen deren ersten Band ab. Starker Zusam-menhang mit Gracián (den er übersetzt) und Einfluss von Lichtenberg. Sein Werk ist eher pedantisch-systematisch angelegt und steht in der (begrifflichen) Tradition einer philosophisch-literarischen, moralistischen Literatur prakti-scher Selbst- und Welterkenntnis aus dem späten 18. Jahrhundert. In seinem Pessimismus kulturell bestimmend und von breitester, lang anhaltender Wir-kung, so auf Nietzsche. Das früheste Werk der deutschen Literaturgeschichte, das den Begriff im Titel führt und in das allgemeine Bewusstsein eindringen kann.

A Aphorismen zur Lebensweisheit. In: A. Sch.: Parerga und Paralipomena.
Bd. 1. Berlin 1851.
Sämtliche Werke. Textkrit. bearb. und hrsg. von W. v. Löhneysen. Bd. 4 und 5:
Parerga und Paralipomena. I. II. Stuttgart / Frankfurt a.M. 1963–64.
Zürcher Ausgabe. 10 Bde. Hrsg. von Angelika Hübscher, unter Mitw. von Arthur
Hübscher, Schopenhauer-Gesellschaft und Schopenhauer-Archiv, Frankfurt
a. M. Zürich 1977.
Senilia. Gedanken im Alter. Hrsg. von F. Volpi und E. Ziegler. München ²2011.

D Aphorismen zur Lebensweisheit. Hrsg. und mit einem Vorw. von
A. Hübscher. Stuttgart 1972.
   Nr. 1–8.

L H. Aschenberg: Lo bueno, si breve, dos veces bueno / Das Gute, wenn kurz,
ist doppelt gut. Zu Schopenhauers Übersetzung des *Oráculo manual*. In: Pen-sées – Pensieri – Pensamientos. Dargestellte Gedankenwelten in den Literaturen
der Romania. Festschrift für Werner Helmich. Hrsg. von K. Ertler und
S. Himmelsbach. Wien 2006. S. 263–285.

M. Esders: Begriffs-Gesten. Philosophie als kurze Prosa von Friedrich Schlegel bis Adorno. Frankfurt a.M. [u. a.] 2000. S. 62–91.

S. Neumeister: Schopenhauer e la tradizione aforistica. In: Le elissi della lingua. Da Moritz a Canetti. Hrsg. von G. Cantarutti. Bologna 2006. S. 57–72.

George Bernard Shaw (1856–1950)

Irischer Dramatiker. Seine ironisch-satirischen Dramen voll witzig-paradoxer Dialoge sind eine Fundgrube für geistreiche Sentenzen. Selbständige Aphorismen hingegen sind nur die *Maxims for Revolutionists*, als Anhang zu dem 1905 uraufgeführten Drama *Man and Superman* gedruckt. Aphoristische Erörterung von Begriffen, Bierce nicht unähnlich. Ideen von Nietzsche, Bergson und Darwin verbunden zu einem Praktikum in denkerischem Tabubruch (Horstmann, 1993, S. 193).

A Man and Superman. London 1903.
Man and Superman. Maxims for Revolutionists. London 2000.

D Aphorismen für Umstürzler. In: G. B. Sh.: Mensch und Übermensch. Zürich 1946. – Mit Genehmigung des Suhrkamp Verlags, Frankfurt am Main. Nr. 1–10.

L M. Holroyd: Bernard Shaw. Magier der Vernunft. Frankfurt a.M. 1995.

Botho Strauß (geb. 1944)

Einer der meistgespielten zeitgenössischen Theaterautoren des deutschsprachigen Raumes. Gesellschaftsanalytische Komödien, in denen Realistik und Phantastik gemischt sind. Auch Prosa und Essay. In *Paare, Passanten* Beobachtungen, Kommentare, Reflexionen und Anekdoten über die wahrgenommene Welt aus der Perspektive eines außenstehenden Flaneurs; Auseinandersetzung mit Adorno (*Minima Moralia*). Dann auch in den Kurzprosasammlungen fortschreitend eine Poetik der Erinnerung und des Mythos in Annäherung an die Romantik. Vorwurf: sein Ästhetizismus klammere die politische Realität aus. *Die Fehler des Kopisten* (1997) und *Der Untenstehende auf Zehenspitzen* (2004) verbinden in verschiedenartigen Kurzformen, in Naturbeobachtung, Skizze, Aphorismus, Tagebuch, mit melancholischer Grundbefindlichkeit scharfe Zeitkritik. Rezipiert u. a. Cioran, Gómez Dávila, Ceronetti.

A Beginnlosigkeit. Reflexionen über Fleck und Linie. München/Wien 1992.
Vom Aufenthalt. München 2009.
Lichter des Toren. Der Idiot und seine Zeit. München 2013.
Allein mit allen. Gedankenbuch. Hrsg. von S. Kleinschmidt. München 2014.
Herkunft. München 2014.
Der Fortführer. Reinbek bei Hamburg 2018.
Nicht mehr. Mehr nicht. Chiffren für sie. München 2021.

D Paare, Passanten. München/Wien 1981. – © 1981 Carl Hanser Verlag GmbH & Co., München und Wien.

Nr. 1–4.

Fragmente der Undeutlichkeit. München/Wien 1989. – © 1989 Carl Hanser Verlag GmbH & Co., München und Wien.

Nr. 5–8.

Die Fehler des Kopisten. München/Wien 1997. – © 1997 Carl Hanser Verlag GmbH & Co., München und Wien.

Nr. 9–24.

Zeit ohne Vorboten. In: B. S.: Der Aufstand gegen die sekundäre Welt. Bemerkungen zu einer Ästhetik der Anwesenheit. München/Wien 1999. – © 1999 Carl Hanser Verlag GmbH & Co., München und Wien.

Nr. 25–27.

Gedankenfluchten. Ausgew. von V. Hage und B. Hoffmeister. Mit einem Nachw. von V. Hage. Frankfurt a. M. 1999. – © 1999 Carl Hanser Verlag GmbH & Co., München und Wien.

Nr. 28.

Der Untenstehende auf Zehenspitzen. München/Wien 2004. – © 2004 Carl Hanser Verlag GmbH & Co., München und Wien.

Nr. 29–32.

L J. Früchtl: Der Aphorismus als Stil- und Erkenntnisideal. Theodor W. Adorno und Botho Strauß. In: Literaturmagazin 39 (1997) S. 158–170.
D. Göttsche: Denkbild und Kulturkritik. Entwicklungen der Kurzprosa bei Botho Strauß. In: Botho Strauß. 2. Aufl.: Neufassung. München 1998. (Text + Kritik. 81.) S. 27–40.

U. Greiner-Kemptner: Botho Strauß' Minimalprosa. In: U. G.-K.: Subjekt und Fragment. Textpraxis in der (Post-)Moderne. Aphoristische Strukturen in Texten von P. Handke, B. Strauß, J. Becker, Th. Bernhard, W. Hildesheimer, F. Ph. Ingold und A. Heiz. Stuttgart 1990. S. 58–79.

F. Spicker: Botho Strauß. In: F. S.: Der deutsche Aphorismus im 20. Jahrhundert. Tübingen 2004. S. 859–864.

S. Willer: Botho Strauß zur Einführung. Hamburg 2000.

Jonathan Swift (1667–1745)

Bedeutendster englischer (anglo-irischer) Satiriker. Von zeitweilig großem politischem Einfluss (bei den Whigs). Misanthrop. In geistiger Umnachtung gestorben. *Gulliver's Travels* (1726) ist eine realistisch-phantastische ätzende Satire auf den Menschen. Die wenigen Aphorismen seiner *Thoughts on Various Subjects* im Stil La Rochefoucaulds fügen sich seiner demaskierenden und in schärfster Form desillusionierenden sonstigen Prosa ein.

A Thoughts on Various Subjects. In: Miscellanies in Prose and Verse. London 1711.
Thoughts on Various Subjects. In: J. S.: The Prose Works. Bd. 1: A Tale of a Tub. Hrsg. von H. Davis. Oxford 1957. S. 241–245.
Thoughts on Various Subjects. In: J. S.: The Prose Works. Bd. 4: A Proposal for Correcting the English Tongue, Polite Conversation etc. Hrsg. von H. Davis. Oxford 1957. S. 243–254.

Die menschliche Komödie. Schriften, Fragmente, Aphorismen. Übers. und hrsg. von M. Freund. Stuttgart 1957. S. 267–269.

D Gedanken über verschiedene Gegenstände erbaulicher und ergötzlicher Art. In: J. S.: Ausgewählte Werke in drei Bänden. Hrsg., eingel. und komm. von A. Schlösser. Bd. 1: Satiren und Zeitkommentare. Aus dem Englischen übers. von G. Graustein und O. Wilck. Frankfurt a. M. 1972. – © Aufbau Verlage GmbH & Co. KG, Berlin 1967, 2008.
Nr. 1–14.

L F. Boyle: Swift as Nemesis. Modernity and its Satirist. Stanford 2000.

Julian Tuwim (1894–1953)

Polnischer Lyriker, Satiriker und Kabarettist. 1939 Emigration, 1946 Rückkehr. Gehört zu den populärsten polnischen Dichtern des 20. Jahrhunderts (Krupka, 1976, S. 30). In seiner Aphoristik stark von Bierce und Wilde beeinflusst, deren Aphorismen er auch zu Eigenem umarbeitet.

A Jarmark rymów (Jahrmarkt der Reime). Warschau 1934.

D K. Dedecius (Hrsg.): Polnische Pointen. Zürich 1997. – © 1962 Carl Hanser Verlag GmbH & Co. KG, München.
Nr. 1–4.

L P. Krupka: Der polnische Aphorismus. München 1976. S. 30 f.

Mark Twain (Samuel Langhorne Clemens, 1835–1910)

Im amerikanischen Westen aufgewachsen. Humoristischer (Reise-)Schriftsteller. Größter Erfolg mit *The Adventures of Tom Sawyer* (1876) und *The Adventures of Huckleberry Finn* (1884). Spätestens ab 1907 internationaler Ruhm. Sein *Notebook*, die postum veröffentlichten Reisetagebücher, sammelt zwischen verschiedenartigsten Reisenotizen auch Aphorismen. Sie finden sich hier ab 1866, nehmen mit der Zeit mehr Raum ein und machen Pessimismus und innere Widersprüchlichkeit produktiv.

A The Quotable of Mark Twain. His Essential Aphorisms, Witticisms and Concise Opinions. Hrsg. von K. Rasmussen. Chicago 1998.

D Notebook. Hrsg. von A. B. Paine. London 1935. Nachdr. New York 1972.
Nr. 1–21.
Übers. von Petra Madelung und Friedemann Spicker.

Paul Valéry (1871–1945)

Bedeutendster französischer Lyriker des 20. Jahrhunderts in der Nachfolge Mallarmés. Dichter, Denker, Essayist. Mitglied der Académie Française. Verfasst jahrzehntelang allmorgendlich die Notizen seiner *Cahiers*, deren 263 Hefte in thematischer Zusammenstellung postum veröffentlicht werden. Die zu Lebzeiten publizierten Aphorismenbände (z. B. *Rhumbs, Tel Quel*) sind weitgehend Auszüge daraus. Die Wissenschaften von der Mathematik und den Naturwissenschaften bis zu Philosophie, Psychologie und Historiographie umfassender Geist. Bringt in den *Cahiers* in ständiger Reflexion auf die Bedingungen des eigenen Denkens und Schreibens den literarischen und den wissenschaftlichen Traditionsstrang innerhalb der Geschichte des Aphorismus zur Synthese.

A   Cahier B 1910. Paris 1924.

Rhumbs. Paris 1926.

Autres rhumbs. Aphorismes. Paris 1927.

Littérature. Aphorismes. Paris 1929.

Choses tues. Aphorismes. Paris 1930.

Suite. Paris 1930.

Moralités. Aphorismes. Paris 1932.

Tel Quel. Aphorismes. 2 Bde. Paris 1941–43.

Mauvaises pensées et autres. Paris 1942.

Œuvres. Bd. 1–2. Hrsg. von H. J. Hytier. Paris 1957–60.

Cahiers I–XXIX. Paris 1957–61. [Faks.-Ausg.]

Cahiers I–II. Hrsg. von J. Robinson. Paris 1973–74.

Cahiers/Notebooks. Hrsg. von B. Stimpson, P. Gifford und R. Pickering. 5 Bde. Frankfurt a. M. 2000.

Ich grase meine Gehirnwiese ab. Paul Valéry und seine verborgenen Cahiers. Ausgewählt und mit einem Essay von T. Stölzel. Frankfurt a. M. 2011.

D   Windstriche. Aufzeichnungen und Aphorismen. Übertr. von B. Böschenstein, H. Staub und P. Szondi. Frankfurt a. M. 1959. – © 1959 Insel Verlag, Frankfurt am Main.

   Nr. 1–11.

Cahiers/Hefte. 1–6. Aus dem Französischen von Bernhard Boeschenstein, Reinhard Huschke, Markus Jakob, Hartmut Köhler, Max Looser, Christine Mäder-Viragh, Jürgen Schmidt-Radefeldt, Corona Schmiele, Erika Tophoven-

Schöningh und Karin Wais. Frankfurt a. M. 1987–93. – © S. Fischer Verlag
GmbH, Frankfurt am Main 1987–1993.

    Bd. 1: Nr. 12–25.
    Bd. 2: Nr. 26–43.
    Bd. 3: Nr. 44–50.
    Bd. 4: Nr. 51–52.
    Bd. 5: Nr. 53–62.
    Bd. 6: Nr. 63–73.

Zur Theorie der Dichtkunst und Vermischte Gedanken. Frankfurter Ausgabe.
Bd. 5. Hrsg. von J. Schmidt-Radefeldt. Frankfurt a. M. 1991. – © 1991 Insel Verlag,
Frankfurt am Main.

    Nr. 74–87.

L   W. Helmich: Der moderne französische Aphorismus. Tübingen 1991.
S. 160–198.
T. Stölzel: Pfennigswahrheiten und klare Fragmente. Einige Überlegungen zu Lichtenberg und Valéry als Selbstdenker. In: Paul Valéry. Philosophie der Politik, Wissenschaft und Kultur. Hrsg. von J. Schmidt-Radefeldt. Tübingen 1999. S. 271–283.

Rahel Varnhagen von Ense (1771–1833)

Schriftstellerin jüdischer Abstammung. Führte einen literarischen Salon in
Berlin. Trat für die jüdische Emanzipation und die Emanzipation der Frauen ein.
Bedeutende Tagebuch- und Briefschreiberin. Aphoristikerin.

A   Gesammelte Werke. Hrsg. von K. Feilchenfeldt, U. Schweikert und R. E.
Steiner. 10 Bde. München 1983.

D   Rahel. Ein Buch des Andenkens für ihre Freunde. Hrsg. von B. Hahn. 6 Bde.
Göttingen 2011.
Tagebücher und Aufzeichnungen. Hrsg. von U. Isselstein. Göttingen 2019.
    Nr. 1–18.

L   B. Hahn / U. Isselstein (Hrsg.): Rahel Levin Varnhagen. Die Wiederent-
deckung einer Schriftstellerin. Göttingen 1987.

U. Isselstein: Der Text aus meinem beleidigten Herzen. Studien zu Rahel Levin Varnhagen. Torino 1993.

Luc de Clapiers, Marquis de Vauvenargues (1715–1747)

Frühverstorbener französischer Moralist. Zu Lebzeiten als Schriftsteller unbeachtet. Mit Voltaire befreundet. Betont im bewussten Widerspruch zu La Rochefoucauld die menschlichen Leidenschaften als Triebkräfte des Lebens. Seine *Maximen* erweitern ihren Themenkreis um Geschichte und Politik. Stilistisch durchweg weniger ambitioniert als die seines Vorgängers, ragen sie durch die Modernität ihres ambivalenten Denkens wie ihres Menschenbildes heraus.

A   Réflexions et maximes. Paris 1746.
Réflexions et maximes. Hrsg. von R. Charbonnel. Paris 1934.
Œuvres complètes. Hrsg. von N. Bonnier. Paris 1968.

D   Die französischen Moralisten. Hrsg. und übers. von F. Schalk. Bd. 1: La Rochefoucauld, Vauvenargues, Montesquieu, Chamfort. München 1973. –
© Aufbau Verlage GmbH & Co. KG, Berlin 1979, 2008.
Nr. 1–37.

L   C. Fieurgant-Brocherioux: Le mythe de Vauvenargues. Une interprétation polémique du dix-huitième siècle. Lyon 2000.
W. Helmich: Der moderne französische Aphorismus. Tübingen 1991. S. 48 f.

Oscar Wilde (1854–1900)

Anglo-irischer Dramatiker. Dandy und Exzentriker. Verfechter eines absoluten l'art pour l'art. Nach zweijährigem Zuchthausaufenthalt wegen ›sexueller Perversität‹ gesellschaftlich und finanziell ruiniert. Seine Gesellschaftskomödien voll pointierter Dialoge bieten bei einem unscharfen Aphorismus-Begriff mehr noch als die Shaws die Grundlage für zahlreiche Sammlungen witzig-ironischer Sentenzen, Zitate, Bonmots als »Aphorismen«, speziell zu den Themen Moral und Liebe, Schönheit und Kunst. Isolierte Aphorismen hingegen nur im Vorwort zum *Bildnis des Dorian Gray* (1891), ferner in *A Few Maxims for the In-*

struction of the Over-Educated und *Phrases and Philosophies for the Use of the Young*, beide von 1894.

A A Few Maxims for the Instruction of the Over-Educated. In: Satirical Review. 17. November 1894.
Phrases and Philosophies for the Use of the Young. New York 1906.
Epigrams and Aphorisms. Boston 1905. New York 1973.
Complete Works. Hrsg. von V. Holland. London 1973. Nachdr. New York 1989.
Nothing ... except my Genius. A Celebration of his Wit and Wisdom. London 1997.

Lehren und Sprüche. Übers. von F. Blei. Leipzig [o. J.].
Aphorismen. Hrsg. von F. Thissen. Frankfurt a.M. 1987.
Extravagante Gedanken. Ausw. und Übers. von C. Kraus. Hrsg. von W. Kraus. Zürich 1988.

D Textauszug aus: Sämtliche Werke in zehn Bänden. Bd. 1: Das Bildnis des Dorian Gray. Bd. 7: Essays. aus dem Englischen von Christine Hoeppener. – © der deutschen Übersetzung Insel Verlag Frankfurt am Main 1982.

 Bd. 1: Nr. 1–2.

 Bd. 7: Nr. 3–9.

Maximen zur Belehrung der Über-Gebildeten. In: O. W.: Briefe 1. Hrsg. von R. Hart-Davis. Dt. von H. Soellner. Reinbek bei Hamburg 1966. [Bd. 9 der Insel-Ausg.] – Copyright der deutschen Übersetzung von Hedda Soellner © 1966 by Rowohlt Verlag GmbH, Reinbek bei Hamburg.

 Nr. 10–13.

L N. Kohl: Oscar Wilde. Das literarische Werk zwischen Provokation und Anpassung. Heidelberg 1980. [S. 557 f.: Bibliographie zum Aphorismus.]
S. Siegel: Wilde's Use and Abuse of Aphorisms. In: Newsletter of the Victorian Studies Association of Canada 12,1 (1986) S. 19–26.

Bibliographie

Anthologien

Weltliteratur

Almansi, Guido (Hrsg.): Il filosofo portatile. Citazioni, aforismi e pensieri scelti e tradotti par G. A. Milano: TEA, 1991.

Auden, Wystan Hugh / Kronenberger, Louis (Hrsg.): The Faber Book of Aphorisms. A Personal Selection. London: Faber and Faber, 1964.

Berg, Egon [Leopold Auspitz] (Hrsg.): Das Buch der Bücher. Aphorismen der Welt-Literatur. 7. Aufl. Wien/Leipzig/Teschen: Prochaska [1901].

Brauers, Jan (Hrsg.): In verbo veritas. Aphorismen-Auslese. Baden-Baden: Baden-Badener Verlag, 1996.

Buddingh', Cees (Hrsg.): Spectrum Citatenboek. Herzien door Bert Edens, met medewerking van Ruurd Edens en Reinder Storm. Utrecht: Het Spectrum, 1992.

Douglas, Auriel / Strumpf, Michael (Hrsg.): Webster's New World Best Book of Aphorisms. New York: Simon and Schuster, 1989.

Edens, Bert / Edens, Ruurd / Storm, Reinder (Hrsg.): Prisma van de citaten. 3001 moderne aforismen. Utrecht: Het Spectrum, ²1997.

Frieling, Simone / Lamping, Dieter (Hrsg.): Aphorismen der Weltliteratur aus 500 Jahren. Köln: Anaconda, 2008.

Geary, James (Hrsg.): Geary's Guide to the World's Great Aphorists. New York: Bloomsbury, 2007.

Gross, John (Hrsg.): The Oxford Book of Aphorisms. Oxford / New York: Oxford University Press, 2003.

Grunow, Alfred (Hrsg.): Führende Worte. Bd. 2: Lebensweisheit und Weltanschauung abendländischer Dichter und Denker. Berlin: Haude und Spener, 1962.

Hesse, Bettina (Hrsg.): Die schönsten Aphorismen. Von Marc Aurel bis Oscar Wilde. Frankfurt a. M.: Fischer 2010.

Hoddick, Fritz (Hrsg.): Weltliche Texte. Aphorismenschatz der Weltliteratur. Berlin: Spener, ⁴1901.

Hübscher, Arthur (Hrsg.): Brevier der Lebenskunst. Aphorismen der Weltliteratur. München: Desch, 1952.

Lockridge, Norman (Hrsg.): World's Wit and Wisdom. New York: Dorene, 1945.

Margolius, Hans (Hrsg.): Was wir suchen, ist alles. Aphorismen der Weltliteratur. Bern/Stuttgart/Wien: Scherz, 1958.

Palazzi, Fernando / Spaventa Filippi, Silvio (Hrsg.): Il libro dei mille savi. Massime, pensieri, aforismi, paradossi di tutti i tempi e di tutti i paesi. Accompagnato dal testo originale e dalla citazione delle fonti. Quinta ristampa della seconda edizione con l'aggiunta di circa altri mille aforismi. Mailand: Hoepli, 1967.

Polt-Heinzl, Evelyne (Hrsg.): Weisheit für alle Tage. Stuttgart: Reclam, 1997.
  – (Hrsg.): Gedanken für alle Tage. Stuttgart: Reclam, 2000.
  – (Hrsg.): Gute Gedanken für alle Tage. Stuttgart: Reclam, 2003.

Roncoroni, Federico (Hrsg.): Il libro degli aforismi. Mailand: Mondadori, 1989.

Schmidt, Lothar (Hrsg.): Das große Handbuch geflügelter Definitionen. München: Moderne Verlagsgesellschaft, 1971. – Leicht veränd. Ausg. u. d. T.: Schlagfertige Definitionen. Von Aberglaube bis Zynismus. 5000 geschliffene Begriffsbeschreibungen für Rede, Gespräch, Diskussion, Referat, Artikel oder Brief. Reinbek bei Hamburg: Rowohlt, 1976.

Schultz, Joachim (Hrsg.): Der Mensch in der Gesellschaft. Aphorismen und Maximen aus Frankreich, England, Italien, 16.–18. Jahrhundert. Zweisprachig herausgegeben. Bamberg: Weiß, 1997.

Spicker, Friedemann (Hrsg.): Aphorismen der Weltliteratur. 2. erw. und aktual. Aufl. Stuttgart: Reclam, 2009.
  – / Wilbert, Jürgen (Hrsg.): Der Aphorismus in Europa. Entwicklungen – Zusammenhänge – Themen. Düsseldorf: Edition Virgines, 2021. (dapha-drucke 11.)

Wilcox, Frederick W. (Hrsg.): A Little Book of Aphorisms. New York: Scribner's, 1947.

Wittek, Aurel (Hrsg.): Parallelen des Geistes. Ein Handbuch der Zitate, Sentenzen, Aussprüche, Aphorismen, philosophischen Stellen und Sprüchen [!] aus der poetischen, klassischen und wissenschaftlichen Literatur aller Kulturvölker von den ältesten Zeiten bis zur Gegenwart. In fünf Textbänden. Bd. 1–2 [mehr nicht ersch.]. Prag: Rota, 1936–37.

Deutsch

Eckart, Hans (Hrsg.): Führende Worte. Lebensweisheit und Weltanschauung deutscher Dichter und Denker. Berlin: Haude und Spener, ⁴1919. – 6. Aufl. bearbeitet von Alfred Grunow. Berlin: Haude und Spener, 1961.

Eilers, Alexander / Grüterich, Tobias (Hrsg.): Neue deutsche Aphorismen. Erw., überarb. Neuaufl. Dresden: Azur, 2014.

Fieguth, Gerhard (Hrsg.): Deutsche Aphorismen. Durchges. und bibliogr. erg. Ausg. Stuttgart: Reclam, 1994.

Fricke, Harald / Meyer, Urs (Hrsg.): Abgerissene Einfälle. Deutsche Aphorismen des 18. Jahrhunderts. München: C. H. Beck, 1998.

Gaugler, Almut (Hrsg.): Aphorismen. Gütersloh: Bertelsmann, 1994.

Hindermann, Federico / Heinser, Bernhard (Hrsg.): Deutsche Aphorismen aus drei Jahrhunderten. Zürich: Manesse, ²1987.

Kaszyński, Stefan H. (Hrsg.): Die Stimme des Intellekts ist leise. Österreichische Aphorismen. Poznan: ars nova, 2000.

Kovce, Philip (Hrsg.): Die schönsten deutschen Aphorismen. Berlin: Insel, 2019. (Insel-Bücherei 1461.)

Margolius, Hans (Hrsg.): Deutsche Aphorismen. Bern: Scherz, 1953.

Simon, Dietrich (Hrsg.): Eine ganze Milchstraße von Einfällen. Aphorismen von Lichtenberg bis Raabe. München: Hanser, 1975.

Welser, Klaus von (Hrsg.): Deutsche Aphorismen. München/Zürich: Piper, 1988.

Wiedner, Laurenz (Hrsg.): Unbezwinglicher Geist. Ein Brevier deutscher Aphoristik. Zürich: Pegasus, 1944.

Skupy, Hans-Horst (Hrsg.): Österreich-Brevier. Aphorismen und Zitate von Altenberg bis Zweig. Wien/München: Amalthea, 1983.

Spicker, Friedemann (Hrsg.): Es lebt der Mensch, so lang er irrt. Deutsche Aphorismen. Stuttgart: Reclam, 2010.

  – / Spicker-Wendt, Angelika (Hrsg.): Der Geist ist nicht männlich – nur sein Artikel. Aphorismen von Frauen. Mit Arbeiten auf Papier von Monika Tönnis-Littek. Bochum: Brockmeyer, 2015. (dapha-drucke 6.)

  – / Wilbert, Jürgen (Hrsg.): Deutsche Aphoristik der Gegenwart. Eine aktuelle Bestandsaufnahme. Mit Bildern (Mixed Media) von Razeea Lindner. Düsseldorf: Virgines, 2023. (dapha-drucke 14.)

Englisch

Horstmann, Ulrich (Hrsg.): English Aphorisms. Stuttgart: Reclam, 1993.

Smith, Logan Pearsall (Hrsg.): A Treasury of English Aphorisms. London: Constable, 1928.

Französisch

Bauer, Gérard (Hrsg.): Les moralistes français. La Rochefoucauld, La Bruyère, Vauvenargues, Chamfort, Rivarol, Joubert. Choix de textes et préface par G. B. Paris: Éditions Albin Michel, 1962.

Lafond, Jean (Hrsg.): Moralistes du XVIIᵉ siècle. Paris: Lafont, 1992.

Schalk, Fritz (Hrsg.): Die französischen Moralisten. Hrsg. und übers. von F. Sch. 2 Bde. München: Deutscher Taschenbuch Verlag, 1973. – Zuerst: Wiesbaden: Dieterich, 1949.

Italienisch

Ruozzi, Gino (Hrsg.): Scrittori italiani di aforismi. Bd. 1, 2. Mailand: Mondadori, 1994–96.

Polnisch

Dedecius, Karl (Hrsg.): Bedenke, bevor du denkst. 2222 Aphorismen, Sentenzen und Gedankensplitter. Frankfurt a. M.: Suhrkamp, 1984.
– (Hrsg.): Polnische Pointen. Satiren und kleine Prosa des 20. Jahrhunderts. München: Deutscher Taschenbuch Verlag, 1963. – Erw. Ausg.: Zürich: Amann, 1997.

Galazka, Jacek (Hrsg.): A Treasury of Polish Aphorism. Cornwall Bridge: Polish Heritage Publications, 1997.

Glensk, Joachim (Hrsg.): Współczesna aforystýka polska. Antologia 1945–1984. Lodz: Wydawnictwo Łódźkie, 1986.
– (Hrsg.): Aforyzmy o aforyzmach. Opole (Oppeln): Wydawnictwo »Test«, 1991.

Glenskowa, Czesława / Glensk, Joachim (Hrsg.): Myślę więc jestem. Aforyzmy, Maksymy, Sentencje. Opole (Oppeln): Instytut Śląski w Opolu, 1986.

Marianowicz, Antoni / Groński, Ryszard Marek (Hrsg.): Denkspiele. Polnische Aphorismen des 20. Jahrhunderts. Frankfurt a. M.: Insel, 1975.

Masłowscy, Danuta und Włodzimierz (Hrsg.): Aforyzmy polskie. Antologia. Kety: Wydawnictwo Antyk, 2001.

Orzechowski, Kazimierz (Hrsg.): Żądło i Miód Mądrości. Antologia aforyzmu polskiego. Wrocław (Breslau): Ossolineum, 1990.

Serbisch

Baljak, Aleksandar (Hrsg.): Istorija afokalipse. Antologija srpskog satiricnog aforizma. Beograd: Filip Višnic, 1987.

Dor, Milo (Hrsg.): Schreib wie du schweigst. Serbische Aphorismen. Wien/München/Zürich: Europa, 1984.

– (Hrsg.): Irren ist menschlich. Und patriotisch. Serbische Aphorismen aus dem Krieg. Salzburg: Mueller, 1994.

Eschker, Wolfgang (Hrsg.): Die Chamäleons sind zur Zeit rot. Belgrader Aphorismen. Tübingen: Heliopolis, 1989.

Russisch

Dušenko, Konstantin (Hrsg.): Bol'šaja kniga aforizmov. Moskau: EKSMO-Press, 1999.

Korol'kova, Anželika Viktorovna (Hrsg.): Slovar' aforizmov russkich pisatelej. Moskau: Russkij jazyk media, 2004.

Kurella, Stefan / Genin, Michail (Hrsg.): Samowahrheiten. Aphorismen aus der Sowjetunion. Berlin: Eulenspiegel, ²1989.

Slučai, šutki, afarizmy. Hrsg. von Igór Zacharov. Moskau: Zacharov, 2002.

Internet: www.yandex.ru – dort aphorizm.ru oder aforizm.ru eingeben.

Skandinavisch

Doll, Annette Elisabeth / Heitmann, Annegret (Hrsg.): Skandinavische Aphorismen. Konfetti. Splitter. Taschenwolle. Münster: Kleinheinrich, 2011.

Envall, Markku (Hrsg.): Aforismin Vuosisata. Juva: WSOY, 1997.

Feiring, Sami / Eilers, Alexander (Hrsg.): Worte sind Taten. Neue finnische Aphorismen. Vantaa: Selbstverlag, 2010.

Jüdisch

Zeitlin, Egon (Hrsg.): Jüdische Aphorismen aus zwei Jahrtausenden. Frankfurt a. M.: Ner Tamid, 1963.

Internetseiten

www.aforismieaforismi.it
www.aphorismen-archiv.de
www.aphorismen.de
www.aphorismus.net
www.aphoristikertreffen.de
www.brainyquote.com
www.dapha.de
www.de.wikiquote.de
www.en.wikiquote.org
www.worldaphorism.org
www.zitante.de

Sekundärliteratur

Althaus, Thomas / Bunzel, Wolfgang / Göttsche, Dirk (Hrsg.): Kleine Prosa. Theorie und Geschichte eines Textfeldes im Literatursystem der Moderne. Tübingen: Niemeyer, 2007.

Balke, Friedrich / Siegert, Bernhard / Vogl, Joseph (Hrsg.): Kleine Formen. Berlin: Vorwerk, 2021.

Biason, Maria Teresa: La Massima o il »saper dire«. Palermo: Sellerio, 1990.

 – (Hrsg.): L'Europa degli aforisti. I: Pragmatica dell' aforisma nella cultura europea. In: Annali di Ca' Foscari 36 (1997) H. 1–2.

 – (Hrsg.): L'Europa degli aforisti. II: Tematiche dell' aforisma nella cultura europea. In: Annali di Ca' Foscari 37 (1998) H. 1–2.

 – (Hrsg.): L'Europa degli aforisti. III: Forme dell' aforistica nella cultura europea. In: Annali di Ca' Foscari 38 (1999) H. 1–2.

Cantarutti, Giulia: Aphoristikforschung im deutschen Sprachraum. Frankfurt a. M. [u. a.]: Lang, 1984. (Berliner Beiträge zur neueren deutschen Literaturgeschichte. 5.)

 – Zehn Jahre Aphorismusforschung (1980–1990). In: Lichtenberg-Jahrbuch 1990. Hrsg. von der Lichtenberg Gesellschaft e. V. Bearb. von Wolfgang Promies und Ulrich Joost. Saarbrücken: Saarbrücker Druckerei und Verlag, 1991. S. 197–224.

 – (Hrsg.): La scrittura aforistica. Bologna: Il Mulino, 2001.

– / Schumacher, Hans (Hrsg.): Neuere Studien zur Aphoristik und Essayistik. Mit einer Handvoll zeitgenössischer Aphorismen. Frankfurt a.M. [u.a.]: Lang, 1986. (Berliner Beiträge zur neueren deutschen Literaturgeschichte. 9.)

– / Ruozzi, Gino / Biondi, Carminella / Pellandra, Carla / Pessini, Elena (Hrsg.): Configurazioni dell'aforisma. Bd. 1–3. Bologna: CLUEB, 2000. (Strumenti. 16–18.)

– / Ceccherelli, Andrea / Ruozuzi, Gino (Hrsg.): Aforismi e alfabeti. Bologna: Il Mulino, 2016.

Doll, Annette / Yngborn, Katarina (Hrsg.): Skandinavische Aphoristik. Freiburg/Berlin/Wien: Rombach, 2008.

– / Heitmann, Annegret / Yngborn, Katarina: Am Rand. Zur Poetik des skandinavischen Aphorismus. Freiburg/Berlin/Wien: Rombach, 2012.

Egert, Andreas: Vom Werden und Wesen des Aphorismus. Essays zur Gattungsproblematik bei Lichtenberg und Nietzsche. Oldenburg: Igel, 2005. (Literatur- und Medienwissenschaft. 101.)

– Der Fall Aphorismus. Zur Genese und Aktualität einer Gattung. Wildflecken: Azur, 2015.

Eismann, Wolfgang: Der Aphorismus in der literaturwissenschaftlichen und linguistischen Diskussion in Russland. In: Pensées – Pensieri – Pensamientos. Dargestellte Gedankenwelten in den Literaturen der Romania. Festschrift für Werner Helmich. Hrsg. von Klaus Ertler und Siegbert Himmelsbach. Wien: LIT, 2006. (Austria: Forschung und Wissenschaft. Literatur. 4.) S. 301–326.

Ertler, Klaus / Himmelsbach, Siegbert (Hrsg.): Pensées – Pensieri – Pensamientos. Dargestellte Gedankenwelten in den Literaturen der Romania. Festschrift für Werner Helmich. Wien: LIT, 2006. (Austria: Forschung und Wissenschaft. Literatur. 4.)

Esders, Michael: Begriffs-Gesten. Philosophie als kurze Prosa von Friedrich Schlegel bis Adorno. Frankfurt a.M. [u.a.]: Lang, 2000. (Literatur als Sprache. 14.)

Febel, Gisela: Aphorismus in Frankreich und Deutschland. Zum Spiel als Textstruktur. Frankfurt a.M. / Bern: Lang, 1985. – Zuerst: Phil. Diss. Stuttgart 1983.

Fedler, Stephan: Der Aphorismus. Begriffsspiel zwischen Philosophie und Poesie. Stuttgart: Verlag für Wissenschaft und Forschung, 1992. [Zit. als: Fedler, 1992a.]

– Aphorismus. In: Literaturlexikon. Autoren und Werke deutscher Sprache.

Hrsg. von Walther Killy. Bd. 13. Gütersloh: Bertelsmann, 1992. S. 39–40.
[Zit. als: Fedler, 1992 b.]

Fedorenko, Nikolaj Trofimovic / Sokols'kaja, L. I.: Aforistika. Moskau: Nauka, 1990.

Fricke, Harald: Aphorismus. Stuttgart: Metzler, 1984. (Sammlung Metzler. 208.)
  – Aphorismus. In: Historisches Wörterbuch der Rhetorik. Hrsg. von Gert Ueding. Bd. 1. Tübingen: Niemeyer, 1992. Sp. 773–790.
  – Aphorismus. In: Reallexikon der deutschen Literaturwissenschaft. 3., völlig neubearb. Aufl. Gemeinsam mit H. F., Klaus Grubmüller und Jan-Dirk Müller hrsg. von Klaus Weimar. Bd. 1. Berlin / New York: de Gruyter, 1997. S. 104–106.

Fromholzer, Franz / Mayer, Mathias / Werlitz, Julian (Hrsg.): Nanotextualität. Ästhetik und Ethik minimalistischer Formen. München: Fink, 2017.

Fürnkäs, Josef: Vom Ideenparadies zur Provinz des Menschen. Kurze Geschichte des Aphorismus. In: Zwischenzeiten. Zwischenwelten. Festschrift für Kozo Hirao. Hrsg. von J. F. Frankfurt a.M. [u.a.]: Lang, 2001. S. 507–526.

Gamper, Michael / Mayer, Ruth (Hrsg.): Kurz und knapp. Zur Mediengeschichte kleiner Formen vom 17. Jahrhundert bis zur Gegenwart. Bielefeld: transcript, 2017.

Geary, James: The World in a Phrase. A Brief History of the Aphorism. New York: Bloomsbury, 2006.

Genetti, Stefano: Saperla corta. Forme brevi sentenziose e letteratura francese. Fasano: Schena, 2002. (Biblioteca de la Ricerca. Mentalità e Scrittura. 16.)
  – (Hrsg.): Forme brevi, frammenti, intarsi. Verona: Fiorini, 2006.

Gerhardt, Dietrich: La Rochefoucauld in der Geschichte der russischen Bildung. In: Commentationes linguisticae et philologicae. Ernesto Dickenmann lustrum claudenti quintum decimum. Heidelberg: C. Winter, 1977. S. 89–133.
  – La Rochefoucauld und der Aphorismus in Rußland. Nachträge. In: Colloquium Slavicum Basiliense. Gedenkschrift für Hildegard Schroeder. Hrsg. von Heinrich Riggenbach. Bern / Frankfurt a.M.: Lang, 1981. S. 163–178.

Göttsche, Dirk: Kleine Prosa in Moderne und Gegenwart. Münster: Aschendorff, 2006. (Literaturwissenschaft. Theorie und Beispiele. 8.)

Grant, Ben: The aphorism and other short forms. London: Routledge, 2016.

Gray, Richard Terrence: Aphorism and Sprachkrise in Turn-of-the-Century Austria. In: Orbis Litterarum 41 (1986) S. 332–354.
  – From Impression to Epiphany. The Aphorism in the Austrian Jahrhundertwende. In: Modern Austrian Literature 20 (1987) S. 81–95.

Greiner-Kemptner, Ulrike: Subjekt und Fragment. Textpraxis in der (Post-)Moderne. Aphoristische Strukturen in Texten von Peter Handke, Botho Strauß, Jürgen Becker, Thomas Bernhard, Wolfgang Hildesheimer, Felix Ph. Ingold und André Heiz. Stuttgart: Heinz, 1990. (Stuttgarter Arbeiten zur Germanistik. Salzburger Beiträge. 20.)

Helmich, Werner: Der moderne französische Aphorismus. Innovation und Gattungsreflexion. Tübingen: Niemeyer, 1991. (mimesis. 9.)

– Fiktionale Aphoristik in der italienischen, französischen und spanischen Erzählliteratur des 20. Jahrhunderts. In: Dulce et decorum est philologiam colere. Festschrift für Dietrich Briesemeister zu seinem 65. Geburtstag. Hrsg. von Sybille Große und Axel Schönberger. Berlin: Domus Editoria Europaea, 1999. S. 1593–1614.

– Gattungspoetologische Überlegungen zum zeitgenössischen französischen Aphorismus aus Anlass neuerer Arbeiten. In: Zeitschrift für französische Sprache und Literatur 112 (2002) S. 45–68.

Horstmann, Ulrich: Der englische Aphorismus. Expeditionseinladung zu einer apokryphen Gattung. In: Poetica 15 (1983) H. 1–2. S. 34–65.

Hui, Andrew: A Theory of the Aphorism. From Confucius to Twitter. Princeton/New Jersey: Princeton University Press, 2019.

Ivanov, Evgenij Evgenevic: Jazykovaja priroda aforizma. Ocerki i izvlecenija. Mogilev: MGU im. A. A. Kulešova, 2001.

Jäger, Maren / Matala de Mazza, Ethel / Vogl, Joseph (Hrsg.): Verkleinerung. Epistemologie und Literaturgeschichte kleiner Fomen. Berlin: de Gruyter, 2021. (Minima. Literatur- und Wissensgeschichte kleiner Formen 1.)

Kaszyński, Stefan H.: Kleine Geschichte des österreichischen Aphorismus. Tübingen / Basel: Francke, 1999. (Edition Patmos. 2.)

– Weltbilder des Intellekts. Erkundungen zur Geschichte des österreichischen Aphorismus. 2., verb. und erw. Aufl. Wrocław (Breslau): ATUT, 2005.

Kronenberger, Louis: The Last Word. Portraits of Fourteen Master Aphorists. London / New York: Macmillan, 1972.

Krupka, Peter: Der polnische Aphorismus. Die *Unfrisierten Gedanken* von Stanisław Jerzy Lec und ihr Platz in der polnischen Aphoristik. München: Sagner, 1976.

Kruse, Margot: Die Maxime in der französischen Literatur. Studien zum Werk La Rochefoucaulds und seiner Nachfolger. Hamburg: Cram [de Gruyter in Komm.], 1960. (Hamburger Romanistische Studien. A. 44.)

– Die französischen Moralisten des 17. Jahrhunderts. In: Renaissance und Barock II. Hrsg. von August Buck. Frankfurt a.M.: Athenaion, 1972. (Neues Handbuch der Literaturwissenschaft. X.) S. 280–300.

Kühling, Ludger: Das Problem, der Spruch, die Lösung. Aphorismen in Beratung, Therapie und Supervision. Göttingen: Vandenhoeck und Ruprecht, 2015.

Kulischkina, Olga N.: Mann-Frau-Beziehungen in der russischen Aphoristik des 19. Jahrhunderts. In: Österreichische Literatur. Theorie. Geschichte und Rezeption. Hrsg. von Alexandr W. Belobratow. St. Petersburg: Peterburg XXI VEK, 1997. (Jahrbuch der Österreich-Bibliothek in St. Petersburg. 2.)

Lamping, Dieter: Der Aphorismus. In: Formen der Literatur in Einzeldarstellungen. Hrsg. von Otto Knörrich. 2., überarb. Aufl. Stuttgart: Kröner, 1991. S. 21–27.

Lubimova-Bekman, Lada: Rezeption von Aphorismen. Eine textlinguistische Studie. Berlin: Schmidt, 2001. (Philologische Studien und Quellen. 169.)

Mautner, Franz H.: Der Aphorismus. In: Prosakunst ohne Erzählen. Die Gattungen der nicht-fiktionalen Kunstprosa. Hrsg. von Klaus Weissengerber. Tübingen: Niemeyer, 1985. S. 7–26.

Meyer, Urs: Altes und Neues zur Theorie und Geschichte des Aphorismus. Nicht nur polemische Anmerkungen zur gegenwärtigen Forschungslage. In: Lichtenberg-Jahrbuch 1999. Hrsg. im Auftrag der Lichtenberg-Gesellschaft von Wolfgang Promies und Ulrich Joost unter Mitwirkung von Alexander Neumann. Saarbrücken: Saarbrücker Druckerei und Verlag, 2000. S. 246–255.

Mieder, Wolfgang: Sprichwörtliche Aphorismen. Von Georg Christoph Lichtenberg bis Elazar Benyoëtz. Wien: Edition Praesens, 1999.

– Aphorismen, Sprichwörter, Zitate. Von Goethe und Schiller bis Victor Klemperer. Bern [u.a.]: Lang, 2000. (Sprichwörterforschung. 22.)

Mohr, Jan-Steffen: Epigramm und Aphorismus im Verbund. Kompositionen aus kleinen Textformen im 17. und 18. Jahrhundert (Daniel Czepko, Angelus Silesius, Friedrich Schlegel, Novalis). Frankfurt a.M. [u.a.]: Lang, 2007. (Mikrokosmos. 78.)

Moncelet, Christian (Hrsg.): Désirs d'aphorisme. Clermont-Ferrand: Université Blaise-Pascal, 1998.

Montandon, Alain: Les formes brèves. Paris: Hachette, 1992.

Moret, Philippe: Tradition et modernité de l'aphorisme. Cioran, Reverdy, Scutenaire, Jourdan, Chazal. Genf: Droz, 1997.

Müller, Ralph: Theorie der Pointe. Paderborn: Mentis, 2003. (explicatio.) [Der Aphorismus: S. 224–262.]

Neumann, Gerhard: Ideenparadiese. Untersuchungen zur Aphoristik bei Lichtenberg, Novalis, Friedrich Schlegel und Goethe. München: Fink, 1976. [Zit. als: Neumann, 1976 a.]

– (Hrsg.): Der Aphorismus. Zur Geschichte, zu den Formen und Möglichkeiten einer literarischen Gattung. Darmstadt: Wissenschaftliche Buchgesellschaft, 1976. (Wege der Forschung. 356.) [Zit. als: Neumann, 1976 b.]

Ortemann, Marie-Jeanne (Hrsg.): Fragment(s), fragmentation, aphorisme poétique. Nantes: Centre de recherches sur les Identités Nationales et l'Interculturalité, 1998.

Pelegrin, Benito (Hrsg.): Fragments et Formes brèves. Actes du IIᵉ Colloque international. Aix: Université de Provence, 1990.

Rigoni, Mario Andrea (Hrsg.): La brevità felice. Contributi alla teoria e alla storia dell'aforisma. Venedig: Marsilio, 2006.

Rosso, Corrado: La »maxime«. Saggi per una tipologia critica. Neapel: Edizioni Scientifiche Italiane, 1968. – Neudr. mit einer Einl. von Werner Helmich. Bologna: Mulino, 2001.

– Saggezza in salotto. Moralisti francesi ed espressione aforistica. Neapel: Edizioni Scientifiche Italiane, 1991. (Letterature Straniere. 1.)

Ruozzi, Gino: Forme brevi. Pensieri, massime e aforismi nel Novecento italiano. Pisa: Ed. Libr. Goliardica, 1992. (Storia e Critica delle Idee. 19.)

– (Hrsg.): Teoria e storia dell'aforisma. Mailand: Mondadori, 2004.

– (Hrsg.): Aforismi d'Oriente. Bologna: Gedit Edizione, 2007.

Schalk, Fritz: Aphorismus. In: Historisches Wörterbuch der Philosophie. Hrsg. von Joachim Ritter. Bd. 1: A–C. Darmstadt: Wissenschaftliche Buchgesellschaft, 1971. Sp. 437–439.

Schneider, Albert: L'aphorisme et les aphoristes. In: Germanistik. Publication du Centre universitaire de Luxembourg 2 (1991) S. 109–161.

Schneider, Ulrike: Der poetische Aphorismus bei Edmond Jabès, Henri Michaux und René Char. Zu Grundfragen einer Poetik. Stuttgart: Steiner, 1998. (Zeitschrift für französische Sprache und Literatur. Beihefte. N. F. 26.)

– Zu einigen Grundproblemen neuerer Aphorismusforschung. In: Zeitschrift für französische Sprache und Literatur 112 (2002) S. 155–169.

– Im Grenzbereich von Aphoristik und moderner französischer Lyrik: der poetische Aphorismus. In: L'état de la poésie aujourd'hui. Perspektiven französischsprachiger Gegenwartslyrik. Hrsg. von Gisela Febel und Hans Grote. Frankfurt a. M. [u. a.]: Lang, 2003. S. 83–94.

Spicker, Friedemann: Der Aphorismus. Begriff und Gattung von der Mitte des

18. Jahrhunderts bis 1912. Berlin: de Gruyter, 1997. (Quellen und Forschungen. 11 [245].)

- Studien zum deutschen Aphorismus im 20. Jahrhundert. Tübingen: Niemeyer, 2000. (Studien und Texte zur Sozialgeschichte der Literatur. 79.)
- Herzdenken. Zu einem konstitutiven Leitmotiv in der deutschen Aphoristik des 20. Jahrhunderts. In: Sprachkunst 34 (2003) S. 87–113.
- Der deutsche Aphorismus im 20. Jahrhundert. Spiel, Bild, Erkenntnis. Tübingen: Niemeyer, 2004.
- »Zur Männer- und Frauenfrage« oder Herrenwitz und Frauenbild. Weibliche und männliche Aphoristik im 20. Jahrhundert. In: Lichtenberg-Jahrbuch 2005. Begr. von W. Promies. Hrsg. im Auftrag der Lichtenberg-Gesellschaft von Ulrich Joost und Alexander Neumann in Verb. mit Bernd Achenbach und Heinrich Tuitje. Saarbrücken: Saarbrücker Druckerei und Verlag, 2005. S. 98–155. [Zit. als: Spicker, 2005 a.]
- Aphorismus. In: Enzyklopädie der Neuzeit. Im Auftrag des Kulturwissenschaftlichen Instituts (Essen) und in Verbindung mit den Fachwissenschaftlern hrsg. von Friedrich Jaeger. Bd. 1. Stuttgart/Weimar: Metzler, 2005. Sp. 487–489. [Zit. als: Spicker, 2005 b.]
- Literarische Kleinformen: In: Literaturwissenschaftliches Lexikon. Grundbegriffe der Germanistik. Hrsg. von Horst Brunner und Rainer Moritz. 2., überarb. und erw. Aufl. Berlin: Schmidt, 2006. S. 224–229. [Zit. als: Spicker, 2006 a.]
- Aphoristische Doppelgänger. Aphorismus und Fiktionalität. In: Pensées – Pensieri – Pensamientos. Dargestellte Gedankenwelten in den Literaturen der Romania. Festschrift für Werner Helmich. Hrsg. von Klaus Ertler und Siegbert Himmelsbach. Wien: LIT, 2006. (Austria: Forschung und Wissenschaft. Literatur. 4.) S. 39–77. [Zit. als: Spicker, 2006 b.]
- Mystik und Aphorismus. Mystik-Modelle des 20. Jahrhunderts in aphoristisch bestimmten Mischgattungen der Moderne. In: Kleine Prosa. Theorie und Geschichte eines Textfeldes im Literatursystem der Moderne. Hrsg. von Thomas Althaus, Wolfgang Bunzel und Dirk Göttsche. Tübingen: Niemeyer, 2007. S. 315–328.
- Kurze Geschichte des deutschen Aphorismus. Tübingen: Francke, 2007.
- Die deutsche Aphorismusforschung. Ein Forschungsbericht. I. In: Lichtenberg-Jahrbuch 2008. Begr. von Wolfgang Promies. Hrsg. im Auftrag der Lichtenberg-Gesellschaft von Ulrich Joost und Alexander Neumann in Verb. mit Bernd Achenbach und Heinrich Tuitje. Heidelberg: Winter, 2008. S. 189–229. – II. In: Lichtenberg-Jahrbuch 2009. S. 213–251.

- Zwischen Medizin und Literatur. Der hippokratische Aphorismus und seine Tradition. In: Sprachkunst 40 (2009) S. 101–126.
- Die Welt ist voller Sprüche. Große Aphoristiker im Porträt. Unter Mitarbeit von Angelika Spicker-Wendt. Bochum: Brockmeyer, 2010. (dapha-drucke 3.)
- Lehrer Lichtenberg. Zur politischen Aphoristik in Deutschland nach 1800. In: Lichtenberg-Jahrbuch 2011. S. 117–141.
- Der Aphorismus im Kontext. In: Lichtenberg-Jahrbuch 2015. S. 240–251.
- »Wer hat zu entscheiden, wohin ich gehöre?« Die deutsch-jüdische Aphoristik. Göttingen: V & R unipress, 2017. (Poetik, Exegese und Narrative 7.)
- Kotext und Kontext. Der Aphorismus in seinem Umfeld. In: Sprachkunst 50 (2019) S. 187–215.
- Verehrung, Nachfolge, Gegnerschaft. Formen der aphoristischen Begegnung. In: Friedemann Spicker, Jürgen Wilbert (Hrsg.): Der Aphorismus im Dialog. Formen der aphoristischen Begegnung. Dokumentation zum 8. Internationalen Aphoristikertreffen vom 1. bis 3. November 2018 in Hattingen/Ruhr. Düsseldorf Edition Virgines, 2019. S. 20–58.
- Das aphoristische »Er«. Zu einem bemerkenswerten Gebrauch des Pronomens, dargestellt am deutschsprachigen Aphorismus. In: Lichtenberg-Jahrbuch 2020. S. 93–139.
- / Wilbert, Jürgen: Aphoristisches Schreiben. Leitfaden mit kreativen Übungen. Düsseldorf: Virgines, 2021. (dapha-drucke 12.)
Sprengel, Peter: Aphorismen und philosophische Prosa. In: P. S.: Geschichte der deutschen Literatur 1870–1900. München: C. H. Beck, 1998. (Geschichte der deutschen Literatur von den Anfängen bis zur Gegenwart. Bd. 9,1.) S. 688–698. [Zit. als: Sprengel, 1998 a.]
- Aphorismen und Parabel. In: P. S.: Geschichte der deutschen Literatur 1900–1918. München: C. H. Beck, 1998. (Geschichte der deutschen Literatur von den Anfängen bis zur Gegenwart. Bd. 9,2.) S. 731–736. [Zit. als: Sprengel, 1998 b.]
Stölzel, Thomas: Rohe und polierte Gedanken. Studien zur Wirkungsweise aphoristischer Texte. Freiburg i. Br.: Rombach, 1998. (Reihe Cultura. 1.) [Phil. Diss. Freiburg 1997.]
Strube, Claudius: Der philosophische Aphorismus. In: Weisheit und Wissenschaft. Hrsg. von Tilman Borsche und Johann Kreuzer. München: Fink, 1995. (Schriften der Académie du Midi. II.) S. 227–236.
Stünkel, Knut Martin: Atlantis regained. Spinoza und die kleinen Formen des Denkens. Würzburg: Königshausen & Neumann, 2022.

Szczepaniak, Jacek: Zu sprachlichen Realisierungsmitteln der Komik in ausgewählten aphoristischen Texten aus pragmalinguistischer Sicht. Frankfurt
a. M. [u. a.]: Lang, 2002. (Danziger Beiträge zur Germanistik. 1.)
Thiele, Matthias: Notizen. Zur Poetik, Politik und Genealogie der kleinen Prosa-
form »Aufzeichnung«. In: Sabine Autsch, Claudia Öhlschläger, Leonie Sü-
wolto (Hrsg.): Kulturen des Kleinen. Mikroformate in Literatur, Kunst und
Medien. München: Fink, 2014. S. 165–192.
 – Schreibtechniken des Notierens. In: Ludger Hoffmann, Martin Stingelin
(Hrsg.): Schreiben. Dortmunder Poetikvorlesungen von Felicitas Hoppe;
Schreibszenen und Schrift – literatur- und sprachwissenschaftliche Perspek-
tiven. München: Fink, 2018. S. 115–142.
Tiedemann, Rolf: Vom Reichtum der Pfennigswahrheiten. Ein Versuch über
den Aphorismus. In: Karel Markus (Hrsg.): Rolf Tiedemann – Der getreue
Editor. München: edition und kritik, 2020. S. 170–200.
Wanning, Frank: Diskursivität und Aphoristik. Untersuchungen zum Formen-
und Wertewandel in der höfischen Moralistik. Tübingen: Niemeyer, 1989.
(mimesis. 6.)
Wuthenow, Ralph-Rainer: Wahrheiten über den Menschen. Moralistik und
Aphorismus in Europa. Hrsg. und mit einem Geleitwort versehen von
Friedrich Wolfzettel. Heidelberg: Winter, 2016. (Frankfurter Beiträge zur
Germanistik 56.)
Zimmer, Robert: Weltklugheit. Die Tradition der europäischen Moralistik. Ba-
sel: Schwabe, 2020.
Zymner, Rüdiger: Aphorismus / Literarische Kleinformen. In: Fischer Lexikon
Literatur. Hrsg. von Ulfert Ricklefs. Bd. 1. Frankfurt a. M.: Fischer, 1996. (Fi-
scher-Taschenbuch. 4565.) S. 80–106.
 – Aphorismus. In: Kleine literarische Formen in Einzeldarstellungen. Stutt-
gart: Reclam, 2002. (Universal-Bibliothek. 18187.) S. 27–53.

Handbuch- und Lexikon-Artikel
 Fedler (1992 b), Fricke (1992; 1997), Lamping (1991), Schalk (1971), Spicker
 (2005 b; 2006 a), Zymner (1996; 2002)
Bibliographien
 Spicker (1997; 2004), Geary (Hrsg.: Guide to the World's Great Aphorists.
 2007)

Forschungsberichte

    Cantarutti (1984; 1990), Spicker (2008)

Zum internationalen Aphorismus, zu Geschichte und Typologie

    Biason (1997–99), Cantarutti (1991), Cantarutti/Schumacher (1986), Cantarutti [u. a.] (2000), Fedler (1992 a), Fricke (1992; 1997), Geary (2006), Genetti (2006), Mautner, Meyer, Müller, Montandon, Neumann (1976 b), Ruozzi (2004), Rigoni (2006), Schalk, Spicker (2005 b), Stölzel

Zu Deutschland

    Biason (1997; 1998), Cantarutti, Egert, Esders, Febel, Fricke (1984), Fürnkäs, Göttsche, Gray, Greiner-Kemptner, Mieder (1999; 2000), Neumann (1976 a), Spicker (1997; 2000; 2003; 2004; 2005 a; 2006 a; 2006 b; 2007; 2008), Sprengel (1998 a; 1998 b)

Zu USA und England

    Biason (1997–99), Geary, Horstmann, Kronenberger, Neumann (1976 b)

Zu Frankreich

    Biason (1990; 1997–99), Ertler/Himmelsbach, Febel, Genetti (2002), Helmich (1991; 1999; 2002), Kruse (1960; 1972), Moncelet, Montandon, Moret, Neumann (1976 b), Ortemann, Pelegrin, Rosso (1991; 2001), Schneider (1998; 2002; 2003), Wanning

Zu Italien

    Biason (1997–99), Ertler/Himmelsbach, Genetti (2006), Helmich (1999), Rigoni, Ruozzi

Zu Österreich

    Gray (1986; 1987), Kaszyński (1999; 2005)

Zu Polen

    Krupka

Zu Russland

    Eismann, Gerhardt (1977; 1981), Kulischkina

Zu Spanien

    Biason (1997–99), Ertler/Himmelsbach, Helmich (1999), Neumann (1976 b)

Außerdem sind die genannten Anthologien mit ihren Vor- oder Nachworten höchst nützliche Informationsquellen.

Nachwort

Zum Begriff »Aphorismus«

»Ein Deutscher ist großer Dinge fähig.« Das ist zweifellos ein Satz von Nietzsche, aber so zweifels*voll* ein Nietzsche-Aphorismus wie der folgende, ziemlich anders klingende: »Ein Deutscher ist großer Dinge fähig, aber es ist unwahrscheinlich, dass er sie tut.« Und diese nationalironische Wendung geht noch nicht weit genug: »Ein Deutscher ist großer Dinge fähig, aber es ist unwahrscheinlich, dass er sie tut: denn er gehorcht.« Und fortgesetzt schärfer: »Ein Deutscher ist großer Dinge fähig, aber es ist unwahrscheinlich, dass er sie tut: denn er gehorcht, *wo er kann.*« Endlich: »Ein Deutscher ist großer Dinge fähig, aber es ist unwahrscheinlich, dass er sie tut: denn er gehorcht, *wo er kann,* wie dies einem an sich trägen Geiste wohltut.« Der Anthologist, der verkürzend-verfälschend eines dieser Zitate als »Aphorismus« abdruckte, auch das letzte, handelte nach der Devise: »Wie hätten Sie's denn gern?« Mindestens müsste er sich der üblichen und redlichen Klammern [...] bedienen, oder er druckte den dreiseitigen Kurzessay Nietzsches aus der *Morgenröte* (Nr. 207) ganz ab, von dem ich hier die Einleitung zu Demonstrationszwecken zitiert habe. Anders wäre ihm der Leser für Form und Inhalt des Nietzsche-»Aphorismus« hoffnungslos ausgeliefert.

Gewiss konstruiert, gewiss übertrieben. Aber die Wirklichkeit der Aphorismus-Anthologien, wie sie die Bibliographie zusammenstellt, ist nicht sehr weit davon entfernt.

»Es ist nichts groß, was nicht gut ist.« Dieser Aphorismus von Matthias Claudius, von Margolius 1958 in seine *Aphorismen der*

Weltliteratur aufgenommen (S. 28), ist keiner. Claudius' Brief »An meinen Sohn Johannes« beginnt nach einer Einleitung mit dem, »was die Zeit mich gelehret hat«: »Es ist nichts groß, was nicht gut ist; und ist nichts wahr, was nicht bestehet. Der Mensch ist hier nicht zu Hause, und er geht hier nicht von ungefähr in dem schlechten Rock umher. [...]«

»Jemand vergessen wollen heißt an ihn denken.« Dieser Aphorismus Jean de la Bruyères, den Günther von Schuckmann 1968 in seine Auswahl von dessen *Aphorismen* aufnimmt (S. 34), ist keiner. In Gerhard Hess' Ausgabe (1978) heißt er so: »Jemand vergessen wollen heißt an ihn denken. Die Liebe hat mit den Gewissenszweifeln gemein, dass Nachdenken und Grübeln nicht davon befreien, sondern sie eher steigern. Um seine Leidenschaft zu lindern, muss man, wenn möglich, gar nicht an sie denken« (S. 101).

»Knowledge is power.« Dieser Aphorismus Francis Bacons ist keiner, auch wenn er überall als ein solcher begegnet, noch in den von Ulrich Horstmann herausgegebenen *English Aphorisms* (1993). Der Satz findet sich syntaktisch eingebunden in Bacons Essays (und ähnlich im dritten Aphorismus seines *Neuen Organon der Wissenschaften*).

Drei Beispiele für die sekundäre Herstellung von Aphorismen: sentenziöse Zitate, die auf vage aphoristische Vorstellungen des Herausgebers hin aus Texten des Autors herausgelöst sind, aus einem Brief, einem Essay, aus einem längeren Aphorismus, der den maximenhaften Kopfsatz und seine Anwendung in einem Zusammenhang halten will. Sie sind anspruchsvolleren und sorgfältigeren Anthologien entnommen und ließen sich beliebig vermehren, wenn man auch die vielen populären Sammlungen, die »Aphorismen der Liebe«, die »Aphorismen für alle Tage«, die »Klassischen Aphorismen« einbezöge. Da macht der Nicht-Aphoristiker Kant in Auden/Kronenbergers *Faber Book of Aphorisms* (1964) so misstrauisch wie der Nicht-Aphoristiker Freud in Gross' *Oxford Book of Aphorisms* (1983), der Nicht-Aphoristiker Fontane bei Margolius (1958) ebenso wie die Nicht-Aphoristiker Balzac oder Stendhal, Kant oder Fontane bei Hübscher (1952) oder Palazzi/Filippi (1967). Wem würde in einer Gedicht-Anthologie einfallen, hier und da nur die erste Strophe abzudrucken? Wer würde in eine Sammlung von Kurzgeschichten die in sich abgeschlossene Episode aus einem Roman aufnehmen? Dem ›kleinen‹ Aphorismus wird das ohne weiteres angetan, und mit bestem Willen.

Genug der Klage. Der Begriff »Aphorismus« ist unklar und klärungsbedürftig, und wahrlich noch in anderen Dimensionen als den bis jetzt vorgeführten, so dass der Leser Anspruch darauf hat zu erfahren, wie er in der vorliegenden Sammlung verwendet wird. Es darf, so viel ist gewiss schon deutlich geworden, keine Sammlung »führender Worte abendländischer Dichter und Denker« (Eckart/Grunow, 1961) sein. Bei der einschränkenden Erörterung des Begriffes ›Weltliteratur‹ habe ich schon auf die Dimension der Zeit verwiesen (vgl. »Zu Auswahl und Anordnung«, S. 363). So ist die Antike neben Asien der zweite große Literaturkreis, der sich hier nicht findet. Aber die »Fragmente« Heraklits zum Beispiel sind nur fragmentarisch, bruchstückhaft eben, überliefert und nicht absichtsvoll so verfasst. Epiktets *Encheiridion*, das *Handbüchlein der Ethik*, ist eine Zusammenstellung seines Schülers, und auch die in allen Anthologien zu findenden »Aphorismen« Epikurs und Senecas beruhen auf Auszügen späterer Bearbeiter oder sind sentenziöse Exzerpte aus den Traktaten (die freilich für die Entwicklung des modernen Aphorismus von größter Bedeutung waren). Solche Sentenzen, Zitate, Aussprüche, ›Sekundäraphorismen‹ aus Brevieren und ähnlichen Zusammenstellungen öffnen aber der Beliebigkeit des produzierenden Sammlers Tür und Tor und geben keinerlei Chance, die Umrisse einer Gattung zu erkennen. Sie finden sich auch andernorts zur Genüge. Dann ist es nicht weit zur profillosen Gemeinsamkeit mit Redensarten, Sinnsprüchen, Sprichwörtern bis hin zu Inschriften, Epigrammen, Bibelstellen, Bauernregeln, wie sie Lipperheides *Spruchwörterbuch* von 1907 gemeinsam mit »Aphorismen« sammelt. Solche Bücher lassen ihre andersartige Intention richtigerweise auch zuweilen schon im Titel erkennen, so wie die *Parallelen des Geistes* (Wittek, 1936/37) oder *World's Wit and Wisdom* (Lockridge, 1945) oder *Citatenboek* (Buddingh', 1992).

Das bedeutet nicht unbedingt, dass Aphorismen nicht im Einzelfall in einem größeren Text gestanden haben können. So ist von Karl Kraus bekannt, dass er Formulierungen aus seinen Briefen als Selbstzitate zu Aphorismen gemacht hat. Die Autorintention ist in jedem Fall ausschlaggebend. Es geht also zunächst um Texte, die *als* Aphorismen veröffentlicht wurden. Die Konsequenzen sind weitreichend einengend. Zumal Sentenzen, Aperçus, Bonmots aus Dramendialogen eignen sich zur Aufnahme in weitherzige, falsche Aphorismensammlungen. Von Oscar Wilde etwa sind eigene Bändchen mit solchen Aphorismen zusammengestellt worden; in der vorliegenden Sammlung erscheint er dagegen nur mit dem schmalen unter dem Begriff »Aphorismus« veröffentlichten Ausschnitt seines Werks. Ähnliches ist bei Shaw zu beobachten, auch bei dem Dramatiker und wirklichen Aphoristiker Schnitzler, von dem scheinbaren Aphoristiker Shakespeare ganz zu schweigen, den so gut wie alle Anthologien kennen.

So weit, so einfach. Wir haben vom Kriterium der Autorintention gesprochen, also von Aphorismenbüchern, die als solche konzipiert sind, und zur ersten Ausgrenzung schlicht unterschieden: Hat der Verfasser selbst die Gestalt bestimmt (wie Bacon und Benyoëtz, Hazlitt und Kraus, um den zeitlichen Bogen zu spannen) oder nicht? Wie aber steht es dann mit den Klassikern der Gattung Pascal und Lichtenberg, wie mit dem *Journal* Renards, mit Hebbels *Tagebüchern*, Leopardis *Zibaldone di pensieri*, Jouberts *Carnets*, Mark Twains *Notebooks*? Das Verhältnis von Tagebuch und Aphorismus ist nicht einfach, erst recht nicht, wenn es sich, wie meist, mit dem Problem des Nachlasses verschränkt: Was ist flüchtige, private Notiz, was gültiges, gewissermaßen ›verabschiedetes‹ Notat; durch Veröffentlichung herausgehoben ist ja das eine so wenig wie das andere. Das Problem ist nur im Einzelfall zu lösen, und die biographischen Notizen geben die nötige Detailinformation. Die Form der Tagebücher im Allgemeinen ist so unterschiedlich, wie es ihre Bestandteile im Einzelnen sind. Sie grundsätzlich auszuschließen, hieße einerseits die Gattung verstümmeln. Andererseits ist es immer eine problematische Abgrenzung, Reflexionstagebücher von der Art Hebbels oder Leopardis einzubeziehen und innerhalb ihrer diaristische, essayistische und gnomische Elemente zu sondern. Bei aller Sorge um Genauigkeit öffnet sich hier der zuordnenden Interpretation ein Feld. Es ist allein der Herausgeber, der beim Nachlass angesichts einer fließenden und nicht immer eindeutig zu bestimmenden Grenze eine Unterscheidung trifft zwischen vorläufiger Notiz und Vorstufe einerseits und fertigem, vom Willen zur Kunstform geprägten Aphorismus andererseits. Zu Heine ist diese Diskussion auch exemplarisch ertragreich geführt worden, zu Jean Paul stellt sie sich in dem Maße neu, in dem sein Nachlass ediert wird. Es ist der Anthologist, der aus den Tagebüchern eine Notiz als Aphorismus herauslöst; dass sie isoliert und selbständig ist, reicht ja als Begründung nicht hin. Er hat dabei eine Vorstellung von Aphorismus vor dem geistigen Auge, die (auch uneingestandenermaßen) an einer traditionalen Gattungsmitte geschult ist. Davon später.

So weit, so kompliziert. Von dem, was wir in der Formulierung »*als* Aphorismen« zunächst arglos gefordert haben, rücken wir mit Pascals *Pensées* wie mit Lichtenbergs *Sudelbüchern*, mit Valérys *Cahiers* ebenso wie mit Handkes *Journalen* schon wieder etwas ab. Und sind denn die *Maximes* La Rochefoucaulds, die *Greguerías* Gómez de la Sernas, die *Voces* Porchias, die Texte Botho Strauß' *als* »Aphorismen« publiziert worden? Für die *Fragmente* Friedrich Schlegels ist sogar der Anspruch einer eigenen Gattung erhoben worden, ebenso für die *Aufzeichnungen* Canettis. Schlicht auf den Namen »Aphorismus« zu rekurrieren – so viel leuchtet unmittelbar ein – wäre naiv und ohne irgendwelchen Erkenntnisertrag. Das schlösse ja sogar die musterhaften Aphorismen aus, die zugunsten eines metaphorischen Titels auf jede formale Gattungszuordnung über den Begriff verzichten, Lec' *Unfrisierte Gedanken* ebenso wie Ceronettis *Pensieri del Tè*. Gerade weil die Aphoristiker selbst eine Unzahl aphoristischer Definitionen geliefert haben – schließlich liegt in griech. *aphorizein*, lat. *definitio* seine etymologische Wurzel –, ist eine literaturwissenschaftliche Begriffsklärung der Sache unumgänglich. Sie muss die Selbstreferenz aufbrechen und aufdecken, was sich an Apologie und Überkompensation in den Aphorismen selbst vorfindet. Herausgeber wie Anthologisten haben sie ausgesprochen oder unausgesprochen vor Augen, wie wir sahen. Dabei sind die Begriffsvorstellungen in verschiedenen Sprachen durchaus verschieden, und die naive Übersetzung ginge fehl. Darauf weist einer der Pioniere der Aphorismusforschung, Mautner, schon 1966 hin, wenn er die Begriffe »Maxim(e)s, Sentences, Fragmente, Aphorismen« vergleicht. (Eine weiterführende Studie auf breiterer empirischer Basis wäre nötig.) Wenn sich auch gerade in den letzten Jahrzehnten unter dem Einfluss der deutschen Terminologie, die die Systematisierung am weitesten getrieben hat, eine Vereinheitlichung zur Bezeichnung Aphorismen, aphorismes, aphorisms, aforismen, aforismi, aforismos, aforyzmy abzeichnet, so ist doch die Leitbegrifflichkeit für die Gattung in den einzelnen Sprachen nicht unbedingt und jederzeit dieselbe. In Frankreich zum Beispiel prägt die Sonderform der Maxime unter *diesem* Begriff die Gattung bis etwa 1900. In dieser deutschsprachigen Sammlung ist also von dem deutschen (in dieser Form nicht unbedingt übertragbaren) Terminus die Rede.

Hier beginnen aber eigentlich erst die Probleme. Denn: Der Gattung werden nicht nur fraglos Texte zugeordnet, die nicht so heißen, das romantische »Fragment« ebenso wie die französische »Maxime«, »pensées« und »pensieri«, »Notate« – um eine neutrale Bezeichnung zu wählen – von Lichtenberg (*Sudelbücher*) oder Hebbel (*Tagebücher*), Butler (i) oder Butler (ii) (jeweils *Note-Books*), Canetti (*Aufzeichnungen*) oder Handke (*Journal*). Aus der Gattung werden andererseits genauso selbstredend Texte, die sich selbst diesem Begriff zuordnen, ausgeschlossen. Wie ist das zu erklären? Wie ist dieser Begriffsmisere zu entkommen?

Der Name Aphorismus bezeichnet aus der hippokratischen Tradition heraus seit Bacon eine wissenschaftliche Schreibart: in unverbundenen Lehrsätzen im Gegensatz zur systematischen Darlegung. Dieser (populär-)wissenschaftliche »Aphorismus« wird im letzten Drittel des 18. Jahrhunderts in Deutschland zu einer regelrechten Modeerscheinung mit Dutzenden von Titeln, gerade zu der Zeit, als sich hier der literarische Aphorismus unter wechselnden metaphorischen Bezeichnungen entwickelt, für den seine Autoren noch so gut wie keine Publikationsmöglichkeit sehen. Bis zur Mitte des 19. Jahrhunderts etwa wachsen Begriff und Gattung dann zusammen, ermöglicht dadurch, dass sich die Autoren hier wie da dem von – wissenschaftlicher – Anthropologie wie – literarischer – Moralistik her gleichermaßen zu eröffnenden Bereich der Menschenkunde zuwenden. In einem ersten Ansatz seit Hebbel um 1850, in einem zweiten Ansatz seit der Edition von Lichtenbergs *Sudelbüchern* als »Aphorismen« und der immens starken Wirkung Nietzsches um 1900 ist dann eine literarische Gattung unter dem Begriff »Aphorismus« erkennbar. Sie schafft sich eine Tradition und entwickelt sowohl für die Literaturwissenschaft wie für die Literatur zentripetale Kraft: Einerseits wird diesem Aphorismus jetzt auch (vor-)schnell zugeordnet, was nicht zu ihm gehört – mit den Auswirkungen hatten wir uns ja kurz auseinanderzusetzen –, andererseits stellt er, zumal für eine Menge durchschnittlicher Autoren, ein zu erfüllendes Gattungsmuster dar. Daneben hat sich der wissenschaftliche Aphorismus-Strang in einzelnen Fasern bis ins 20. Jahrhundert hinein erhalten.

Man kann den Aphorismus rein funktional verstehen: Was als solcher wirkt und verstanden wird, das ist auch einer. Dann erübrigt sich der Großteil der vorstehenden Überlegungen, aber bis zu beliebigen »führenden Worten« ist es dann eben nicht weit. Auf verschiedenen Pfaden hat man sich deshalb einer literaturwissenschaftlichen Begriffsbestimmung genähert, von der Philosophie her, in Anwendung rezeptionsästhetischer Einsichten, mit Hilfe linguistischer – syntaktischer und semiotischer – Analysen. Zwei breite Wege lassen sich klar unterscheiden. Der vom zugrunde liegenden aphoristischen Denken ausgehende Ansatz ist reich an schaffensästhetischen Einsichten, droht aber die Form aus dem Blick zu verlieren. Daneben hat sich die Wissenschaft dem Aphorismus am häufigsten gestaltanalytisch-typologisch angenähert: Er sollte naheliegenderweise durch eine Beschreibung seiner literarischen Formen und Figuren terminologisch geklärt werden. Das führt zu einer Addition und zu einer im Prinzip offenen, auch heterogenen Liste, die Paradoxon, Chiasmus, Antithese, die Wortspiel, Umkehrung und Neologismus, Exempel, (Schein-)Definition, Aussparung, Pointierung, Proportion und vieles mehr umfasst. Eine solche Auflistung kann ihn aber letztlich nicht bestimmen.

Der Begriffsproblematik, die in der komplizierten Geschichte der Verschränkung von Begriff und Gattung ihre Erklärung findet, ist vielleicht auf zwei Weisen zu begegnen.

Der klassische Weg ist der der literaturwissenschaftlichen Definition. Er ist ungezählte Male eingeschlagen worden – und ebenso oft wurde er daraufhin als ungenügend befestigter Pfad, als Seitenweg, erkannt, als *ein* Arm in einem Delta der literarischen Erscheinungen. Am nachhaltigsten hat zu Recht der Versuch Harald Frickes (1984; 1992 und 1997 weitergeführt) gewirkt, der über drei notwendige Merkmale (kotextuelle Isolation, Prosaform, Nichtfiktionalität) und vier alternative Merkmale (Einzelsatz, Konzision, sprachliche Pointe, sachliche Pointe) eine Definition entwickelt: Ein Aphorismus ist ein »(1) nichtfiktionaler Text in (2) Prosa in einer Serie gleichartiger Texte, innerhalb dieser Serie aber jeweils (3) von den Nachbartexten isoliert, also in der Reihenfolge ohne Sinnveränderung vertauschbar; zusätzlich (4a) in einem einzelnen Satz oder auch (4b) anderweitig in konziser Weise formuliert oder auch (4c) sprachlich pointiert oder auch (4d) sachlich pointiert« (Fricke 1997, S. 104). Größtmögliche Klarheit ist hier um den Preis rigoroser Ausschließung geschaffen. Schopenhauers *Aphorismen* können dann keine mehr sein, Hebbel fällt als »Klassiker der Gattung« damit aus. Ein anderer Weg ist der, zum einen zu beschreiben, wo sich die Ränder der Gattung mit Regel, Maxime, Sentenz, Spruch, auch Anmerkung, Zitat und Sentenz überlappen, das oft heillose Ineinander somit als historisch bedingt auseinanderzulegen. Zum andern ist aus dem Interferenten und sich Wandelnden die semantische Begriffsmitte in einer Summe von Merkmalen zu beschreiben: dem unsystematisch Vereinzelten als dem unverbunden Zusammenhängenden, dem Hypothetisch-Experimentellen wie dem kraftvoll Konzentrierten, schließlich dem besonderen Angewiesensein auf die Rezeption durch den Leser. Dieser Weg zahlt zwar die größere Nähe zu den Objekten, den einzelnen literarischen Texten, mit einer ungleich geringeren Griffigkeit und Eindeutigkeit, scheint mir aber in seiner historischen Orientierung die notwendige Ergänzung zu einem strengen definitorischen Prüf- und Ausschlussverfahren, wenn er nicht überhaupt angemessener – angemessen anspruchsloser – sein sollte. Ich habe ihn 1997 begriffsgeschichtlich erprobt, und er hat mich auch zu der Sammlung in der vorliegenden Form geführt.

So streng er alles sekundär zu so genannten Aphorismen Gemachte oder Gewordene ausschließt, so offen erprobt er die Gattung: So will er mit Bacon die Verflechtung und Überlagerung mit dem wissenschaftlichen Aphorismus zeigen, mit Schopenhauer an den Grenzen zur Philosophie lavieren, mit Max Jacob die neue Variante eines surrealistischen Bildaphorismus vorführen, mit René Char den Übergang zum Prosagedicht zur Diskussion stellen, mit Peter Handke einen (wieder) anderen, nicht primär intellektuellen Ansatz vermitteln.

Es mögen dabei philosophisch-ethische, kritische oder ästhetische Intentionen im Vordergrund stehen. Der Weg mag vom Satirischen her, wie bei La Bruyère, Swift, Lichtenberg, Bierce, Mark Twain, Kraus, Wilde, Nowaczyński, Tuwim, Lec, Crnčević oder Petan, zur Gattung führen, er mag vom Metaphorischen herkommen, so bei Lichtenberg, Jean Paul, Jacob, Canetti, Char, Gómez de la Serna, Handke. Ausgangspunkte mögen das Imaginative wie bei Handke oder das Kognitiv-Reflektive wie bei Valéry sein. Ob das Lehrhafte (wie bei La Bruyère, Goethe, Hazlitt, Feuchtersleben, Schopenhauer, Leopardi) oder das Poetisch-Philosophische (wie bei Pascal, Novalis, Friedrich Schlegel, Porchia) betont sind, ob der Aphorismus diaristisch integriert ist, ohne letzte ›Definitivierung‹ nachgelassen oder in eigenständiger Sammlung publiziert ist: immer sucht der Aphoristiker von einem Denk-Erlebnis aus einem eigenen Erkenntnisanspruch zwischen Wissenschaft und Literatur gerecht zu werden, Begriff und Bild, Denk-Experiment und Anschauung zu verknüpfen. Er

dringt in einer Art von ›Lebensphilosophie‹, die durchaus mit deren verschiedenen Konzepten im 18. Jahrhundert und um 1900
im Zusammenhang steht und doch darüber hinausweist, auf Erkenntnis *und* Form, Form *als* Erkenntnis, auch wohl Form *statt*
Erkenntnis. So ist der Aphorismus am Beginn schauend-gestal-
tende Emanzipation vom Forschend-Lehrenden (Mautner, 1933,
in: Neumann, 1976 b, S. 38) und dringt auf Erkenntniserweite-
rung, indem er als nicht-fiktionaler literarischer Text das Verweisen auf Gegenstände und das Mitteilen von Inhalten mit dem
Aufweisen von Sinn verknüpft (Gabriel, 1991). Er erscheint als
literarische Anthropologie im 17. und 18., als lebendigster Ausdruck des Konflikts von logisch-mathematischer und ästhetischer Wahrheit (Neumann, 1976 a) um die Wende zum 19. Jahrhundert in Deutschland, als Integration von Poesie und Philosophie im romantischen Fragment, als Einheit von Erleben und
Denken, Wahrheit und Dichtung bei Nietzsche, als Synthese von
Wissenschaft und Literatur bei Valéry (Helmich, 1991), als die Erkenntnisse der Wissenschaft kritisierende, teils spielhafte, teils
(also) existentielle, teils politische Erkenntnis im 19. und 20.
Jahrhundert.

Zur Geschichte des Aphorismus

Es wurde am Ende des vorigen Abschnitts eine verwirrende Fülle von Namen genannt, denn wie ließe sich über die Texte ohne
ihre Verfasser reden? Der Leser hat Anspruch auf eine historische Orientierung; die exemplarischen Texte mag er aus der Anthologie selbst beiziehen. Diese Notizen »zur« Geschichte des

Aphorismus können nicht mehr als eine vorläufige Übersicht sein, indem sie einige Grundlinien aufzeigen, die Autoren über die Kurzporträts hinaus in einen historischen Rahmen einordnen und auf den einen oder anderen zusätzlichen Namen hinweisen.

Aus vornehmlich drei Quellen speist sich der Aphorismus, wie er sich seit der Renaissance in Europa entwickelt. Die »Aphorismen« des Hippokrates, als Sammlung von Lehrsätzen das berühmteste Buch innerhalb einer großen Anzahl hippokratischer Schriften, das sich auf den griechischen Arzt aus dem 5. Jahrhundert v. Chr. selbst freilich nicht zurückführen lässt, geben der Gattung nicht nur den Namen; sie begründen auch über den spätrömischen Arzt Galen, über Paracelsus im 16. und Herman Boerhaave im frühen 18. Jahrhundert eine Tradition medizinischer Aphoristik und besonderer Affinität der Ärzte zu dieser literarischen Kurzform, die bis in die Gegenwart reicht. Boerhaaves *Aphorismi* (1709) sind mit rund 50 Nachdrucken und Übersetzungen das 18. Jahrhundert hindurch das entscheidende Bindeglied zwischen Hippokrates und einer Hippokrates-Renaissance im späten 18. Jahrhundert, mit der eine regelrechte Konjunktur des (populär-)wissenschaftlichen Aphorismus verbunden ist.

Das Vorbild medizinischer Lehrbuch-Aphoristik wird nämlich auf andere Wissenschaften übertragen, beispielsweise die Physik, die Pädagogik, die Astronomie, so schon von Alanus ab Insulis im 12. Jahrhundert, von Hieronymus Cardanus und Otto von Brunfels im 16., in breitem Umfang dann im späten 18. Jahrhundert. Die Verbindung von Medizin und Politik – der kranke Körper, der kranke Staat – ragt darunter hervor.

Diese Tradition verknüpft sich mit dem nachhaltigen Einfluss von Senecas Sentenzen, wie sie in Gnomologien, antiken Spruchsammlungen, überliefert sind, sowie der Tacitus-Kommentierung mit ihrem Kürze-Ideal als der zweiten Quelle. Dies zeigen die ersten modernen Aphorismen, die noch weitgehend pragmatisch orientierten *Ricordi* Francesco Guicciardinis (1483–1540) in Italien, in Spanien die *Relaciones* von Antonio Pérez (1540–1611) oder, von ungleich größerer literarischer Ambition und Wirkung, das *Oráculo manual* Baltasar Graciáns (1601–1658). Sie geben Regeln und Ratschläge zum Verhalten im politischen Leben, die in den Problemen von Gesellschaft und Individualität, Herrschaft und Abhängigkeit, Berechnung und (Selbst-)Täuschung, Schein, Realität und Realität des Scheins ihre Mitte haben. Vom Kommentar entwickeln sie sich zu literarischer Eigenständigkeit, bei Gracián im Miteinander von – eigenem – Aphorismus und Selbstkommentierung gut zu beobachten. Die Überschneidungsbereiche der Gattung mit Regel, Maxime und Sentenz einerseits, mit Zitat und Anmerkung, (Fuß-)Note und Marginalie andererseits erklären sich aus dieser Frühgeschichte.

Die dritte Quelle stellen Apophthegmata dar, aus einer bestimmten Situation hervorgegangene und in sie eingebundene Denksprüche, wie sie seit Plutarch überliefert sind. Hier fließt auch die gesamte religiöse Spruchweisheit vor allem aus der Bibel ein. Erasmus von Rotterdam stellt in der entscheidenden Umbruchzeit der Renaissance neben kommentierten Sprichwörtern 1536 die maßgebende Sammlung von Apophthegmata zusammen. Wenn er 1540 »Aphorismen« schreibt, so will er in diesen nur lose miteinander verbundenen Sätzen seine Loslösung vom System der Scholastik dokumentieren.

Zur Schlüsselfigur für die europäische Aphoristik wird Francis Bacon (1561–1626), der sich nicht nur mit der Gattung der Apophthegmata – sammelnd und reflektierend – auseinandersetzt, sondern 1620 gegen die »traditio methodica« eine neue »traditio per aphorismos« in einem *Novum Organum*, eben einem *Neuen Organ der Wissenschaften*, begründet und erprobt. Apophthegmatik und vor allem Antisystematik verbinden sich in der Form des Aphorismus zu einem Vorbild, das in die wissenschaftliche Aphoristik (etwa bei Ernst Platner 1776) wie in die noch namenlose literarische Aphoristik (bei Swift in England, bei Lichtenberg in Deutschland) gleichermaßen hinüberführt.

Im Frankreich des 17. Jahrhunderts kommt die Gattung unter dem Begriff der Maxime zu einer ersten Blüte, für die vornehmlich die Namen La Rochefoucauld und andererseits Pascal, dann La Bruyère und des Weiteren Vauvenargues und Chamfort stehen. Montaigne geht La Rochefoucauld wie auch Pascal mit seinen *Essais* voraus. Wenn Aphorismus und Essay in der Betonung des Individuellen, in ihrer Systemskepsis und ihrem logisch-ästhetischen Ineinander als verwandt in dem Sinne verstanden werden, dass dieser so etwas wie Ausführung oder Ausbreitung von jenem ist, so ist diese Nähe schon in den beiden entscheidenden Figuren der Frühgeschichte des Essays, neben Bacon eben Montaigne, personifiziert.

François de La Rochefoucauld (1613–1680) darf man, auch wenn er Gracián (und Seneca) rezipiert, als Schöpfer einer neuen literarischen Form bezeichnen, die – konzentriert auf den isolierten Einzelsatz und nicht mehr den ganzen Denkprozess vermittelnd – modellbildend wirkt und formal wie inhaltlich von beispielloser Wirkung ist. Seine *Réflexions ou sentences et maximes morales* (1665) entstehen als durchaus individuelle Kunstform auf dem Boden einer Kultur des literarischen Salons, die vom Ideal des »honnête homme«, des sittlich und gesellschaftlich vollendet Gebildeten, geprägt ist. Sie führen, mehrfach überarbeitet, die Kunst der Beobachtung des Menschen als eines Gesellschaftswesens in äußerster Verknappung und Zuspitzung zur Pointe auf einen Höhepunkt. Die Themen seiner abstrakten Einsichten sind die in der französischen Moralistik wie in der Geschichte des Aphorismus überhaupt immer wieder bedachten: Glück und Unglück, Liebe und Freundschaft, Leidenschaft und Eifersucht, Ruhm und Ehre, Geiz und Neid, Lob und Schmeichelei. Von der Grundvoraussetzung des individuellen Egoismus her werden die Ambivalenz von Tugend und Laster blitzlichtartig beleuchtet, die Tugend und ihr Anschein, Täuschung und Selbsttäuschung scharf analysiert. Stilistische Mittel wie Parallelismus, Antithese, Chiasmus werden dabei gattungsprägend.

Blaise Pascals (1623–1662) *Pensées* sind die fragmentarisch gebliebenen Entwürfe zu einem zusammenhängenden Buch und insofern zunächst vielleicht nur als Vorstufe zu sehen. Möglicherweise unter dem Einfluss des Erfolges von La Rochefoucaulds *Maximen* sind sie als losgelöste »pensées« veröffentlicht worden. Ihnen stehen sie in dieser Form, was Einfluss und Modellbildung betrifft, kaum nach. Die ethisch-religiöse Forderung, nicht die literarische Gestaltung ist für Pascal maßgebend. Ein dialektischer Geist operiert in seiner Suche nach rationalen Gottesbeweisen an den Grenzen der Vernunft, verbohrt sich in die größtmögliche Aufgabe, das Undefinierbare zu definieren, unlösbare Fragen paradox zu beantworten. Höchste geistige Prägnanz und Durchdringung verbinden sich bei ihm mit Unterwerfung im Glauben, ein Miteinander, das schon für Lichtenberg, erst recht dann für Nietzsche nicht nachvollziehbar ist.

Das Interesse der französischen Moralistik, die Sitten und Konventionen des Menschen zu beobachten und seine Handlungsantriebe und Normen zu analysieren, manifestiert sich bei Jean de La Bruyère (1645–1696) in Maximen und Porträts, den *Caractères* (1688), Charakterskizzen in der Tradition Theophrasts. La Bruyère ist, wie La Rochefoucauld und Pascal, auch Montaignes *Essais* verpflichtet. Stilistisch und motivisch sind Maxime und Porträt eng verbunden. Die treffsichere Darstellung der variablen Vielfalt des Menschlich-Widersprüchlichen überwiegt das systematische Interesse. Aphoristische, auf die *eine* bewegende Mitte hin kondensierte Kurzporträts – ›Er-Aphorismen‹ könnte man sie nennen – sind seither ein Typ innerhalb der Gattung, der von Lichtenberg bis Canetti weit verbreitet ist.

In vielem moderner erscheinen der Marquis de Vauvenargues (1715–1747) und erst recht Nicolas-Sébastien Roch Chamfort (1741–1794), die beide für den Vorrang von Gefühl und Leidenschaft gegenüber der Vernunft plädieren, das Herz – »le cœur« – gegen den Kopf ausspielen. Vauvenargues steht mit seinen *Réflexions et maximes* (1746) in bewusster Opposition zu La Rochefoucauld. Skepsis auch gegenüber der Ratio selbst führt ihn zu einem weniger partiellen Menschenbild, in dem Leidenschaft sich mit Verstandesschärfe paart. Seine Maximen lassen eher Gefühl und Spontaneität als das rationale Kalkül scharfer Distinktion erkennen. Chamfort beobachtet weniger von höherer Warte aus die unwandelbaren Charakterzüge des Menschen als vielmehr mit persönlicher Anteilnahme – in seinen postum veröffentlichten *Maximes et Pensées, Caractères et Anecdotes* (1795) –

den veränderbaren Menschen in einer bestimmten historischen Situation, den Umwälzungen der Revolution nämlich. Er beeinflusst die deutschen Romantiker und weist durch seinen witzigironischen Subjektivismus auf Nietzsche voraus.

Für die weitere Geschichte des Aphorismus ist La Rochefoucaulds Einfluss namentlich in England, Deutschland und Russland entscheidend und über Christina von Schweden, die 1656 in den französischen Salons verkehrt, wohl auch in Skandinavien bestimmend.

Während sich in England die Aphoristik Samuel Butlers (1612–1680) – sie bleibt bis 1908 unveröffentlicht – noch eher vom wissenschaftlichen Aphorismus Bacons als vom Porträt in der Nachfolge Theophrasts her erklären mag, stehen die Autoren nach den englischen Übersetzungen La Rochefoucaulds von 1670 und 1685 als Aphoristiker deutlich in dessen Nachfolge. Das gilt für George Savile, Marquess of Halifax (1633–1695), dessen *Political, Moral and Miscellaneous Reflections* erst postum 1750 erscheinen, das gilt für die pädagogisch orientierten »maxims« Philip Dormer Stanhopes, Earls of Chesterfield (1694–1773), von 1753, für William Shenstone (1714–1763) und Samuel Taylor Coleridge (1772–1834) als Aphoristiker. Auch der wahrhaft unhöfische Jonathan Swift (1667–1745) wird mit seinen *Thoughts on Various Subjects* (1711) in dieser Tradition gesehen, unter die William Hazlitt (1778–1830) in quantitativer Aufschwellung den »epigonalen Schlußstrich« (Horstmann, 1983, S. 51) zieht. 1823 veröffentlicht er als Ausgangspunkt weiterer literarischer Betätigung in der Gattung seine *Characteristics* ausdrücklich »In the Manner of Rochefoucault's Maxims«.

In Deutschland sind bis gegen Ende des 18. Jahrhunderts nur

vereinzelte Zeugnisse der Gattung zu verzeichnen. Die *Fliegenden Blätter* Friedrich Heinrich Jacobis (1743–1819) oder die *Ideen* von Herders Freund August von Einsiedel (1754–1837) sind ihr nahe verwandt, Antipoden, in denen sich schon in ihrer Entwicklungsphase die Orientierung je am Sein oder am Sollen personifiziert. Von August Bohse (1661 – um 1730), der 1699 *Unterschiedliche Gedancken* veröffentlicht, bis zu Friedrich Schulz (1762–1798) mit seinen *Zerstreueten Gedanken* von 1790/91 stehen sie oft in der Abhängigkeit von dem französischen Vorbild oder gehen gar aus Übersetzungsarbeit hervor. Daneben sind zahlreiche Übergänge von der anthropologischen Lebensphilosophie mit ihrem wissenschaftlichen Aphorismus her zu konstatieren, etwa bei dem erfolgreichen Trivialschriftsteller August Lafontaine (1758–1831). Mitunter sind Begriff und werdende Gattung auch schon verbunden, so bei Adolph von Knigge (1752–1796). Von verschiedenen Rändern her nähern sich bekanntere Autoren der Gattung. Johann Georg Hamanns (1730–1788), Abraham Gotthelf Kästners (1719–1800) und Johann Caspar Lavaters (1741–1801) erste Versuche stehen in Verbindung mit religiös motivierten »Brocken«, mit »Regeln zur Menschenkenntnis« oder dem älteren Epigramm. Von Lavater aus ist über Heinrich Füsslis (1742–1825) Übersetzung von 1788 übrigens eine Querverbindung nach England, zu William Blake (1757–1827), zu beobachten. Lavater wird auch zum Vorbild für Marianne Ehrmann (1755–1795), die als erste deutsche Aphoristiker*in* die klassische Aufklärerposition auf ihr Geschlecht anwendet. Sebastian Mutschelles (1749–1800) *Vermischte Schriften* (1793; 2. Auflage 1799) variieren, durchweg aphoristisch bestimmt, das Tugend-vs.-Laster-Schema der französischen Moralistik, nun aber im

Lichte der Aufklärungstugend Vernunft, und bleiben inhaltlich-gedanklich, wenig aufregend, dem seelsorgerisch motivierten Gut-Böse-Gegensatz verpflichtet.

Über den russischen Aphorismus, angefangen mit M. N. Murav'evs (1757–1807) *Schreibtäfelchen*, der »wohl ersten originalen russischen Aphorismensammlung« (Gerhardt, 1977, S. 89), ist noch wenig bekannt. Auch hier ist von La Rochefoucaulds Einfluss auszugehen; eine erste Phase (ab 1778 auf dem Weg über eine ins Russische übertragene deutsche Übersetzung) ist 1809 mit D. Pimenovs Übersetzung abgeschlossen. Insgesamt aber wird er dadurch eher zurückgedrängt, weil La Rochefoucauld sogleich als unmoralisch erachtet wird. Der fehlenden Säkularisierung zufolge konnte in Russland bis ins 19. Jahrhundert die Konstituierung einer literarischen Kunstform ›Aphorismus‹ gar nicht stattfinden. Dennoch gibt es seit dem 19. Jahrhundert eine vergleichsweise schmale Tradition aphoristischen Schreibens. Zu nennen wären etwa Koz'ma Prutkov (d. i. A. K. Tolstoj), A. M. und V. M. Žemčužnikov in der Mitte des 19. sowie Vladimir Nikolaevič Kračkovskij (*Aforizmy*, 1906) und Vasilij Rozanov (*Opavšie list'ja*, 1913–15) am Anfang des 20. Jahrhunderts (Eismann, 2006).

Auch der italienische Aphorismus ist international nur ungenügend rezipiert. Nach Francesco Guicciardini (1483–1540) im frühen 16. Jahrhundert kennt man im deutschen Sprachraum bis zur Mitte des 19. Jahrhunderts gerade noch Einzelnes aus den *Aforismi politici* von Tommaso Campanella (1568–1639), aphoristische Aufzeichnungen von Leonardo da Vinci (1463–1519) und eine Auswahl aus den *Pensieri diversi* Francesco Algarottis (1712–1764; www.algarotti.de), der zur Tafelrunde am Hof Friedrichs des Großen gehört und, wie Vauvenargues, mit Voltaire befreundet ist. Sogar ein Autor wie Giambattista Vico (1668–1744) ist für die Geschichte der aphoristischen Weltliteratur recht eigentlich erst noch zu entdecken. Der Reichtum, den Gino Ruozzis Monographie *Forme brevi* (1992) und seine zweibändige Anthologie *Scrittori italiani di aforismi* (1994/96) erschließen, ist international noch weitestgehend unbekannt. Seine Arbeiten lassen den italienischen Aphorismus aber jetzt schon als qualitativ wie quantitativ beachtliche eigene Größe neben dem französischen, deutschen und englischen Aphorismus erkennen.

Entscheidend Neues bringt die Wende vom 18. zum 19. Jahrhundert. In Frankreich findet die klassische Moralistik unter Hunderten von Autoren, die die Maximenmode erfüllen, beispielsweise in Antoine de Rivarol (1753–1801) ihre Fortsetzung. Ernst Jünger hat ihn übersetzt und besonders geschätzt. Eher fällt aber Joseph Joubert (1754–1824) die zentrale Rolle zu auf dem Weg von der Umgestaltung der klassischen moralistischen Maxime zum modernen Aphorismus, wie er etwa in Jules Renards *Journal* erkennbar ist. In seinen Tagebüchern entwirft Joubert eine radikale Ästhetik des Aphorismus, die dem literarischen Bild Erkenntnisqualität zuerkennt (Helmich, 1991); er ist aber, ohne jede Veröffentlichung, zu seinen Lebzeiten nur wenig bekannt und geachtet.

Federführend wird Deutschland. Von Théodore Jouffroy (1796–1842) abgesehen, verstummt Frankreich nach Joubert bis Renard und Valéry weitgehend. Auch England hat nach Hazlitt bis Oscar Wilde kaum etwas zur Geschichte der Gattung beizutragen, bietet dafür aber mit John Stuart Mills *Aphorisms* (1837) einen der frühesten Versuche, den Aphorismus als Kunstform zu definieren. In Deutschland erlebt die Gattung um die Jahrhundertwende ihren nächsten Höhepunkt durch eine – wie Neumann (1976 a) sie nennt – »transzendentale Moralistik«. Sie ist Ausdruck des Konflikts von logisch-mathematischer und ästhetischer Wahrheit, den die Autoren zur Bedingung der Möglichkeit ihres Erkennens erheben. Diese Blüte manifestiert sich zum einen in Werken, die zu ihrer Zeit (so gut wie) unveröffentlicht bleiben: in Georg Christoph Lichtenbergs (1742–1799) *Sudelbüchern* (ab 1800 als *Bemerkungen vermischten Inhalts* auszugsweise publiziert), auch in Jean Pauls (1763–1825) Aphoristik, wie sie sich in aphoristischen Einsprengseln in seine Romane, vor allem aber in den vielen Sammlungen seiner »Bemerkungen über den Menschen«, seiner »Gedanken«, »Einfälle«, »Merkblätter« und »Untersuchungen«, erhalten hat (veröffentlicht im Wesentlichen 1936 und seit 1996). Sie zeigt sich zum andern aber in dem »Fragment«, wie es die Romantiker als die Idealform für ihr poetisches Philosophieren entwickeln und publizieren.

Man hat Bacon wie auch den Pietismus mit seiner Neigung zur Selbstbeobachtung als Quellen für Lichtenberg eruiert; auf anderer Ebene ist das satirische Element oder das konjunktivische Denken zum Ausgangspunkt seiner *Sudelbücher* oder *Gedankenbücher* erklärt worden. Die Franzosen spielen jedenfalls in dieser Hinsicht keine Rolle. Dementsprechend ist sein Werk – und damit die deutsche Gattungsvorstellung – nicht an dem strengen Reduktions- und Präzisionsideal der französischen Moralistik, dem Ergebnis oftmaliger Überarbeitung, orientiert, sondern offener, vielgestaltiger, spontaner. Lichtenberg wird erst um 1900 als Aphoristiker angemessen gewürdigt; das hängt mit der Begriffs- und Gattungsgeschichte in Deutschland zusammen, wie sie oben skizziert wurde. Seitdem aber gilt er fraglos als der erste und bedeutendste Vertreter der Gattung in ihrer deutschen Ausprägung; er ist in seinem Formen- und Gedankenreichtum so zeitlos wie – zumal in Sprachauffassung und Psychologie – modern. Jean Paul hingegen, in seinem Witz, seiner Selbstbeobachtung, seinem metaphorischen Vermögen Lichtenberg nicht unähnlich, ist in diesem Teil seines Werkes nach wie vor nur Kennern ein Begriff.

In der Öffentlichkeit sind zur gleichen Zeit Friedrich Schlegel (1772–1829) und Novalis (1772–1801) bahnbrechend. Schlegel rezipiert zwar mit seinen *Kritischen Fragmenten* in der Zeitschrift *Lyceum* (1797) Chamfort, sie sind aber doch von ganz eigenem Anspruch, da sie, entgrenzende Definitionen, die paradoxe Verbindung von zersplitterter Vielfalt und systematischer Einheit darstellen wollen. Das *Athenäum* wird zum Organ dieser Gruppe von Dichtern, die mit spekulativen Ideen zu einer umfassend-integrativen Welt-Erkenntnis programmatische Intentionen verbinden und dazu Begriffe wie Witz, Paradoxie, Ironie umkreisen. Von Friedrich Schlegel folgen hier im Jahr darauf *Fragmente* (auch sein Bruder August Wilhelm, Novalis und Schleiermacher sind daran beteiligt) und im Jahr 1800 *Ideen*, die Poesie und Philosophie in eine höhere Einheit überführen wollen. Novalis veröffentlicht hier seine *Blütenstaub*-Fragmente (1798), in denen er »das Unbedingte« in Traum, Liebe und Poesie intuitiv ersehnt und ersinnt.

Einen Sonderfall stellt Johann Wolfgang Goethe (1749–1832) dar, für den alles Sprüchliche, Maximenhafte seit je von Bedeutung ist und der »Eigenes und Angeeignetes« sammelt, auch gelegentlich in Zeitschriften veröffentlicht und als Einschub in Romanen zusammenstellt bzw. -stellen lässt, vielfach abgeklärte Lebensweisheiten und Denkergebnisse in der entsprechenden spruchhaft-endgültigen Form. Die *Maximen und Reflexionen*, nach ihrer ersten Edition postum 1833 von größter internationaler Wirkung, sind gleichwohl nicht so sehr sein Werk als das Werk einer editorischen Konvention, das genauer Einzelfall-Prüfung bedarf, ehe man erkennt, wie Goethe sich die Gattung aneignet (Fricke, 1993, S. 457ff.).

Friedrich Maximilian Klingers (1752–1831) 1803–05 anonym erschienene *Betrachtungen und Gedanken über verschiedene Gegenstände der Welt und der Literatur*, Johann Gottfried Seumes (1763–1810) *Apokryphen* (1806/07) und Carl Gustav Jochmanns (1789–1830) *Stylübungen* (1828) stehen am Beginn der deutschen politischen Aphoristik; sie verfolgen die Gedanken der Aufklärung bis in ihre konkreten politischen Konsequenzen hinein und sind fast folgerichtig anderthalb Jahrhunderte lang unbeachtet geblieben. Für Ludwig Börne (1786–1836) und seine politisch-satirische Aphoristik dagegen sind Sache wie Begriff schon eine Selbstverständlichkeit. Die Gattung beginnt sich zu formieren, in der verschärften Weiterführung der Moralistik, die gleichzeitig bis in Einzelheiten auf Karl Kraus vorausweist, wie in ihrer Selbstreflexion. Auch der Wiener Arzt Ernst von Feuchtersleben (1806–1849) hat noch nicht die Beachtung gefunden, die er verdient hätte. Als *Confessionen* (1851) und Dokumente innerer Entwicklung sind die drei Sammlungen seiner Aphorismen zu Wissen, Kunst und Leben zu sehen; der Popularphilosoph in der Tradition des 18. Jahrhunderts, der an Goethe orientierte literarische Aphoristiker und der letztlich auf Hippokrates zurückgehende ärztliche Lehrer wirken in ihnen zusammen. Arthur Schopen-

hauers (1788–1860) populärwissenschaftliche *Aphorismen zur Lebensweisheit* (1851) sind hingegen unter wirkungsgeschichtli-
chem Aspekt wichtig. Sie prägen den Begriff für die literarische
Gattung, paradoxerweise, denn im Ganzen sind sie, vor allem
auch formal, noch stark an der nichtliterarischen Aphoristik des
18. Jahrhunderts orientiert.

Mit Friedrich Hebbel (1813–1863), der als Herausgeber Feuchterslebens auch für die Gattungsreflexion von großer Bedeutung
ist, und mit Giacomo Leopardi (1798–1837) sind die entscheidenden Vertreter einer Tagebuchaphoristik in der Mitte des Jahrhunderts – zwischen Joubert und Renard – benannt. Hebbels
Aphoristik treibt aus einem an Grenzen geführten Denken in un-
bedingter Härte zeitlose Diagnostik heraus. Der deutsche Dramatiker wie der italienische Lyriker stehen, formal unterschiedlich,
gleichermaßen für den Zusammenhang von Schmerz, Einsamkeit
und Erkenntnis (ein). Das Tagebuch ist gattungsmäßig nicht pro-
blemlos und nicht in jedem Fall eindeutig zu ordnen; davon war
schon die Rede. Tagebücher, Aufzeichnungen, Journale; note-
books, journals; cahiers, carnets, journals; giornali; notatki: sie
bezeichnen eine weite Spanne von Möglichkeiten, die vom eindeutig aphoristisch Geprägten, bei Joubert, Renard, Canetti, über
je verschiedene reflektierend-beschreibend-notierende Mischformen, für die nur die Namen Hebbel, Jünger, Leopardi stehen mögen, bis ins offensichtlich Diaristische, wie beispielsweise bei
Franz Grillparzer (1791–1872), hineinreicht, das hier nicht in Betracht kommt.

Solche note-books und journals, die ihre Verfasser auch als
Aphoristiker erweisen, stammen im 19. Jahrhundert u. a. in den
Vereinigten Staaten von Henry David Thoreau (1817–1862; *The*

Journal), Ralph Waldo Emerson (1803–1882; *The Journals and Miscellaneous Notebooks*) und Mark Twain (1835–1910; *Notebook*), dem pragmatisch-pessimistischen reisenden Menschenbeobachter (ähnlich Josh Billings [1818–1885]), in England von Samuel Butler (1835–1902; *The Note-Books*), der ihm in der boshaften Illusionslosigkeit nicht nachsteht. Das satirische Element, das sie immer auch enthalten, ist die Quelle, aus der in den USA Ambrose Bierces (1842–1914[?]) *The Cynic's Word Book* (1906) ausnahmslos schöpft. Es nutzt die aus der aphoristischen Definition abgeleitete Sonderform der alphabetischen Ordnung des Wörterbuchs in konsequenter zynischer Umkehrung. Sie macht ihrerseits formal wie inhaltlich Schule. In England sind es Oscar Wilde (1854–1900) und Bernard Shaw (1856–1950), die mit der Fülle der witzig-ironischen Sentenzen in ihren Dramen am Rande der Gattung stehen, daneben aber auch isolierte Aphorismen desselben Geistes verfassen.

Aus den ›kleinen‹ Literaturen des westlichen Europa ist uns bisher nur Vereinzeltes bekannt. Im Land Herman Boerhaaves, in den Niederlanden, ist der Aphorismus aus deutscher Perspektive bis heute kaum von Bedeutung, auch wenn die niederländische Literatur insgesamt stärker wahrgenommen wird. So ist er hier dokumentiert durch einen kurzen Auszug aus dem mehrbändigen heterogenen *Ideen*-Werk des bekanntesten niederländischen Schriftstellers im 19. Jahrhundert, Multatuli (Eduard Douwes Dekker, 1820–1887); Pathetisches und Dialektisches verbinden sich mit dem Anspruch auf die Lehrerrolle. Was die dänische Literatur betrifft, finden wir unter Gattungsgesichtspunkten nur wenig bei Herman Bang (1857–1912), sehen uns aber andererseits der auch in den Aphorismus hineinstrahlenden überaus großen Wirkung Søren Kierkegaards (1813–1855) gegenüber (1843: »Diapsalmata«, in: *Entweder – Oder*).

Die beherrschende Figur in der Aphorismusgeschichte des ausgehenden 19. Jahrhunderts ist ohne Zweifel Friedrich Nietzsche (1844–1900). Die Radikalität seines Denkens und die Kraft seiner Sprache machen ihn dazu ebenso wie die gewaltige internationale Wirkung bis auf den heutigen Tag. Nietzsche formuliert von der französischen Moralistik, der deutschen Romantik, von Schopenhauer und Wagner her im bewusst unsystematischen, auch widersprüchlichen Aufnehmen und Umkreisen aller sprachlich-literarischen, religiös-kulturellen und gesellschaftlichen Themen eine umfassende Kultur-, Erkenntnis- und Ideologiekritik. Sie bewegt sich, ein Tanz der Begriffe, bei höchstem Verbindlichkeitsanspruch im Spiel zwischen Dichtung und Philosophie.

Während der Aphorismus in Deutschland in den sechziger bis achtziger Jahren als Maxime eines bürgerlichen Mittelmaßes ohne Höhepunkte bleibt, etwa bei Karl Gutzkow (1811–1878; *Vom Baum der Erkenntniß*, 1869) und Berthold Auerbach (1812–1882; *Tausend Gedanken des Collaborators*, 1875), und eine Fülle von Trivialaphoristik ein nun gängiges Gattungsschema bis zum billigsten Wortspiel hinunter variiert, entwickelt sich von den formvollendeten und höchste ethische Ansprüche formulierenden *Aphorismen* (ab 1880) Marie von Ebner-Eschenbachs (1830–1916) her mit ihrer nachhaltigen Wirkung eine spezifisch österreichische Jahrhundertwende-Aphoristik, die in so verschiedenen Autoren wie Franz Kafka (1883–1924) und Karl Kraus (1874–1936) kulminiert – Kafka, der aus eigenem Denken-Erleben heraus Kategorien wie Glück und Leid, Weg und Ziel, Frage und

Antwort existentielle, schlagend-paradoxe Einsichten abverlangt; Kraus, für den das Satirische und Agonale im Mittelpunkt der Sprach-Kunst seines Aphorismus stehen. Sie umfasst weiterhin den Freundeskreis um Hugo von Hofmannsthal (1874–1929) und Arthur Schnitzler (1862–1931), der den diagnostischen Blick des Arztes mit Skepsis und wohlverstandener Konservativität verbindet, und reicht in ihrer Strahlkraft über Robert Musil (1880–1942) und Heimito von Doderer (1896–1966) weit hinaus. Die Gründe sind wohl darin zu suchen, dass die aphoristische Ausdrucksweise der Sprachskepsis und dem Krisengefühl der Zeit besonders gut entspricht.

Durch die Lösung vom Schema der klassischen Maxime erneuert sich die Gattung in Frankreich zur gleichen Zeit in höchst bedeutendem Maße. Dafür stehen zum einen die konsequentem Sprachzweifel abgewonnenen, radikal reduzierten Aphorismen Jules Renards (1864–1910) in seinem *Journal*, das von 1887 bis zum Lebensende geführt, freilich erst später rezipiert wird. Zum andern erhebt sich hier als aphoristisches Massiv das überragende poetisch-philosophische Werk Paul Valérys (1871–1945), das sich in den regelmäßigen Einträgen seiner *Cahiers* (Auszüge daraus ab 1924) niederschlägt. Hinzu kommt zum Dritten die surrealistische Bildaphoristik etwa Max Jacobs (1876–1944), die die Grenzen des Intellekts sprengt, wobei es aber durchaus fraglich ist, ob und wie weit sie dabei jeglichen Erkenntnisanspruch aufgibt. In der gnomischen Prosapoesie René Chars (1907–1988) findet sie ihre glühend kunstgläubige, bildschöpferisch-orakelnde Fortsetzung, die wiederum auf den deutschen Sprachraum einwirkt.

Der polnische Aphorismus ist über seinen Sprachraum hinaus vornehmlich seit Beginn des 20. Jahrhunderts wahrgenom-

men worden. Aber es gibt eine weit zurückreichende Vorge-
schichte, wovon zahlreiche eindrucksvolle nationalsprachliche
Anthologien zeugen. Die dem Sprichwort verwandte Aphoristik
Andrzej Maxsymilian Fredros (1620–1679) ist noch bis zur Gegenwart populär, und im 19. Jahrhundert findet die Gattung zahlreiche Vertreter, von Stefan Witwicki (1802–1847) bis Henryk
Sienkiewicz (1846–1916) und Stefan Żeromski (1864–1925). Mit
der erkennbaren Rezeption von Wilde, Ebner-Eschenbach,
Nietzsche reiht sich dann nach 1900 Adolf Nowaczyński (1876–
1944) nachdrücklich in die Geschichte des internationalen Aphorismus ein, desgleichen Karol Irzykowski (1873–1944), der neben
Lec wohl bedeutendste polnische Aphoristiker, der besonders
von Hebbel herkommt, aber auch von Nietzsche beeinflusst ist.
In der nächsten Generation sind der an Bierce und Wilde
geschulte Julian Tuwim (1894–1953) und Stefan Napierski (1899–
1940) mit seiner erklärten Abhängigkeit von der deutschen Romantik zu nennen, daneben unter einer Vielzahl von Namen Stanisław Brzozowski (1878–1911), Tadeusz Kotarbiński (1886–1981)
und Hugo Steinhaus (1887–1972). Den wirklich durchschlagen-
den internationalen Erfolg aber hat erst Stanisław Jerzy Lec
(1909–1966) mit seinen dialektisch zugespitzten *Unfrisierten Gedanken* (in mehreren Sammlungen ab 1959); unter seinen Nach-
folgern ist vor allem Wiesław Brudziński (1920–1996) über die
Grenzen seines Landes hinaus bekannt geworden.

Lec' schier singuläre Wirkung erstreckt sich nicht nur auf den
Westen, etwa die Unzahl ›verlecender‹ Aphorismen gerade nach
1968 in Deutschland, sondern auch und zunächst auf die seiner-
zeit sozialistischen Nachbarländer. Für den politisch-satirischen
Kampf in der Meinungsdiktatur des real existierenden Sozialis-

mus stehen in Russland Michail Genin (1927–2003), in Slowenien Žarko Petan (1929–2014) sowie in Serbien Brana Crnčević (1933–2011) und in der nächsten Generation Aleksandar Baljak (geb. 1954). Ihre Aphoristik bedient sich der klassischen Mittel, Umkehrung und Weiterführung, Wortspiel, Definition und Variation. In glücklichen Fällen trägt sie über ihren aktuell-journalistischen Kontext hinaus.

Nur Einzelnes nehmen wir dagegen im Deutschen bisher aus dem Ungarischen (Imre Kertész' *Galeerentagebuch*, dt. 1993, mit auch aphoristischen Einträgen) und aus dem baltischen Sprachraum wahr (Vytautas Karalius' *Endspurt der Schnecken*, 2000, u. a.). Eher als Schweden (mit Vilhelm Ekelund, 1880–1949) spielt unter den skandinavischen Ländern wohl Finnland im 20. Jahrhundert die Vorreiterrolle (nach dem Pionier Veikko Antero Koskenniemi [1885–1962] und Paavo Juhani Haavikko [1931–2008] unter anderen Markku Envall [geb. 1944]), durch zahlreiche Publikationen wie durch organisatorische Vernetzung in regelmäßigen Autorentreffen. Eine zweisprachige Anthologie, die den finnischen Beitrag in die internationale Aphoristik einbringen könnte, steht noch aus. In den Niederlanden ist nach Multatuli besonders auf C. J. Wijnaendts Francken (1863–1944; *Aphorismen*, 1937) hinzuweisen, als Anthologist und Autor.

Das Motivbündel, aus dem Übersetzungen entspringen, hat für die italienische Aphoristik des 20. Jahrhunderts allein den Literaturwissenschaftler und Schriftsteller Ferruccio Masini (1928–1988; *Aforismi di Marburgo*, 1983) und den Historiker und Übersetzer Guido Ceronetti (1927–2018) in Deutschland präsent gemacht (*Il silenzio del corpo*, dt. *Das Schweigen des Körpers*, 1983; *Pensieri del Tè*, dt. *Teegedanken*, 1993), daneben auch Giovanni Papini (1881–1956) und Ennio Flaiano (1910–1972), nicht oder doch kaum aber Leo Longanesi (1905–1957), Umberto Saba (1883–1957), Aldo Palazzeschi (1885–1974) oder Gesualdo Bufalino (1920–1996) mit ihrem aphoristischen Werk.

Aus dem weiten spanischen Sprachraum reichen vollends nur Einzelheiten herüber, wenn auch markante, die sich nicht zu einer historischen Skizze verknüpfen lassen: nach Gracián am Anfang der Geschichte des Aphorismus der Spanier Antonio Machado y Ruiz (1875–1939) mit fiktiven *Sentencias* (1936), der nach dem Spanischen Bürgerkrieg in Argentinien lebende Ramón Gómez de la Serna (1888–1963) mit seinen *Greguerías* (entstanden ab 1910; dt. ab 1958), die bei aller Besonderheit ihre Verbindung zu den definitorischen wie surrealistischen Ausprägungen der Gattung nicht leugnen können, der aus Italien dorthin eingewanderte Antonio Porchia (1885–1968) mit seinen gnomischen Dichtungen, José Bergamín (1895–1983) und Cristóbal Serra (1922–2012), schließlich der Kolumbianer Nicolás Gómez Dávila (1913–1994) mit seiner klassisch-›reaktionären‹ Aphoristik (dt. ab 1987), die der Verbindung von enzyklopädischer Bildung mit einem unabhängigen, kämpferisch-zuspitzenden Geist entspringt.

In Großbritannien setzt sich die Gattung mit Logan Pearsall Smith (1865–1946; *Trivia*, 1902/1933) und Wystan Hugh Auden (1907–1973), auch als Anthologisten, sowie mit William Somerset Maugham (1874–1965; *A Writer's Notebook*, 1949) im 20. Jahrhundert fort, in den USA beispielsweise mit Wallace Stevens (1879–1955) und gegenwärtig etwa mit dem Schotten Don Paterson (geb. 1963).

In Frankreich findet sie nach Valéry und neben Char sowie in Deutschland noch kaum rezipierten Autoren wie Louis Scutenaire (1905–1987) oder Malcolm de Chazal (1902–1981; Moret, 1997) ihre besonders markante und dabei völlig andere Ausprägung in dem umfangreichen, großartig monomanen Werk des Rumänen E. M. Cioran (1911–1995), dessen vernichtende punktuelle Einsichten, dem Nicht-Sprechen wie dem Nicht-Leben abgerungen, seit 1949 in französischer Sprache erscheinen (dt. ab 1969). In der Gegenwart strahlt die Aphoristik von Frankreich aus auch in den arabischen Raum (Ortemann, 1998).

Im deutschen Sprachraum erweisen sich für das 20. Jahrhundert von Morgenstern, Kraus und Kafka her Erkenntnis, Spiel und Bild als die Leitlinien der weiteren Gattungsentwicklung. Der Erkenntnis-Aspekt in Verbindung mit der Priorisierung des Didaktischen prägt sich im Gefolge Goethes und Feuchterslebens im Erkenntnis-Rigorismus von Christian Morgensterns (1871–1914) *Stufen* (1918) aus, die ungewöhnlichen Erfolg erfuhren. Aus dieser Linie heraus führt der Weg zu Hugo von Hofmannsthals (1874–1929) abgeklärter, aus der didaktischen Wurzel der Gattung entspringender Maxime. Kraus bildet den nicht mehr überbotenen Höhepunkt einer Aphoristik, die in satirischer Orientierung Erkenntnis aus Spiel gewinnt. Auf das Intermezzo des expressionistischen Aphorismus, der in ethischer Ernsthaftigkeit eine Wende zu These und »Satz« vollzieht, folgt in diesem Zweig der Gattung die von Satire und aggressivem Spiel bestimmte aphoristische Literatur im Wiener Feuilleton wie bei Kurt Tucholsky (1890–1935), während die zweite Linie in der Weimarer Republik mit Autoren wie Rudolf Alexander Schröder (1878–1962) und Gerhart Hauptmann (1862–1946) politisch wie künstlerisch konservativ bestimmt ist. So erkenntnislos leer, wie das Form-Spiel dort wird, so stark beginnt sich hier die Wiederholung klassischer Kunst- und Lebensgewissheiten in sich selbst zu drehen. Erneuerungspotential birgt dagegen die dritte Entwicklungslinie, die von dem autonomen Bildaphorismus Franz Kafkas ausgeht.

Über solchen formgeschichtlichen Überlegungen ist freilich nicht zu vergessen, wie massiv die politische Geschichte die Gattungsgeschichte geradezu dichotomisiert. Während die konservative Aphoristik zum Teil in den Nationalsozialismus mündet und in die Nachkriegsrestauration hinübergeführt wird, bricht die Feuilleton-Linie, das Jüdische, das Pointierte, der linke Zweig gewissermaßen, ab und ist ebenso wie die innovative Linie von Kafka her allein durch das Exil hindurch zu verfolgen. Hier zeichnen sich bei ideologisch wie formal großer Spannweite drei Linien besonders deutlich ab: die Tendenz zu einem lyrischen Bildaphorismus, ein ethisch und religiös bestimmter Aphorismus und diametral entgegengesetzt eine materialistische und dialektische Variante. Mit Kraus und Kafka sind exakt *die* beiden Autoren vorbildhaft stilbildend, die dem nationalsozialistischen Aphorismus nicht zu Gebote stehen können und die für die weitere Gattungsgeschichte in vorderster Linie maßgebend sind. Hier wurzeln nicht nur die beiden bedeutendsten deutschsprachigen (eben *nicht*: deutschen) Aphoristiker der zweiten Jahrhunderthälfte, Elias Canetti (1905–1994) und der in Wiener Neustadt geborene Israeli Elazar Benyoëtz (geb. 1937), von hier aus lassen sich auch eindeutig Verbindungslinien in die fünfziger und sechziger wie andererseits in die siebziger Jahre ziehen. Der rechte Flügel, die Linie der Erkenntnis, wird in der Restauration der Adenauerzeit mit dem christlichen Konservativismus der in Deutschland gebliebenen Autoren zusammengeführt und zunehmend steril.

Auf dem andern Flügel, dem des Spiels, reicht Kraus' Einfluss über so verschiedene Autoren wie Theodor W. Adorno (1903–1969) und Erwin Chargaff (1905–2002) in die Bundesrepublik hinein; Bertolt Brecht (1898–1956) weist, speziell mit seiner epigrammatischen Lyrik, auf jüngere Autoren voraus; Adorno steht im Hintergrund des sozialkritischen Aphorismus der siebziger Jahre. Und auch für den dritten Zweig, den von Kafka ausgehenden Bildaphorismus, bildet nichts anderes als das Exil mit Ludwig Strauß (1892–1953) und Franz Baermann Steiner (1909–1952) die Brücke.

Den bemerkenswerteren Autoren in den früheren Jahrzehnten des 20. Jahrhunderts, so Martin Kessel (1901–1990) und Hans Kudszus (1901–1977) in der Bundesrepublik, so Ludwig Hohl (1904–1980) und Hans Albrecht Moser (1892–1978) in der Schweiz und Heimito von Doderer (1896–1966) in Österreich, steht im Spannungsfeld von Tradition und Erneuerung thematisch wie formal eine größere Spanne von Möglichkeiten offen. Die Politik gewinnt entschieden an Raum. Die Formen reichen von Witz und Einfall bis zur Reflexion und im Einzelfall zur surrealistischen Chiffre: Neben Goethe und Hofmannsthal treten als Paten Lichtenberg und Kraus. Der Aphorismus in der DDR nimmt zumindest in den ersten Jahrzehnten einen politisch motivierten Sonderweg. Aus der Mitte der Gattung, die nach 1968 durch zwei Konstanten bestimmt ist – linke Gesinnung und Priorität der Form gegenüber dem Gedanken –, entsteht im letzten Drittel des 20. Jahrhunderts nur in Ausnahmefällen Bemerkenswertes. Die politische Kritik der Neuen Linken in der Nachfolge Adornos verbindet sich mit der Wirkung der Oppositionsaphoristik Lec' zu einer Satire, die an die Muster von Kraus bis

Lec meist nicht heranreicht. Eine Gattungsverdünnung ist dort zu beobachten, wo der Aphorismus in Variation und Repetition vorgestellte Gattungsnormen erfüllt und in politisch-satirischer Tagesaktualität aufgeht oder reiner Artistik entspringt und ohne Nachhaltigkeit bleibt.

Zum großen und bedeutenderen Teil sind die Erscheinungsformen an den Grenzen der Gattung zu suchen; die Tendenz zu Mischformen ist ausgeprägt. Im Grenzbereich zur Lyrik geht Erneuerung in besonderem Maße von Benyoëtz in seiner mehrfachen produktiven Uneindeutigkeit aus (seit *Sahadutha*, 1969, in über dreißig Bänden). Er operiert mit seinen aufs Äußerste wort- und klangbewussten, mystisch-religiösen Etüden im Umkreis von Sprache und Erinnerung, Glaube und Zweifel an der Grenze der Sagbarkeit. Im Grenzbereich zu Aufzeichnung und Tagebuch oder Journal eröffnet sich ein Spektrum von Canettis Aufzeichnungen (*Die Provinz des Menschen*, 1973, u.a.) über Jüngers Diaristik bis zu Handkes Gefühls- und Wahrnehmungsaphorismus. Canettis *Aufzeichnungen* seit 1942 rezipieren die gesamte aphoristische Tradition produktiv, namentlich Lichtenberg, La Bruyère mit dessen *Charakteren* und Joubert. Sie umkreisen thematisch immer wieder vor allem Macht, Mythos, Todeshass, Geschichte und sind Bausteine einer eigenen Bildwelt, phantastische Aphorismen als strenge Reflexion in Gestalt eines streng reflexionsfreien Textes (von Matt). Eine höchst bedeutende Einzelerscheinung ist Ernst Jünger (1895–1998), als nationalkonservativer Essayist und Diarist wie auch als Aphoristiker, der sich in Gestalten wie Rivarol oder Gómez Dávila gespiegelt sieht. Peter Handkes (geb. 1942) poetischer Journal-Aphorismus ist als Ausdruck einer Wende zu ästhetisierendem Irrationalismus kritisiert worden, beeindruckt gleichwohl im Einzelnen durch viele Notizen frappierender intuitiver Eröffnung wie im Ganzen durch seine ernsthafte Konsequenz; ein angemessenes Verständnis könnte sich nicht nur aus der romantischen Tradition, sondern auch vom Bildaphorismus Chars her entwickeln. Ein postmoderner Fragmentarismus schließt daran an, wie er sich in Martin Walsers (1927–2023) fiktiv gebrochener, konjunktivischer Selbstbestimmung (*Meßmers Gedanken*, 1985; *Meßmers Reisen*, 2003) oder in Botho Strauß' (geb. 1944) Notaten (*Paare, Passanten*, 1981, u.a.) darstellt: hochreflektierte Einfachheit, Naturversenkung, Gegenwartsdistanz und Vergegenwärtigung von Vergangenem. Es sind diese Innovationen von den Rändern her, die der Gattung neue Substanz zuführen und damit ihren Anspruch auf eine Form eigener Erkenntnis im Spannungsfeld zwischen Wissenschaft und Literatur erneuern. Hingegen sucht Franz Josef Czernin (geb. 1952; *die aphorismen*, 8 Bde., 1992; *das labyrinth erst erfindet den roten faden*, 2005) die Gattung unter dem angestammten Namen geradezu programmatisch zu restaurieren.

Auf ganz andere Weise als beim Wortspiel, das sich formal in der Variation erschöpft, ist an den Gattungsgrenzen auch von Gedankenspiel und der Erweiterung der Sprache zu sprechen, die ihre Bildkraft stärker aktiviert. So eindeutig und ungebrochen, wie das Vorbild der einen Leitfigur der Gattung im 20. Jahrhundert, Kraus, im breiten Mittelmaß der Gattung, unübertroffen und nur selten erreicht, das Maß aller Texte ist, so deutlich ist die Abkehr schon bei den älteren Autoren. Die jüngere Generation trennt von seinem Aphorismus auch in geistiger Hinsicht ein volles Jahrhundert. Die Verbindungslinien zur Aphoristik Kafkas mit ihrer autonomen Bildlichkeit prägen sich hingegen hier auf je besondere

Weise aus, an den Grenzen zur Lyrik, in Handkes Aufzeichnungen wie im innersten Kern von Canettis aphoristischer (Bild-)Welt.

Man hat, da man den historischen Weg des Aphorismus von Spanien nach Frankreich – und von hier in verschiedene europäische Länder ausstrahlend –, weiter dann nach Deutschland und schließlich nach Österreich und Polen beobachtete, eine West-Ost-Wanderung zu erkennen gemeint, man hat von einer Blüte der Gattung in Zeiten geistigen Umbruchs gesprochen (nach 1900 in Österreich, um 1970 in Polen). Man hat außer historischen auch typologisch weitreichende Analysen vorgenommen und Elemente aphoristischen Denkens gesucht, ja eine aphoristische Existenz beschreiben zu können geglaubt. Auch dazu kann die vorliegende Sammlung Einsichten eröffnen, nicht auf dem Weg historiographischer oder psychologisierender Spekulation, die sich von den Texten entfernt, sondern durch die Beobachtung von biographischen Gemeinsamkeiten und von Denkzusammenhängen, wie sie auch diese schmale Auswahl schon erkennen lässt. Einige mögen abschließend knapp angedeutet sein.

Sehr oft scheint der Aphoristiker sein Werk Krankheit, Schmerz und körperlicher Beeinträchtigung abringen zu müssen. Das gilt für Pascal, Vauvenargues, Chamfort, Lichtenberg, Leopardi, Cioran. Auffällig häufig definiert er sich darüber hinaus in anderer Weise als solcher körperlichen Andersartigkeit von einem Platz am Rande aus, als sexueller Außenseiter (Wilde), als gescheitert Zurückgezogener (Guicciardini, La Rochefoucauld, Gracián, Pascal, Swift, Porchia). Eine eindrucksvolle Reihe von Aphoristikern wie Pascal, Vauvenargues, Chamfort, Joubert, Renard; Butler (I), Butler (II); Lichtenberg, Goethe, Jean Paul, Hebbel, Kafka; Irzykowski; Leopardi sind zu Lebzeiten *als* Aphoristiker unveröffentlicht und unbekannt. Das eröffnet Vorstellungen weiten Raum, die einen Zusammenhang von Leiden und Kreativität mit den emotionalen Kräften, einen Zusammenhang von Rand (auch ›Randständigkeit‹) und Scharfblick mit den intellektuellen Fähigkeiten sehen, beides zugleich aber als eine dem Aphoristiker höchst förderliche geistige Konstitution betrachten. Pessimismus überwiegt; der Melancholiker ist die vorherrschende Figur, überdeutlich bei Bierce, Twain, Swift, Schopenhauer, Strauß. Dass aphoristisches Denken wie Denken überhaupt alles andere als glücklich macht, ist dem Aphoristiker seit jeher bewusst:

Unsre Vernunft macht uns oft unglücklicher als unsre Leidenschaften, und man kann sagen, dass der Mensch dem Kranken gleicht, den sein Arzt vergiftet hat. (Chamfort 6)

Man ist meistens nur durch Nachdenken unglücklich.
(Joubert 37)

Der Gedanke tritt zwischen den Menschen und das Leben; er verbrennt die Früchte, die es bietet. (Hebbel 22)

Wo das Gute beginnt. – Wo die geringe Sehkraft des Auges den bösen Trieb wegen seiner Verfeinerung nicht mehr als solchen zu sehen vermag, da setzt der Mensch das Reich des Guten an […]. Daher die Düsterkeit und der dem schlechten Gewissen verwandte Gram der großen Denker!
(Nietzsche 60)

Wie selten denkt man zu Ende ohne zu seufzen.
Am äußersten Ende jedes Gedankens wartet ein Seufzer.
(Valéry 6)

Was Geist ist, erfasst nur der Bedrängte. (Hofmannsthal 17)

Das Wissen beginnt als Wissen und Leiden und endet als Leiden allein. (Porchia 34)

Die Vernunft trägt immer Trauer. (Gómez de la Serna 19)

Es soll nichts zu Erkenntnis werden, was einen nicht erbarmungslos gequält hat. Alle anderen Einsichten haben mathematischen oder technischen Charakter. Ihre Folgen ereilen uns, weil wir sie nicht erlitten haben. (Canetti 89)

Es ist nicht ausgeschlossen, zwischen dem einen Gedanken und dem anderen – glücklich zu sein. (Lec 44)

Leiden heißt Erkenntnis *produzieren*. (Cioran 31)

Wer den Opponenten gegen alles Gleichförmige, nur gewohnheitsmäßig Richtige, den umstürzenden Denker und Verfasser radikaler Einsichten als durchweg revolutionär im politischen Sinne begreifen wollte, irrt sich. Es reicht dazu, auf La Bruyère und Joubert im 17. und 18., auf Schopenhauer und Leopardi im 19., Schnitzler und Jünger im 20. Jahrhundert, auf Strauß, Gómez Dávila und Ceronetti in der Gegenwart zu verweisen. Dazu ist sein Denken zu sehr einem zeitübergreifenden Gemeinsamkeits-

gefühl verpflichtet, auch zu sehr von Ambivalenzen und Paradoxien geprägt, sucht also eher verändernd zu bewahren. Man
möchte sagen: Dazu weiß er zu viel und ist er zu wenig definitiv.
Traditional ist der Aphoristiker schließlich auch in dem Sinne,
dass er die Spannung der Gattung zwischen Intellekt und Anschauung, Begriff und Bild, die ihre Mitte beschreibt, bis in die
Gegenwart hinein immer wieder erlebt und begreift; damit ge-
bührt ihm unbedingt das letzte Wort:

> Was dich berührt, wirst du nicht begreifen. (Benyoëtz 26)

> Die Erkenntnis gründet auf klugen Ahnungen, nicht auf un-
> umstößlichen Gewissheiten. (Gómez Dávila 56)

> Wenn alle Gedanken im Blut ertrinken, wird der Philosoph
> zum Anwalt des Herzens. (Cioran 8)

> Ich dachte so lange nach, bis ich mich fühlte. (Handke 7)

> Man wird noch eine Weile brauchen, bis man zum poeti-
> schen Kern unserer Kognition vorstößt. (Strauß 23)

Zu Auswahl und Anordnung

Mit Goethes Begriff der »Weltliteratur« geht man oft vorschnell
um. So sind die abschließenden Bemerkungen zur Auswahl als
eine Reihe von Einschränkungen gegenüber dem Anspruch zu
lesen, Aphorismen »der Weltliteratur« zu bieten. Sie gleichen das

Wünschenswerte mit dem Möglichen ab. Weltliteratur: der Titel ist aus eurozentrischem Denken formuliert und bei genauer Betrachtung anmaßend falsch. Es geht um die aphoristische Literatur lediglich in einigen europäischen Sprachen, vom Spanischen bis zum Russischen. Ganz falsch ist er andererseits auch wieder nicht, wenn man innerhalb dieser Sprachen eben auch mit Ambrose Bierce und Mark Twain Nordamerika, mit Ramón Gómez de la Serna, Antonio Porchia und Nicolás Gómez Dávila Südamerika, mit Elazar Benyoëtz schließlich Israel einbezogen sieht. Asien vor allem ist dabei ein ebenso weites wie unsicheres Feld. Dürfen wir Texte von K'ung-fu-tse, Lao-tse, Dschuang Dsi, von Yoshida Kenko oder Sa'di nicht einbeziehen? Die Frage nach den sprachlichen Grenzen überlagert sich hier mit der Frage nach den Grenzen der Gattung. Die historische Dimension kommt hinzu: Finden sich Aphorismen von Mark Aurel, Seneca, Epiktet nicht in beinahe jeder einschlägigen Sammlung? Ist der Aphorismus eine aus spätantiken Wurzeln heraus in der Renaissance sich entwickelnde europäische Erscheinung, oder darf die Gattung darüber hinaus auch universelle Geltung beanspruchen? Welche Auswirkungen hätte das für den Inhalt des Begriffes? Wie wären in anderen Kulturen die Grenzen zu Sprichwort, Sentenz o. Ä. zu ziehen? Sämtlich ungeklärte Fragen, die nicht nur aus pragmatischen Gründen eine ›europa-sprachliche‹ Beschränkung der »Weltliteratur« geboten erscheinen lassen. Den Leser erwartet in dieser Sammlung nicht eine gattungsmäßig völlig indifferente ›Lebensweisheit der Völker‹; über den Aphorismus-Begriff seines ›Vor-Lesers‹ hat er Aufklärung erhalten.

Innerhalb dieser Begrenzung wird freilich größtmögliche Breite angestrebt. Dass ich serbische (Brana Crnčević), russische

(Michail Genin) oder niederländische (Multatuli) Aphoristik aufgenommen habe, verdankt sich auch Überlegungen zu *solcher* Repräsentativität. Andererseits bedeutet das aber, einen subjektiven Qualitätsmaßstab zu relativieren. Das ist zu berücksichtigen, wenn man Crnčević hier vertreten findet und Antoine de Rivarol oder Philip Dormer Stanhope, Earl of Chesterfield, vermissen sollte.

Die deutschsprachige Perspektive ist dabei – weitere Einschränkung – schon allein dadurch gegeben, dass die Anthologie bei ausländischen Autoren auf vorhandene deutsche Übersetzungen zurückgreift. (Nur zu Samuel Butler [I], William Hazlitt, Samuel Butler [II] und Mark Twain sind eigene Übersetzungen angefertigt worden, um den in Deutschland bisher stark unterrepräsentierten englischsprachigen Aphorismus auch nur annähernd angemessen vorzustellen.) Das bedeutet aber auch, Wertung und Auswahl der jeweiligen Übersetzer-Herausgeber zu übernehmen. Gerade etwa im Fall der polnischen Aphoristik habe ich den Mangel stark empfunden, der darin liegt, mir wegen mangelnder Sprachkenntnis einen eigenständigen Überblick versagen zu müssen. Auf der anderen Seite bin ich bei den mir ›naheliegenden‹ deutschsprachigen Autoren eher restriktiv verfahren, um der wahrscheinlichen perspektivischen Verzeichnung entgegenzusteuern. Der Verzicht fiel etwas leichter, weil gute, freilich bisweilen teils veraltete deutschsprachige Anthologien vorliegen; der Überblick »Zur Geschichte des Aphorismus« (S. 310–338) gibt weitere Hinweise.

In diesen Grenzen geht die Auswahl nun allerdings möglichst auf das jeweils ganze und originale Textkorpus eines Autors zurück, ist also nur ausnahmsweise (etwa im Fall einiger polnischer

Aphoristiker) auf Auswahlen gegründet; und jeder Aphorismus ist auch im Kapitel »Autoren, Kurzbiographien, Druckvorlagen« eindeutig auf die Quelle zurückzuverfolgen. Nur so lässt sich die Gefahr weitestgehend ausschließen, unter diesem Etikett auch allem irgendwie prägnant Sentenziösen, jedwedem bonmothaften Zitat aufzusitzen und den Begriff damit völlig zu verwischen. Genau so verfahren ja *Schlagfertige Definitionen* (Schmidt, 1971 und 1976), das *Prisma van de citaten* (Edens [u.a.], 1997) oder *Il libro dei mille savi* (Palazzi/Spaventa, 1967), zuletzt *Geary's Guide to the World's Great Aphorists* (Geary, 2007); der Abschnitt »Zum Begriff ›Aphorismus‹« hatte sich mit solchen sekundär hergestellten »Aphorismen« auseinanderzusetzen. Wenn der Leser also einiges aus dem Grundbestand der »aphoristischen« Weltliteratur vermissen sollte, dann mag das eben diesen Grund haben. Es mögen witzige und zugleich tiefsinnige, weise und lebenskluge, mit Recht häufig zitierte Sätze sein, nur: Aphorismen sind es nicht. In diese Auswahl sind also nur ›ursprüngliche‹ und überdies vollständige Aphorismen aufgenommen worden, aber mit der einen, jeweils durch [...] gekennzeichneten Ausnahme Schopenhauer, auch weil in einer aphoristischen Anthologie eine Ausnahme von der Regel einfach aus inneren Gründen geboten ist.

Sosehr diese Auswahl das Ergebnis einer subjektiven Lesart ist, so sehr muss auch Bekannteres und ›Repräsentativeres‹ sein Recht haben. Sie will aber nicht in jedem Fall und primär das für den Autor Spezifische herausheben. Zu Pascal etwa streicht sie deutlich *einen* Aspekt seines Denkens heraus; bei Joubert ist das eher Untypische das mir Interessantere. Zudem habe ich bei der Auswahl den Blickpunkt von heute aus gewählt. Es geht nicht um ein Museum, weniger um historische Würdigung als um überdauernde Geltung, vielleicht auch überraschende Aktualität. Herausgehoben ist daneben manches, was geeignet ist, ein Beziehungsgeflecht sichtbar zu machen. Was den Maßstab künstlerischer Qualität betrifft, läuft man leicht Gefahr, sich auf Gemeinplätze wie ›formal bestechend‹ oder ›Tiefe der Einsicht‹ zurückzuziehen. Das hieße aber, letztlich nichtssagend zu bleiben und damit nur scheinbar zu begründen. Ich erspare also mir und dem Leser hier solche Einschätzungen. Auch die Proportionen innerhalb der Sammlung lassen nicht (in jedem Fall) Schlüsse auf die Wertschätzung zu; denn natürlich ist dazu unbedingt der Umfang des vorhandenen (oder im Deutschen zur Verfügung stehenden) Textmaterials als Ausgangsbasis zu berücksichtigen.

Aber es wäre zugegebenermaßen unbefriedigend, die editorische Gretchenfrage nur mit solchen Negativkriterien zu bedienen. Die Auswahl will nicht verleugnen, dass sie notwendig subjektiv ist. Canetti hat sich die, nein: der Frage gestellt: »Welche Sätze, die man in einer Aphorismensammlung findet, schreibt man sich auf?« (*Die Provinz des Menschen*, S. 185). Und er findet unter denen, die sich auf einen selbst beziehen, die – rechthaberisch oder staunend – bestätigenden und vor allem die beschämenden. »Ohne sie kann er sich nie *ganz* sehen.« Es geht um das Aufspüren von besonderen Widerhaken, auch um solche Aphorismen, die Rätsel bleiben, und solche, die zu mir und zu denen ich in dieser Lesesituation eine besondere Disposition haben. Der Leser wird die Vorliebe für Figuren paradoxer Selbstaufhebung erkennen, für ein ambivalentes und interpolierendes Zu-begreifen-Suchen, für ein Denken, das sich – gewissermaßen in zweiter Potenz – selbst befragt und überprüft. Er wird auch entsprechende thematische Schwerpunkte dort bemerken, wo das Denken sich selbst bedenkt: den Umkreis von Erkenntnis, Selbsterkenntnis, Irrtum, Täuschung, Selbstreflexion von Person und Gattung. Es ist ganz im Sinne des Aphorismus, wenn es letztlich dem Leser überlassen bleibt, die einzelnen Fäden des Begründungsstranges zu entdecken und zu verfolgen; er kann schlechterdings nicht zu denen gehören wollen, »die bloß lesen, damit sie nicht denken dürfen« (Lichtenberg, *Sudelbücher* I, G 82).

Zur Mitarbeit eingeladen ist er auch dort, wo es um das Herauslösen einzelner thematischer Fäden aus dieser Textur geht. Viele Leser wollen ja primär wissen, was die großen Autoren zu bestimmten Themen, insbesondere zu den ewigen Themen wie Liebe und Tod oder Glück und Unglück, gesagt haben. Dieses Interesse bedienen denn auch die meisten Sammlungen von Hoddicks *Aphorismenschatz* von 1901 über Hübschers und Margolius' *Aphorismen der Weltliteratur* aus den fünfziger Jahren bis zu Schmidts *Geflügelten Definitionen* 1971 im deutschen Sprachraum, vom *Faber Book of Aphorisms* (Auden/Kronenberger, 1964) bis zum *Oxford Book of Aphorisms* (Gross, 2003) in englischer oder dem *Libro dei mille savi* (Palazzi/Spaventa, 1967) in italienischer Sprache.

Im Gegensatz dazu will die vorliegende Sammlung unter strengem Bezug auf die (deutschsprachigen) Quellen und von einem überprüfbar distinktiven Gattungsbegriff aus ein internationales Konzert der großen aphoristischen Stimmen auf- und vorführen. Sie ordnet dazu die Texte schlicht chronologisch nach den Geburtsdaten ihrer Autoren. Das führt zwar im Einzelfall zu geringen Verstößen gegen die historische Abfolge, wenn etwa Swift *vor* La Rochefoucauld, Bierce *vor* Nietzsche, Canetti *vor* Lec erscheinen, hat aber den Vorteil der Eindeutigkeit. Mit der Ordnung nach Entstehung(szeitraum) oder gar Erscheinung(szeitraum) würden die Probleme sinnvoll-konsequenter Abfolge nur größer. Harmonien und Disharmonien, einzelne führende Stimmen und Zusammenspiel in Formen und Themen von Joseph Joubert, Jean Paul und William Hazlitt um die Wende zum 19. Jahrhundert, von George Bernard Shaw, Arthur Schnitzler und Jules Renard um 1900, von Stanisław Jerzy Lec, E. M. Cioran, Nicolás Gómez Dávila um 1960 mögen auf diese Weise Ausdruck finden. Aphoristische ›Adoptionen‹ oder ›Filiationen‹ (Hebbel – Irzykowski, Joubert – Canetti, La Rochefoucauld – Hazlitt, Kraus – Nowaczyński, Nietzsche – Cioran – Strauß, Kraus – Lec – Petan), Gegensätze (La Rochefoucauld – Vauvenargues, Lichtenberg – Goethe, Kafka – Kraus, Cioran – Gómez Dávila) und überraschende partielle Gleichklänge (Swift – Lichtenberg, Ceronetti – Cioran): sie mögen die ›Nachlese‹ fördern.

Wer hingegen als Leser thematisch orientiert und interessiert ist, der findet eine Themenzusammenstellung im Anhang, die sich von einer systematischen Ordnung mehr verspricht als von alphabetisierten Schlagwörtern.

Zur 2. Auflage

Die 2. Auflage ist erweitert und aktualisiert worden. Neu aufgenommen werden konnten: Ludwig Börne, Hugo von Hofmannsthal, Antonio Porchia. Die Auswahlen zu Jean Paul, Butler (II), Canetti, Gómez Dávila, Genin, Petan, Benyoëtz und Strauß wurden aufgrund von Neuerscheinungen der letzten Jahre erweitert und verändert, dafür wurden vereinzelt, so bei Lichtenberg und Handke, auch Kürzungen vorgenommen, um die Proportionen zu wahren; in anderen Fällen, so bei Goethe und Nietzsche, wurde eine neue Textgrundlage gewählt. Das Nachwort ist aufgrund der verbesserten Forschungslage in einigen Teilen verändert. Die Literatur zu den einzelnen Autoren wurde auf den aktuellen Stand gebracht. Die Forschung hat sich in der vergangenen Dekade so erfreulich entwickelt, dass zur allgemeinen Sekundärliteratur eine grundlegend neue Auswahl vorgelegt werden kann.

Für die Beantwortung einzelner Fragen zu ausländischen Aphoristikern und für Hinweise danke ich Wolfgang Eismann, Werner Helmich, Gino Ruozzi und anderen.

Für die Freiheit zur wissenschaftlich-editorischen Arbeit seit vielen Jahren bin ich A., meiner »An-Stifterin«, dankbar; wiederum kann das Buch niemand anderem als ihr gewidmet sein.

Zur 3. Auflage

Die 3. Auflage wurde leicht verändert: Herausgenommen wurden die Texte von René Char, Max Jacob, Ernst Jünger, Giacomo Leopardi und Jules Renard. Kürzungen wurden bei Guido Ceronetti, Michail Genin, Multatuli, Samuel Butler (II) und Julian Tuwim vorgenommen. Hinzugekommen sind Aphorismen von Rahel Varnhagen von Ense und Lou Andreas-Salomé, um den Beitrag weiblicher Stimmen in dieser literarischen Form stärker hervorzuheben. Ergänzt wurde zudem die Primär- und Sekundärliteratur.

Inhalt

Anhang

3., aktualisierte Auflage

RECLAM TASCHENBUCH Nr. 20746
2024 Philipp Reclam jun. Verlag GmbH,
Siemensstraße 32, 71254 Ditzingen
Umschlaggestaltung: Philipp Reclam jun. Verlag GmbH
Umschlagabbildung: © Marionn/Shutterstock.com
Umschlagmaterial: PEYVIDA puro 270 g/m2, peyer graphic gmbh
Druck und Bindung: GGP Media GmbH,
Karl-Marx-Straße 24, 07381 Pößneck
Printed in Germany 2024
RECLAM ist eine eingetragene Marke
der Philipp Reclam jun. GmbH & Co. KG, Stuttgart
ISBN 978-3-15-020746-8

www.reclam.de